理論言語学史

理論言語学史

畠山雄二 [編]

本田謙介
田中江扶
畠山雄二
藤田耕司
酒井智宏
藏藤健雄
尾島司郎

開拓社

まえがき

「温故知新」という四字熟語がある．「歴史から学ぶ」ということばもある．いずれも「歴史」ないし「過去」から学ぶ姿勢を説いたものである．過去から学ぶにしても，いろんな学び方がある．つまり，どんな歴史観をもって過去を見るかにより，過去から学べるものが違ってくる．

歴史学には，ホイッグ史観や自虐史観，そして司馬史観といった歴史観がある．ホイッグ史観は，今の価値観で過去を評価する歴史観であり，自虐史観は，文字通り，自らの歴史を虐げる歴史観である．司馬史観は，過去のある時点まではよかったがそれ以降はダメだといった歴史観である．

どの歴史観で過去を評価するかにより，歴史に対する見方がガラッと変わってくる．そして今現在の立ち位置もガラッと変わってくれば，今後どういった方向に歩んでいくべきか，その舵取りもガラッと変わってくる．

過去ならびに歴史を振り返ることは，今を知り，将来設計を立てる上で何よりも重要である．過去を知るからこそ，未来が見えてくるのである．

理論言語学もそろそろ過去を清算するときにきている．

理論言語学の歴史は生成文法の歴史といってもいい．生成文法の進展とともに理論言語学ではいろんな動きがあった．

生成意味論の台頭が１つの大きな転換期であったともいえよう．この生成意味論の出現が，後の認知言語学を生み出し，分散形態論の考え方を生み出した．そして，その分散形態論の精神を取り込む形で，ミニマリスト・プログラムも発展してきたが，皮肉なことに，そのミニマリスト・プログラムは，一度破棄された障壁理論の先祖帰りの様相を呈している．

このように進化と退化を繰り返してきた生成文法であるが，最近では，装いを新たにして，そして発展的解消する形で，ミニマリスト・プログラムは生物言語学や進化言語学としてリニューアルオープンしつつある．

その一方で，形式意味論や分析哲学をはじめとする言語哲学は，そのような流行には流されず，着実に成果を出し，自然言語の意味とはいかなるものか，その姿をあぶり出しつつある．そして，その成果が，生成文法や認知言語学に少なからず，そして小さくない形で影響を与えつつある．

本書は，ホイッグ史観で過去の歴史が断罪されているものもあれば，自虐史

観でこれまでの研究が全否定されているものもある. また, 司馬史観によって一時期は高く評価されているものの, それ以外の時代は低く評価されているものもある.

　これらの論評をどう評価するかは読者諸氏に任せるが, 読者諸氏には, 本書を通して, 今ある理論言語学がどのようにして形づくられ, そして今後理論言語学がどのような方向に進んでいくのか考えてもらいたい.

　繰り返しになるが, 過去ならびに歴史を振り返ることは, 今を知り, 将来設計を立てる上で何よりも重要である. 過去を知るからこそ, 未来が見えてくるのである.

畠山　雄二

目　次

第 II 部　経済性理論から極小主義まで

藤田　耕司

第 III 部　認知言語学

酒井　智宏

第 IV 部　形式意味論

藏藤　健雄

xii

第 V 部　生物言語学

尾島 司郎

第Ⅰ部

初期理論から障壁理論まで

本田謙介・田中江扶・畠山雄二

第1章

はじめに

　現在，生成文法を学ぼうとする初学者の多くは，ミニマリスト・プログラム（詳しくは第Ⅱ部参照）とよばれる最新理論から学び始めるだろう．しかし，ミニマリスト・プログラムは突然できあがった理論ではない．そこに至るまでには数多くの理論が現れては消えて，最新の理論に至ったのである．第Ⅰ部では初期理論から障壁理論までの理論言語学史を概観することによって，ミニマリスト・プログラムに至る経緯を確認する．

　一般に理論言語学史というと，過去の理論言語学の歴史が淡々と語られているものが多い．しかし，本書における第Ⅰ部はそれとはまったく違う．この第Ⅰ部では過去の学史的な知識を単に与えるのではなく，理論言語学史における過去の諸問題が今現在もなお本質的な問題点として残っていることを明らかにする．

　この考えの背後には，一般に新しい理論が必ずしも旧い理論より優れているとは限らないという筆者たちの強い信念がある．これは生成文法理論の場合にも当てはまる．第Ⅰ部で扱う生成文法理論の初期理論から障壁理論までの変遷の歴史を簡略化してまとめると（1）の表になる．なお，（1）の代表文献の著者はすべて Noam Chomsky である．

(1)

年号	理論名	代表文献
1957	初期理論	Syntactic Structures
1965	標準理論	Aspects of the Theory of Syntax
1970	拡大標準理論	Remarks on Nominalization
1973	改定拡大標準理論	Conditions on Transformations
1981	GB 理論	Lectures on Government and Binding
1986	障壁理論	Barriers

(1) において，たとえば，1981 年を中心とした GB 理論（または原理とパラ
メータ理論）が 1970 年頃から始まる拡大標準理論よりも理論上優れていると
は一概にはいえない．たとえ理論のある部分が改良されたとしても，そのしわ
寄せが理論内のほかの部分に起これば，理論全体としては改良されたというこ
とにはならない．理論が全体で改良されたかどうかを知るためには，その理論
が経験的なデータを今までの理論以上に網羅的に記述・説明できるかチェック
すればよい．このように理論とデータが相互にフィードバックすることによっ
てはじめて，言語理論は改良の道を歩むことができる．

　これまでの理論の変遷を見てみると，理論が変わる際にはいつも変わるため
の理由があった．その理由の 1 つには，言語の「説明装置」をできるだけシン
プルかつエレガントにしたいという理由がある．しかし，理論はシンプルにな
ればなるほど，それだけエレガントになるのだろうか．エレガントになった理
論は，人間言語の普遍性と個別性について，どのくらい正確かつ精確に記述・
説明ができるのだろうか．もっと本質的なことをいえば，エレガントな言語理
論とはいったいどんな理論を指すのであろうか．第 I 部を読みながら，このこ
とについてとくに考えてほしい．

　さらに，これまで理論が変わるごとに，重要な「分岐点」がいくつもあった．
注意しておきたいのは，それらの分岐点はその当時において重要だっただけで
はなく，現在においてもなおその重要性は変わらず，議論の余地が多く残され
ている．重要な分岐点の一例として，たとえば，(2) を考えてみよう．

(2) a.　What did you eat?
　　b.　What did you eat *t*?

(2a) の wh 疑問文には wh 句の移動が関与しているが，このことを表すために
(2b) のように書くことがある．(2b) の *t* は痕跡（trace）とよばれ，文頭にあ

る what がもともとどの位置にあったかを示している．つまり (2b) を見れば，
what は eat の右（eat の目的語の位置）から文頭に移動したことがすぐにわか
る．この t であるが，これは wh 句移動をわかりやすく明示するために便宜上
書かれただけなのか，それとも目には見えない（＝音がない）t が本当に存在し
ているのか，理論言語学ではこのことについて非常に多くの議論がなされた．
その結果，t が本当に存在していると考える研究者が多数を占め，その後の理
論では t を仮定した理論が提案され続けた．しかし，t の存在が疑われるよう
な証拠も出され，t を仮定しない文法的枠組みも提案された（たとえば長谷川
(1983) など）．詳しい議論は第 6 章に譲るが，t を仮定するかしないかによっ
て，実はまったく異なる文法理論が生まれることになる．つまり，t を仮定す
るか否かが理論言語学史上の重要な分岐点となったのである．第 I 部では，こ
のような理論上本質的で重要な分岐点を数多く指摘する．

　また，第 I 部では，言語を観察する際の適正な「倍率」とは何かについても考
えていく．ここでいう「倍率」とは，言い換えると，人間の言語について詳し
く「見る」ための理論の「抽象度」のことを指す．具体例（＝言語のデータ）
ばかりを漠然と見ていただけでは，それらの背後にある規則や原理は見えてこ
ない．一方，理論をシンプルにするあまり抽象度が増して，具体例との相互
チェックが困難になる場合もある．どちらに偏っても言語理論としてはふさわ
しくない．今までの理論言語学の歴史は，どの抽象度なら言語が適切に記述・
説明できるかについての試行錯誤の歴史といっても過言ではない．これから読
者には理論言語学の歴史を振り返りながら，どの理論をさらに追求していけば
適切な倍率が得られる可能性が高いかを考えていってほしい．

　上で見たように，生成文法は幾度もの理論の変遷を経ているが，名称が変わ
りながらも生き抜いてきた 2 つの規則がある．1 つは句構造規則であり，もう
1 つは変形規則である．そこで第 I 部はこの 2 つの規則にとくに焦点をあて，
それらを詳しく検討する．主として第 2 章から第 4 章が句構造規則について，
第 5 章から第 9 章が変形規則について扱っている（生成文法における「変形」
についてのより詳しい学史的概観は原口・鷲尾 (1988) 参照）．これから述べら
れる学史は，読者にノスタルジーを感じさせるためのものではない．今考えな
ければならない問題が集約された，私たちへの挑戦状である．

第 2 章

句構造規則
―言語の設計図―

　初期・標準理論では，たとえば (1) の文は，(2) のような句構造規則 (phrase
structure rule) と (3) のような語彙挿入規則 (lexical insertion rule) によって
つくられると考えられていた．

(1)　The man hit the ball.

(2) a.　S　→ NP VP　[S: Sentence, NP: Noun Phrase, VP: Verb Phrase]

　　 b.　NP → Det N　[Det: Determiner, N: Noun]

　　 c.　VP → V NP　[V: Verb]

(3) a.　Det → *the,* etc.

　　 b.　N → *man, ball,* etc.

　　 c.　V → *hit,* etc.

(2) の句構造規則は，左辺が右辺のように展開することを示している．たとえ
ば，(2a) は S が NP と VP に，(2b) は NP が Det と N に，(2c) は VP が V
と NP に分かれることをそれぞれ示している．(2b) の右辺の Det と N，(2c)
の右辺の V はそれ以上句構造規則によって展開することができない．このよ
うな Det, N, V を終端記号 (terminal symbol) とよぶ．これらの終端記号には
実際の単語が入る．終端記号に語彙を挿入する規則は，語彙挿入規則 (= (3))
とよばれている．(2) の句構造規則と (3) の語彙挿入規則を適用すると，(1)
の統語構造として (4) が得られる．

(4)

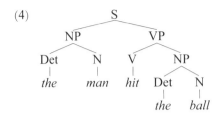

(4) は樹形図 (tree diagram) とよばれている．文の構造が樹形図で表されることによって，文が階層構造をなしていることや，文が構成素 (constituent) とよばれるいくつかのかたまりからできていることが明示される．たとえば，(4) をみると，the man や the ball がそれぞれ単一の構成素 (=NP) であることや，hit the ball が単一の構成素 (=VP) であることが容易にわかる．この構成素という単位は，人間の言語を特徴付けるきわめて重要な単位である．このように，人間言語において非常に重要な構成素という単位は，早くも生成文法の初期の段階から注目されていたことになる（構成素については第 3 章を参照）．

　初期・標準理論では，(2) のほかにも個別言語の句構造規則が数多く提出された．しかし，提出された句構造規則の数が膨大になるにつれて，子どもが言語を習得する際に，本当にそのような膨大な句構造規則を習得しているのかが問題となった．そこで提出された多くの句構造規則を整理してみると，名詞句や動詞句などの範疇を横断した共通特性が句構造には存在することがわかった (Chomsky (1970))．たとえば (5) の句構造の規則群を見てみよう．

(5) a.　**NP → Det N**　（= (2b)）
　　b.　**VP → V** NP　（= (2c)）
　　c.　**AP → A** PP　[A: Adjective]　(e.g. afraid of John)
　　d.　**PP → P** NP　[P: Preposition]　(e.g. from Tokyo)

(5a-d) を見てすぐに気づくことは，左辺と右辺に共通の記号が現れているということである．つまり，(5a-d) の背後には (6) のような特性が隠れているといえる．

(6)　**XP → ...X...**

(6) は左辺に XP が与えられれば右辺には必ず X が現れることを意味している．この X は変項 (variable) であり，N, V, A, P のような値 (value) をとりうる．たとえば，(6) の X に N が入れば，NP → ...N... となり，NP の中には

N が含まれていることが示される（cf. (5a)）. また, X に V が入れば, VP
→ ...V... となり, VP の中には V が含まれていることが示される（cf. (5b)）.
同様にして, X に A が入れば, AP → ...A... となり, AP の中には A が含まれ
ていることが示される（cf. (5c)）. また, X に P が入れば, PP → ...P... とな
り, PP の中には P が含まれていることが示される（cf. (5d)）. つまり, (6) を
仮定しておきさえすれば, (5a-d) のような句構造規則を立てなくても, 個々の
句に含まれている必須要素がわかる. そうであるのなら, (5a-d) のような複
数の句構造規則の代わりに, 汎用性のある (6) の句構造規則だけを立てておけ
ばよいのではないか. すなわち, (6) があれば, 最終的には個々の句構造は不
要になるのではないかという見通しが生まれた.

　この見通しをさらに追求したものが, 拡大標準理論から GB 理論にかけて仮
定されていた X′（エックスバー）理論（X′ theory）である（Chomsky (1970,
1981, 1986), Jackendoff (1977)）. X′ 理論では (6) を中心にすえて, (7) を
個別言語を超えた人間言語に共通の句構造とみなした.

(7)

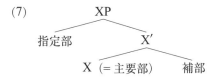

(7) は, XP には必ず X が含まれているという (6) の特性が含まれている. X
は主要部（head）とよばれ, XP の基本的な特性を決定する中心となっている.
主要部は補部（complement）と結合し 1 つのかたまりをつくる. このかたま
りは X とは異なる特性を示すので X と区別するために X′（エックスバー）と
表記される. さらに, 主要部と補部の複合体である X′ は指定部（specifier）と
結合して XP という句（phrase）になる. この XP であるが, 主要部の X が投
射（project）してできた句という意味で, （主要部の）最大投射（maximal
projection）とよばれることもある. (7) のような X′ の含まれる構造を仮定す
ることから, この句構造の理論は X′ 理論とよばれている. X′ 理論は, 人間の
言語すべてに当てはまる一般的な句構造規則と仮定されている. すなわち, X′
理論があれば個別言語の個々の句構造規則は不要であるというのが, 拡大標準
理論から GB 理論までの基本的な考え方である.

　X′ 理論があれば個々の句構造規則は不要ということがどういうことかを,
John's proof of the theorem（ジョンによる定理の証明）という NP を例にとって説
明してみよう. John's proof of the theorem を樹形図で書くと (8) のようになる.

(8)

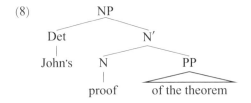

もし (8) を従来の句構造規則を使って表すとなると，(9) のような規則が必要
となる．

(9) a.　NP → Det N′
　　 b.　N′ → N PP

しかし，(9) の規則は (7) でいわれていることとまったく同じである．という
のも，(9a) の Det は (7) でいう指定部に当たり，(9b) の PP は (7) でいう
補部に当たるからである．つまり，(7) の X に N を代入すれば (9a) と (9b)
は自動的に得られるということである．このようにして，標準理論まで仮定さ
れていた個別言語の句構造規則は人間言語に普遍的な X′ 理論にとって代わら
れたのである．子どもの言語習得は，個別言語の句構造規則の習得ではなく，
生まれながらにしてもっている X′ 理論に各言語のデータをインプットして行
われるという考え方に変わっていった．

　たしかに個別言語の一見雑多な句構造規則より，人間言語に普遍的な X′ 理
論を仮定するほうがシンプルでエレガントのように思われる．さらに子どもの
言語習得を考えても，多くの個別の句構造規則を習得するより，唯一の句構造
規則である X′ 理論を利用するほうが容易だと思われる．しかし，これは一種
の理想であり，実際の個別言語のデータによって精確に検証されなければなら
ない．残念ながら，この検証は十分になされないまま X′ 理論はあたかも「定
理」のように扱われてきた．

　実は，X′ 理論 (= (7)) は，人間言語の句構造に強力な制限を課している．
そのような制限の 1 つとして，主要部が句全体の性質を決定する「内心構造
(endocentric structure)」をもつという制限がある．上で (2a) の句構造規則
(下に繰り返す) をあげたが，これは「外心構造 (exocentric structure)」をもっ
ており，このままでは X′ 理論に合わない．

(2a)　S → NP VP

ここに理論言語学史上重要な分岐点が存在した．すなわち，(2a) を X′ 理論に

合うような内心構造に書き換えるか，または (2a) を X′ 理論から外れた外心構造の例として認めるかの 2 通りの考え方である．Chomsky (1986) は前者をとった．すなわち，(2a) は実は (10) のような内心構造をもつと考えた．

(10)　　　　IP（= 従来の S）

　　　　　　　　　　　　　　　　　　[I: Inflection]

(2a) の NP と VP は屈折辞 (I) によってまとめられ，全体として屈折辞句 (IP) として再解釈された．ここで，主要部の I はこれまで見てきた N, V, A, P などの主要部とは異なっていることに注意しなければならない．N, V, A, P は自立した単語であり形態的に必ず具現化されるのに対して，I は動詞に依存したいわば「付属語」であり，必ずしも具現化されるわけではない．たとえば John loves Mary の中で I は loves の s として現れるが，このいわゆる 3 人称単数現在形の s は自立した単語ではない．また I love Mary において，I は形態的に具現化されていない．このような違いから，N, V, A, P は語彙範疇 (lexical category)，I は機能範疇 (functional category) とよばれ区別されている．

　上で述べたように，Chomsky は (2a) に機能範疇を導入して X′ 理論に合致するような構造を提案したが，機能範疇を用いなくても (2a) を X′ 理論に合致させることができる．(11) の構造を見てみよう．

(11)　　　　VP（= 従来の S）

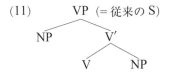

(11) は語彙範疇の投射を利用して (2a) を書き換えている．(11) は内心構造をしており，X′ 理論に合致する．この考え方は動詞句内主語仮説 (VP internal subject hypothesis) において一部採用されてはいるが (Fukui and Speas (1986), Kuroda (1988))，積極的に推し進められてはこなかった（ただし Nakajima (1982) はこの可能性を追求している）．ここにまだ研究し尽くされていない研究課題が残されている．

　上であげた「分岐点」に戻ろう．(2a) を X′ 理論から外れた外心構造の例として認めるという方向性がある．この場合，X′ 理論に合う句構造を無標 (un-

marked）の形，一方 X′ 理論に合わない個別言語の句構造を有標（marked）の
形と捉えることができる（長谷川（2000））．子どもの言語習得の際，無標の X′
理論はコストがかからない（つまり，子どもが習得しやすい）が，有標の句構
造規則はコストがかかる（つまり，子どもが習得しにくい）と考えられる．GB
理論以降の句構造の研究においても主流派は人間言語における外心構造の存在
を認めていない．しかし人間言語が外心構造をもたないとあらかじめ決まって
いるわけではない．よって，外心構造があるかないかは，個別言語の詳細な観
察と適切な分析によって判断されなければならない．X′ 理論に合う《都合の
よい》データばかり取り扱っていても人間言語の本質に迫れるとはとうてい考
えられない．

　本書の第 II 部の「経済性理論から極小主義まで」では，「X′ 理論後の句構造
規則—Merge-only—」の紹介・解説がある．その理論では，α と β が併合
（merge）して α か β のどちらかが投射される．すなわち内心構造が強制され
る仕組みが現在も続いている．これまでの議論と第 II 部の議論を読み比べな
がら，外心構造の必要性・不必要性について考えていただけたらと思う．ここ
にいまだ解決に至っていない，人間言語を正しく理解する上での本質的な研究
課題が存在することに必ずや気づくはずである．

第 3 章

構成素
──言語の基本単位──

　標準理論 (Chomsky (1965)) の頃から繰り返し指摘されてきたように，人間の言語は「構造依存 (structure dependence)」的な規則によって文が構成されている．たとえば，次の例を見てみよう．

(1) a.　The man who is tall is in the room
　　b.　Is the man who is tall in the room?
　　c.　*Is the man who tall is in the room?

(Chomsky (1975: 31))

(1a) の平叙文を疑問文にする場合，(1b) は文法的であるが (1c) は非文法的である．疑問文をつくる規則が仮に「最初の助動詞要素を文頭に移動せよ」というような線形順序に基づく規則であったなら，(1c) のような文が誤って生成されてしまう．このことは，このような線形順序に基づいた規則，すなわち統語構造に基づかない規則では正しい文がつくれないことを意味している．文法的な (1b) を正しく生成するには，(1a) の the man who is tall が文法的に有意味なある特定の構造，すなわち構成素 (constituent) をなしていると考え，その構造に依存して疑問文をつくる規則が設定されなければならない．このことから，人間言語にとって構成素というのは極めて重要な概念であり，どの単語列が構成素かを正しく知ることは言語研究にとって本質的なことであるといえる．
　ある単語列が構成素をなすか否かを判断するためには，構成素テストを使えばよい．たとえば，(2) の kiss(ed) Mary という単語列が構成素をなすかどうかを調べるためには，(3)-(5) のようなテストが役に立つ．

(2)　John kissed Mary.

(3)　What John did was [kiss Mary].　　（擬似分裂文）

(4)　John kissed Mary and [kiss Mary] he did.　（動詞句前置）

(5)　John only [kissed Mary].　　　　　（焦点化）

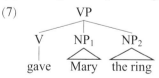

　(3) は「擬似分裂文テスト」である．擬似分裂文は，焦点の位置（＝what 節+be
動詞の直後）には構成素しかこられない．(3) のように kiss Mary は擬似分裂
文の焦点の位置にこられるので構成素をなしているという証拠になる．(4) は
「動詞句前置テスト」である．移動は構成素だけができるので，(4) のように
kiss Mary が前置できることから kiss Mary が構成素をなしているという証拠に
なる．(5) は「焦点化テスト」である．only は構成素に付加し，その構成素
内にある要素を焦点化できるという特徴をもつ．(5) の only は，事実として，
Mary を焦点化することができる．このことは only が付加した kiss Mary が
構成素をなしているという証拠になる．以上，3 つの構成素テストによって，
kiss Mary は構成素をなしていることがわかる．
　GB 理論の時代に入ると，Kayne (1981) が経路理論 (path theory) に基づい
て「二項枝分かれ (binary branching) の仮説」を提唱した．この仮説によると，
言語に可能な統語構造はすべて二項に枝分かれしていなければならず，三項以
上に枝分かれすることは許されない．ここに理論言語学史上の非常に重要な分
岐点がある．二項枝分かれの仮説は多くの研究者に受け入れられた．その結
果，標準理論や拡大標準理論では，三項に枝分かれする典型とされてきた二重
目的語構文でさえ，二項に枝分かれする分析が提案された．具体的にいうと，
たとえば (6) のような二重目的語構文は従来 (7) のように三つ又構造で分析
されていたが，二項枝分かれの仮説が提案されて以降は，(8) のように二又構
造で分析されるようになったのである．

(6)　John gave Mary the ring.

(7)

```
            VP
       /    |    \
      V    NP₁   NP₂
      |    / \   / \
    gave Mary  the ring
```

(cf. Oehrle (1976))

(8)

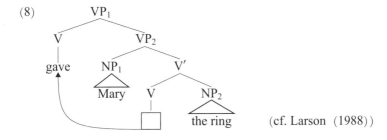

(cf. Larson（1988））

人間言語の統語構造がすべて二項枝分かれ構造であることが経験的に正しいのであれば，言語の構造を非常にシンプルに記述できるかもしれない．しかし，二項枝分かれ構造によって，経験的に正しくない統語構造が強制されるとしたら，「人間言語の統語構造がすべて二項枝分かれ構造である」という仮説の「すべて」の部分が誤っているということになる．上で述べたように，人間言語にとって構成素というのは極めて重要な概念である．二項枝分かれ構造によって，事実とは異なる構成素が強制されることがあるのなら，二項枝分かれ構造をすべての統語構造に適用することが妥当ではないということになる．

　ここで (8) をもう一度見てみよう．(8) は Mary と the ring が 1 つの構成素 (=VP$_2$) をなしていることを示している．Mary と the ring が構成素をなしているかどうか，上で見た 3 つの構成素テストを使って調べてみよう (cf. 長谷川 (2014))．

(9) *What John gave was [Mary the ring].　　　（擬似分裂文）
(10) *John gave Mary the ring and [Mary the ring] he gave.　（動詞句前置）
(11)　John gave only [Mary the ring].　　　（焦点化）

1 つ目は擬似分裂文テストであるが，(9) のように Mary the ring は擬似分裂文の焦点の位置にこられないので構成素をなしていないといえる．2 つ目は動詞句前置テストであるが，(10) のように Mary the ring は前置できないことから構成素をなしていないといえる．3 つ目は焦点化テストであるが，(11) のように only は，事実として，the ring を焦点化することはできない．以上，3 つの構成素テストによって，Mary the ring が構成素をなしていないことがわかる．

　これまでの話から，二重目的語構文の構造が二項枝分かれの仮説では正しく表記できないことがわかったが，理論言語学史上ここで大きな分岐点が現れる．一方は，二項枝分かれの仮説を破棄し（つまり三つ又構造も認め），構成素

を重要視する方向であり，他方は，二項枝分かれの仮説は遵守するが，構成素にはあまり重きを置かない方向である．ミニマリスト・プログラムが採った方向は後者であるが，それが前者の方向を十分に批判的に検討した末の結論とは必ずしもいえない．つまり，この分岐点での議論は今後も活発になされなければならない問題点といえる．

第 4 章

拡大投射原理
―主語はなぜ必要か―

　英語の文には主語が必要である．このことは，たとえば，What did John do? のような疑問文の答えとして He broke the window. は文法的であるが，主語を省略した *He broke the window. が非文法的になることからも明らかである．このように主語が必要なことは事実であるが，それではなぜ主語が必要なのかという問いに対して，生成文法はこれまで十分な答えを与えてこなかった．

　まず，初期理論（Chomsky (1957)）から標準理論（Chomsky (1965)）にかけての主語の扱いについて見ていこう．この時代の理論では，文は基底部門（base component）にある句構造規則（phrase structure rule）によってつくられていた．句構造規則を使うと，文の構成要素は（1）のように表される．

　　(1)　S → NP VP

（1）は文（=Sentence, S）が名詞句（=Noun Phrase, NP）と動詞句（=Verb Phrase, VP）から成り立っていることを表している．（1）の NP が主語に当たる．つまり，初期・標準理論においては，主語は（1）の句構造規則で規定されているのである．しかし，（1）は単なる規則にすぎず，なぜ主語が必要なのかという問いに対してなんら原理的な答えを与えてはいない．

　つぎに，統率・束縛理論（Government & Binding Theory, GB 理論）の時代の主語の扱いについて見ていこう．GB 理論では（1）のような個別の句構造規則を廃止し，一般性の高い X′ 理論が導入された（Chomsky (1970)，Jackendoff (1977)）．X′ 理論では自然言語の句構造はすべて（2）の X′ 式型（X′ schema）に当てはまると仮定されている（X′ 理論については第 2 章参照）．

15

(2)　[$_{XP}$...[$_{X'}$ X...]]

たとえば John broke the window. は，X′ 式型では（3）のように表記される.

(3)　[$_{IP}$ John [$_{I'}$ Past Tense [$_{VP}$ [$_{V'}$ break [$_{NP}$ the window]]]]]

Chomsky (1986) によると，文は屈折辞（Inflection, I）が投射したものであり，主語の John は（3）のように屈折句（Inflectional Phrase, IP）の指定部（Specifier, Spec）を占めている．X′ 理論は自然言語で許される句構造を制限しているだけで，IP 指定部に主語が必要という条件は述べていない．このことから，主語を必要とする原理が仮にあるとしても，それは X′ 理論以外の原理ということになる.

　ここで，John broke the window. についてもう一度考えてみよう．break という動詞は（4）のような意味役割（thematic role, θ-role）をもっていると考えられる.

(4)　break（Agent, Theme）

GB 理論には「意味役割は必ず投射されなければならない」という投射原理（Projection Principle）がある（Chomsky (1981))．(4) のように break は動作主（Agent）と主題（Theme）の意味役割をもち，どちらも投射される必要がある．したがって，動作主が投射される主語（John）と主題が投射される目的語（the window）の両方が必要となる.

　この投射原理は，一見すると，主語の義務性に対する原理的な説明になりえそうである．しかし，実際は投射原理では，なぜ（5）のような文の主語に it が必要なのかが説明できない.

(5)　It seems that John broke the window.

(5) の主節の動詞 seem の意味役割は（6）であると考えられる.

(6)　seem（Proposition）

(6) に示されているとおり，seem は 1 つしか意味役割をもたない．つまり，seem は意味役割の命題（Proposition）だけが投射される必要があるので，従属節の that John broke the window が投射されればそれで十分である．そうなると，(5) の it は投射原理によって要求された主語ではないことになる．そこで，Chomsky (1981) は（5）の it を保証するために，(7) のような拡大投射

原理 (Extended Projection Principle, EPP) を提案した.

(7)　節 (clause) は主語をもたなければならない.

しかし (7) は単に事実を言い換えたにすぎず原理的な説明とは到底いえない.
この点において, (7) は初期・標準理論で提案された句構造規則 (= (1)) と少
しも変わらない.

　このことから,「なぜ主語が必要なのか」という問いに対して, GB 理論に
至っても, 何ら原理的な答えが与えられてこなかったことがわかる. EPP のよ
うな原理が, もしあるとすれば, その原理はいったいどこからフォローするの
だろうか. この問題の解決はミニマリスト・プログラムにまで持ち越されるこ
とになる.

第 5 章

境界理論
──越えられる壁・越えられない壁──

5.1　標準理論

　wh 句の移動に関する条件は早くも標準理論の頃から議論されている．
Chomsky（1964: 44–45）は，（1）は曖昧文であり（2a）または（2b）のよう
な意味をもつが, the railroad station を what で尋ねる wh 疑問文（=（3））にす
ると曖昧ではなくなり，（2a）の解釈しかもたないという興味深い観察をした.

(1)　Mary saw the boy walking toward the railroad station.　　　　（曖昧文）
(2) a.　Mary saw the boy walk toward the railroad station.
　　 b.　Mary saw the boy who was walking toward the railroad station.
(3)　What did Mary see the boy walking toward?　　　　（非曖昧文）

（1）が曖昧なのは，（1）の構造が（4a）と（4b）のどちらにもとれるからであ
る．

(4) a.　Mary saw [$_{NP}$ the boy] [walking toward [$_{NP}$ the railroad station]].
　　　　　　　　　　　　　　　　　　　　　　　　　　　　　　　（cf.（2a））
　　 b.　Mary saw [$_{NP}$ [$_{NP}$ the boy] [walking toward [$_{NP}$ the railroad sta-
　　　　 tion]]].　　　　　　　　　　　　　　　　　　　　　　　（cf.（2b））

（4a）と（4b）で異なっているのは，NP の the railroad station が別の NP の中
に含まれているかどうかである．（4a）の the railroad station は別の NP の中に
含まれていないのに対して，（4b）の the railroad station は the boy から始まる
別の NP の中に含まれている．（3）は（2b）の解釈ができないことから，（4b）

18

のような NP の中に含まれている NP を wh 句に置き換えて移動することはで
きないということがわかる．このことを一般的な原理として述べたものが A-
over-A 原理であり，概略（5）のように定式化される．

(5) 　　　ただし，α と β が同一の範疇の場合

(4b) でいうと，α（=NP: the boy walking toward the railroad station）の中に β
（=NP: the railroad station）が含まれているため，β を wh 句に置き換えて移動
することはできないということである．このことを図示すると（6）のように
なる．

(6)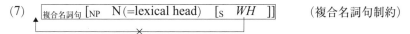
　　　Mary saw [$_{NP(=\alpha)}$the boy walking toward [$_{NP(=\beta)}$what]].　(cf. (4b))

つまり（3）は，(4a) を基底構造としてとれるが，(4b) を基底構造としてとれ
ないということである．このため（3）は，(2a) の解釈しかない非曖昧文にな
ると説明される．
　A-over-A 原理はその後，Ross（1967）によって，wh 移動に関するより一般
的な制約である複合名詞句制約（complex NP constraint）に組み込まれた．複
合名詞句制約とは（7）のような複合名詞句（内部に S を含む NP）の内部から
の wh 句の移動を禁じる制約である．

(7)　　複合名詞句[$_{NP}$ N (=lexical head)　[$_S$ *WH*　]]　　　　（複合名詞句制約）

複合名詞句制約によって，上で見た（6）（=表記を一部変え（6′）として再掲）
だけでなく（8）のような非文も説明される（なお，(6) の walking 以下は S と
して分析されている）．

(6′) *What did Mary see [$_{NP}$ the boy [$_S$ walking toward___]].　　(cf. (6))

(8) *Which book did John meet [$_{NP}$ a child who [$_S$ read___]]?

Ross はまた，wh 島の条件（*wh*-island condition）という別の条件も提案した．
wh 島の条件とは，(9) のように S′ に wh 句を含む構造を「島（island）」とみ
なし，そのような wh 島の内部から別の wh 句の移動を禁じる制約である．

(9)　　　　　　　　　　　　　　　　　　　　（wh 島の条件）

wh 島の条件によって，（10）のような文の非文法性が説明される．

(10) *Who did John wonder 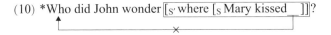?

Ross による wh 句の移動に関する制約は，複合名詞句制約（=（7））や wh 島の条件（=（9））のようにそれぞれ個別の制約として立てられていた．

5.2　拡大標準理論

　拡大標準理論では，前節で見た個々の制約を統一しようという試みがなされた．Chomsky（1973）による下接の条件（Subjacency Condition）（=（11））がその試みの 1 つである．

（11）　移動は一度に 2 つ以上の境界節点（bounding node）を越えてはならない．　　　　　　　　　　　　　　　　　　　　　　　　（下接の条件）

（11）で境界節点になるのは英語では S と NP である（S′ も境界節点であるがここでは便宜上 S と NP とする）．下接の条件を仮定すれば，上で見た（8）と（10）が統一的に説明される．

(8) *Which book did [$_S$John meet [$_{NP}$a child who [$_S$read　]]]?

(10) *Who did [$_S$John wonder where [$_S$Mary kissed　]]?

（8）では，which book が基底構造の位置から文頭の位置に移動する際に，一度に 3 つの境界節点（S と NP と S）を越えなければならない．したがって非文となる．また，（10）では，who が基底構造の位置から文頭の位置に移動する際に，一度に 2 つの境界節点（S と S）を越えなければならない．したがって非文となる．

　このように，下接の条件はさまざまな種類の wh 移動の振る舞いを統一的に説明できる制約ではあるが，それは同時に「境界節点を複数越える非有界の移動は許されない」という非常に強力な制限（=（12））を人間言語に課すことになった．

(12)　自然言語には，非有界（unbounded）移動は存在しない．

(12) は，たとえば (13) において，(14) のような一足飛びの（＝非有界の）wh 移動が認められないことを述べている．

(13)　Who do you believe that Mary kissed?

(14)　Who do [ₛyou believe that [ₛMary kissed　　]]?

もし (14) のように，who が基底構造の位置から文頭の位置に一挙に動くと分析すると，境界節点を 2 つ（S と S）越えることになり，(13) が非文であることを予測する．しかし実際 (13) は文法的である．これを避けるためには，境界節点を一挙に 2 つ以上越えない移動を仮定しなければならない．このことから，Chomsky は (13) には (14) のような非有界の wh 移動ではなく，(15) のようないわば「各駅停車」の wh 移動が関与していると主張している．

(15)　[COMP Who] do [ₛyou believe [S′ [COMP　that] [ₛMary kissed　　]]]?

(15) で示されているとおり，who は補文の補文化辞（Complementizer, COMP)) の位置を経由して主文の COMP の位置に移動する．このような循環的な（successive cyclic）移動（COMP-to-COMP 移動）を仮定することで，一回の移動で境界節点を 1 つだけ越えることになるので (11) を満たし，結果として (13) が文法的であることが正しく説明できる．

　理論言語学史の観点から述べれば，(12) の仮定をとるかどうかが非常に重要な理論上の分岐点になる．次節で紹介する Barriers やそれ以降のミニマリスト・プログラムの分析などのいわゆる生成文法の主流派においては，基本的に (12) の仮定が踏襲されている．しかし，(12) は理論上の 1 つの仮説であり，個別言語の文法を詳細に検討することを通して，すなわち経験的な証拠に基づいて，その妥当性が確認されなければならない．

　もし (12) が妥当な仮説であれば，次の (16a) のような事例が自然言語で容易に見つかるはずであり，一方 (16b) のような事例はほとんど見つからないはずである．

(16) a.　COMP-to-COMP 移動を仮定すると説明できる事例．
　　 b.　COMP-to-COMP 移動を仮定すると説明できなくなる事例．

しかし，上の予想に反して，実際は（16a）のみならず（16b）も自然言語には
存在する．まず，（16a）の例としてアイルランド語（＝（17））を見てみよう．

（17）

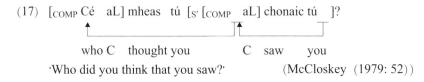

'Who did you think that you saw?'　　　　　　　（McCloskey（1979: 52））

アイルランド語は，wh 移動が起こらないときの補文化辞は goN であるが，wh
移動が起こると aL という補文化辞に替わる．つまり，wh 移動が起こった場
合，wh 句の基底構造の位置から文頭の位置の間にある補文化辞はすべて aL
に替わる．このことは，アイルランド語においては（17）の矢印で示したとお
り，COMP-to-COMP 移動が義務的に適用すると仮定することで自然に説明で
きる．
　つぎに，（16b）の例として Duala 語（＝（18））を見てみよう．

（18）

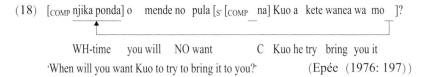

'When will you want Kuo to try to bring it to you?'　　　　（Epée（1976: 197））

Duala 語は，単文において wh 句が COMP に移動した場合，文中に no という
小辞（particle）が現れる．もし COMP-to-COMP 移動が起こるとすると，す
べての文中に no が現れるはずである．ところが，複文において wh が補文の
S 境界を越えて主文の COMP に移動したときには，主文には no が現れるが補
文には no が現れない．このことは，Duala 語においては（18）の矢印で示した
とおり，COMP-to-COMP 移動が適用されず，wh 句が一挙に主文の COMP に
移動したと考えるしかない．
　アイルランド語の例（＝（17））と Duala 語の例（＝（18））から，それぞれ
（16a）と（16b）に当てはまる言語が存在することがわかる．このことから，
（19）のようにいえる可能性が出てくる（cf.（12））．

（19）　自然言語は，非有界（unbounded）移動を許すという選択肢も備えて
　　　いる．

最近の理論言語学は（12）を前提として研究が進んでいるように思われる．し
かし，（19）は，仮に最終的には否定されることになるとしても，その可能性の

追求はなされるべきだと思われる．そして，(19) の可能性を追求することで，今まで思いつきもしなかったような新たな知見が得られる可能性があると考えられる．

5.3　Barriers

前節の (11) で見たように，下接の条件は境界節点 (S と NP) に依存して立てられている．(11) を下に繰り返す．

(11)　移動は一度に 2 つ以上の境界節点 (bounding node) を越えてはならない．　　　　　　　　　　　　　　　　　　　　　　　　　　　　　　（下接の条件）

下接の条件では境界節点の範疇が単に規定されていただけだが，その範疇が独立したメカニズムから得られれば，さらに原理的な説明に近づくと思われる．そこで考え出されたのが Chomsky (1986) による Barriers の理論（以下 Barriers）である．Chomsky (1986) は定義の連続であり，本章でその定義を詳しく取り扱う余裕はない．そこで以下では Barriers を，どの範疇がどの環境で障壁 (barrier) となるかを図示しながら説明する．さらに Barriers がもたらす帰結について述べ，Barriers 内にも理論上の大きな分岐点が存在することを指摘する．

　まず (8)（= (20) として下に繰り返す）の非文が Barriers でどのように説明されるか見てみよう．Barriers では (20) の非文法性を，1 つの移動で 2 つ以上の障壁を飛び越したことに起因させている．

(20)　*Which book did John meet a child who read?　　　(= (8))

(21)

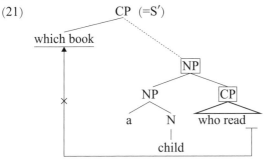

(21) の樹形図は (20) の説明に必要な部分だけを示したものである．(21) に

おいて□で囲まれた範疇（最大投射 XP）が障壁である．(20) は，(21) の矢印
で示されているとおり which book が 2 つの障壁（NP と CP）を一度に飛び越
えているので，非文になると説明される．

　拡大標準理論の下接の条件と Barriers との顕著な違いは，前者は特定の範疇
が常に境界節点となるのに対して，後者は特定の範疇が常に境界節点（＝障壁）
になるとは限らないということである．Barriers のシステムでは，XP と構造
上姉妹関係（sister relation）にある範疇が語彙範疇（N, V, A, P）の主要部の場
合には XP が障壁にならないが（＝ (22a)），それ以外の場合には XP が障壁に
なる（＝ (22b)）と仮定されている（厳密には Blocking Cateory などのステッ
プを踏むが，Barriers の厳密な解説が本章の目的ではないので簡略化して書く
ことにする）．

(22) a.　　　　　　　　　　　　b.

　　　{N, V, A, P}　　XP　　　{I, C, YP など}　　XP

さらに，障壁となる XP を (23) のように直接支配（dominate）している YP も
障壁となる．

(23)　YP
　　　XP

(23) のような構造，すなわち YP の直下に XP がきている構造を「YP が XP
を直接支配している構造」という．この構造において，XP が障壁となる場合
には，それを直接支配する YP も障壁となる．

　ここでもう一度 (21) に戻ろう．(21) において，下の CP は，語彙範疇の主
要部（=N）とは姉妹関係になく NP と姉妹関係にあるので，障壁となる（cf.
(22b)）．さらに，その CP を直接支配している NP もまた障壁になる（cf.
(23)）．したがって，障壁が 2 つできあがる．wh 移動の際，which book がそ
れらの 2 つの障壁（NP と CP）を一度に飛び越えることになるため (20) は非
文となる．

　境界節点を特定しない Barriers のシステムは，境界節点を特定する拡大標準
理論の下接の条件よりも，一見するとエレガントなように思われる．しかし，
(22) と (23) のような障壁の特定方法をとると，基本的でかつ文法的な (24)
のような wh 移動が非文であると予測してしまうことになる．

(24)　What did Mary eat?

(25)

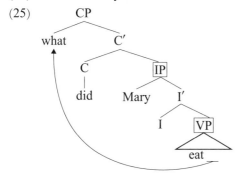

(24) の構造である (25) を見てみよう. (25) において，VP は機能範疇の主要部である I と姉妹関係にあるため障壁となる (cf. (22b)). さらに，その VP を直接支配している IP もまた障壁になる (cf. (23)). したがって，障壁が 2 つできあがる. what がそれらの 2 つの障壁 (IP と VP) を一度に飛び越えることになるため，(24) は誤って非文と予測される.

　拡大標準理論の下接の条件では VP は境界節点にはならなかったが，Barriers のシステムでは VP は境界節点（＝障壁）になる. Barriers のシステムを維持しようとするのであれば，たとえば VP を障壁とカウントしないという例外規定をつくるか，あるいは VP の障壁を回避する何らかの手段を考えなければならない. Chomsky (1986) がとった方法は後者である. Chomsky は (26) のように wh 移動の際いったん VP に着地すれば，その VP は障壁とはカウントされないと提案した.

(26)

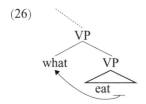

(26) では VP が 2 つ重なった構造になっているが，そのどちらの VP も what の移動にとっての障壁とはならないと Chomsky は仮定している. この仮定により，(24) が文法的であることが正しく説明される.

　しかし，理論言語学史の観点から述べれば，「wh 句が VP に付加する」という仮説は重要な意味合いをもつ. まず，英語において，実際に wh 句が VP に

付加している（27b）や（28b）のような文は認められない.

　(27) a.　What did Mary eat?

　　　 b.　*Did Mary what eat?

　(28) a.　I wonder where Mary eat what.

　　　 b.　*I wonder where Mary what eat.

（27a）は文法的であるが，what を VP に付加した（27b）は非文である.同様
に（28a）は文法的であるが，what を補文の VP に付加した（28b）は非文であ
る.（27b）と（28b）は最終的にはほかの制約によって排除されることになり，
非文法的な文として生成されることはないと考えられるが，ここで重要なの
は，Barriers では《VP を越える wh 移動の際には原則として VP に付加しなけ
ればならないことを強制する》ということである.Barriers までの境界理論で
境界節点となっていたのは NP と S（と S′）であった.つまり，Barriers 以前
は境界節点になる範疇があらかじめ決まっていた.ところが Barriers になる
と，特定の範疇が境界節点になるという考え方が廃棄され，その結果 VP も境
界節点としてカウントされるようになった.ここで生成文法理論は重要な分岐
点を迎えることになった.それは，VP を境界節点と認めて理論を構築する方
向に進むか，以前のように VP を境界節点に含めない理論に戻るかという分岐
点である.Chomsky が後のミニマリスト・プログラムで選択したのは前者で
ある（vP と表現は変わったが本質的には VP が境界節点であることに変わり
はない）.境界節点をめぐる議論は，移動の障害となるものが何かを明らかに
する非常に重要なものである.経験的な証拠を積み上げながら境界節点を慎重
に特定していく必要があるだろう.

第 6 章

痕跡理論
─痕跡から見える真実─

(1) には (2) のような wh 句の移動が含まれている.

(1)　I don't know who Mary kissed?

(2)
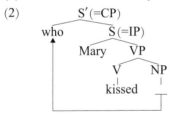

(2) の樹形図で問題となるのは, wh 句が移動した後の空の NP の取り扱いである. 大きく分けて, 2 通りの分析方法が考えられる. 1 つは (3) のように空の NP を接点ごと (= 四角で囲まれている部分を) 消去するという分析である.

(3)

もう 1 つは, (4) のように wh 句が移動した跡には痕跡 (trace, *t*) が残されるという分析である.

(4)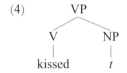

（3）の分析をとるか（4）の分析をとるかは，一見すると表記法の問題であり「取るに足らない」瑣末なことと思われるかもしれない．しかし，どちらの分析をとるかで，文法の枠組み全体が大きく変わってしまうのである．

　改定拡大標準理論でChomsky (1973) が選択したのは後者（=（4））である．痕跡を用いた理論は痕跡理論とよばれ，上であげたwh移動のみならず，移動が起こる場合にはすべて，移動元に痕跡を必ず残すという理論である．この考えは現在のミニマリスト・プログラムにおいても，痕跡がコピーに置き換わってはいるものの，踏襲されている．理論言語学史の観点からいうと，痕跡理論の導入が生成文法の歴史の中で非常に重要な転換期になったといえる．以下では，この点について詳しく見ていく．

　生成文法では，文法は意味と音をつなぐものと捉えられてきた．意味と音のうち，とくに意味が文法とどのようなタイミングでかかわっているかが現在に至るまで重要な関心事となっている．意味部門が文法体系のどの位置にかかわっているかにとくに注意しながら，意味と文法の関係の歴史的な変遷を概観してみよう．

(5)　**標準理論**

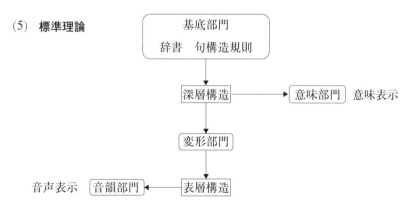

(6) **拡大標準理論**

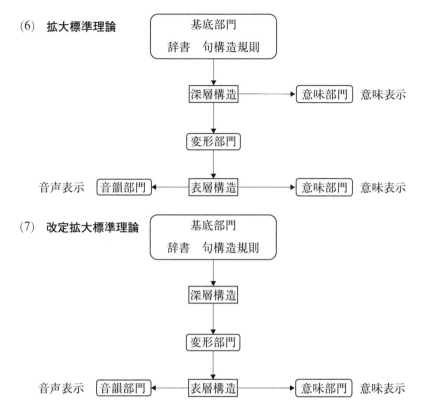

(7) **改定拡大標準理論**

(5) の標準理論では,《意味は深層構造からのみ》得られると考えられている.この理論では,深層構造が意味部門へのインプット,表層構造が音韻部門へのインプットというように「分業」している.なおこの時代は「変形は意味を変えない」と考えていたため,深層構造と表層構造は同一の意味をもつと見なされている.このため,表層構造で得られる意味情報はすべて深層構造で得られるので,表層構造が意味部門へのインプットになる必要はない.

　つぎに (6) の拡大標準理論であるが,「変形によって意味が変わる場合がある」ことが報告され,意味部門へのインプットが深層構造からのみならず表層構造からもできるようになった.この時代の研究の大きな流れとして,意味部門へのインプットはできる限り表層構造から行い,深層構造からの意味部門へのインプットを極力なくす方向に動いていった.この方向性にとっての大きな問題となっていたのが,深層構造がもつ文法関係 (grammatical relation) や主題関係 (thematic relation) の意味情報を深層構造に依らず表層構造だけでどの

ようにして得られるのかということであった．たとえば，(1) の wh 移動に対
して (3) のように移動元が完全に消されてしまうと，変形後の表層構造からは
文法関係（動詞 kiss は他動詞で目的語をとる）や主題関係（動詞 kiss は目的語
に被動作主 (Patient) の意味役割を与える）などの情報が読み取れない．これ
に対して移動元に痕跡が残されていれば，表層構造においても文法関係や主題
関係が読み取れる．つまり，痕跡を仮定することによって深層構造で得られる
情報が表層構造でも得られるようになったのである．その結果，(6) の拡大標
準理論から (7) の改定拡大標準理論へという大きな変革がもたらされたので
ある．(7) の図からもわかるように，深層構造はもはや意味部門へのインプッ
トとはならず，意味部門へのインプットはもっぱら表層構造が行うことになっ
た．そして，(7) の改定拡大標準理論の枠組みは，GB 理論の枠組み (= (8))
に踏襲されることになる．

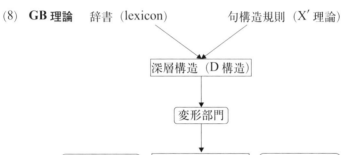

(8)　**GB 理論**　　辞書 (lexicon)　　　　　句構造規則 (X′ 理論)

深層構造 (D 構造)

変形部門

音声表示―音韻部門 (PF)◀―表層構造 (S 構造)▶―意味部門 (LF)―意味表示

　上で，「(3) の分析をとるか (4) の分析をとるかによって文法の枠組み全体
が大きく変わってしまう」と述べた．このことは，(5) から (8) にかけての生
成文法理論の変遷からも明らかだと思われる．すなわち，痕跡を仮定する前
(= (5) と (6)) と痕跡を仮定した後 (= (7) と (8)) では，文法に対する意
味部門のかかわり方が大きく変わってきてしまうのである．このことから，痕
跡理論の導入が生成文法の歴史の中で非常に重要な転換期になったことがわか
るだろう．このように，痕跡理論のような「小さな」理論１つで文法の「大き
な」枠組みがすっかり変わってしまうことに注意しなければならない．
　上でも述べたとおり，生成文法では痕跡理論を採用し (7)-(8) のように展開
してきたわけだが，はたして，痕跡を利用すれば表層構造だけで適切な意味解
釈が常に可能になるのだろうか．具体例を見ながら考えてみよう．

(9)　George believed that Susan had stolen a portrait of {herself/*himself}.

(10)　Which portrait of {herself/himself} did George believe that Susan had stolen *t*.

（長谷川（2000: 130））

(9) は同節内（＝従属節内）に Susan があるので herself は許されるが，同節内に George はないので himself は許されない．しかし，(9) の a portrait of {herself/himself} を which portrait of {herself/himself} に替えて (10) のように文頭に移動すると，himself が同節内（＝主節）の George を指すことができるようになる．結果として，(10) は herself と himself のどちらも許される．つまり，(10) の herself は wh 移動前の深層構造（＝ (9)）で認可されるが，himself は wh 移動後の表層構造（＝ (10)）で認可されると考えられる．すなわち，(10) で herself と himself がどちらも許されるという事実は，意味解釈には深層構造と表層構造の 2 つのレベルが必要であることの証拠となる．

　理論の変遷の中で (5) より (6) が，(7) より (8) が理論的に「エレガント」であると考えられる傾向がある．しかし，理論 α と理論 β のうちどちらの理論がよりエレガントであるかという議論をするには，α と β のどちらも同程度経験的な事実（＝データ）が説明できることが大前提となる．つまり，α でも β でも同程度のデータを説明でき，かつ α のほうが β よりも仮定している原理や制約などが少ない場合に，α のほうが β よりもエレガントであるといえるのである．このような判断基準は，生成文法の理論的変遷をよくみると，あまり考慮に入れられていないように思われる．

第 7 章

移動変形規則
——move-α への道——

　初期理論から標準理論までは，非常に多くの変形規則が提案されてきた．た
とえば，(1) のような wh 疑問文に対しては (2) が，(3) のような受動文に対
しては (4) が，(5) のような yes/no 疑問文に対しては (6) が，それぞれ提案
されてきた.

(1)　Who did Mary kiss?

(2)　疑問文形成変形規則

	Q,	X,	NP,	Y	
SD	1,	2,	3,	4	⇒
SC	3,	2,	ϕ,	4	（ただし 3=wh）

(3)　John was kissed by Mary.

(4)　受動文形成変形規則

	NP,	AUX,	V,	NP,	X	
SD	1,	2,	3,	4,	5	⇒
SC	4,	2+be+en,	3,	by+1,	5	

(5)　Are you a student?

(6)　主語-助動詞倒置変形規則

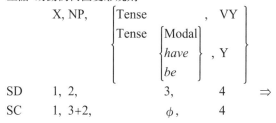

SD	1, 2,	3,	4　⇒
SC	1, 3+2,	φ,	4

変形規則は「構造記述（Structural Description, SD）」と「構造変化（Structural Change, SC）」を用いて記述される．たとえば，(2) の疑問文形成変形規則において，SD の 1, 2, 3, 4 の配列が SC では 3, 2, φ, 4 の配列に変えられている．(1) の wh 疑問文は，この規則によって，who が基底構造の位置（＝kiss の目的語の位置）から文頭の Q の位置に移動して生成されたことが示される．

　初期理論から標準理論までは，構文の数とほぼ同じだけの変形規則を提案するにとどまり，各構文間の共通特性を抽出するまでには至っていなかった．このことの原因の 1 つに，1 つの変形規則に複数の演算が含まれてしまっていることがあげられる．たとえば (4) の受動文形成変形規則であるが，1 つの規則の中に①主語の後置（SD の 1 が SC では 3 と 5 の間に移動している），② by の挿入（SC で by が挿入され 1 に付加している），③目的語の前置（SD の 4 が SC では 2 の左側に移動している），④ be+en の挿入（SC で be+en が挿入され 2 に付加している）という 4 種類の演算が含まれている．このように①〜④の演算がそれぞれ切り離されることなく 1 つの規則に含まれていたことが，共通特性を抽出するという考えに至らなかった原因の 1 つだと考えられる．さらに，このような複数の演算が 1 つの変形規則に含まれる事態は，変形が必要以上に強力な過剰能力をもつことになり，非文法的な文を無制限に産出してしまうことにつながる．つまり，現実世界にはない非文法的な文を無制限につくり出してしまう恐れがある．この事態を回避するために，Hasegawa (1968) は (7) のような提案をした．

　(7)　1 つの変形の行う構造変化は単一の演算に限られる．

(7) は，ある変形規則がある場合，その規則の中で行われる演算（＝変形操作）は 1 つだけに限られるというものである．つまり，(4) のように，1 つの変形規則に複数の変形操作が含まれることは許されないことになる．この (7) によって，(4) のような受動文形成変形規則は解体され，①〜④のような別々の

変形規則に分けられたのである．すなわち，受動文は別々の規則（①〜④）の相互作用によって生成されたと考えられるようになっていったのである．理論言語学史の観点から見て，(7) はその後の生成文法の進路を決める上で非常に大きな提案となったといえる．それは，(7) によって (4) の受動文形成変形規則の「解体」を端緒にそのほかの変形規則の「解体」作業が促され，それまでは独立に検討されてきた複数の構文の中に，共通の統語的特性が含まれているという発見をもたらすことにつながったからである．

　複数の構文に含まれる共通の統語的特性とは，たとえば，(8) の疑問文と (9) の関係節の変形規則の中にも見られる．

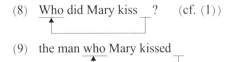

(8)　Who did Mary kiss ___ ?　　(cf. (1))

(9)　the man who Mary kissed ___

疑問文形成変形規則と関係節形成変形規則はそれぞれ独立した規則として提案されてきたが，両構文の変形規則に含まれている演算を解体し「共通因子」をくくり出すことで，どちらにも矢印で示したような wh 移動が含まれているということがわかった．つまり，(8) と (9) はどちらも wh 移動の例としてまとめることができるようになった．また，(10) の受動構文と (11) の繰り上げ構文の変形規則の中にも共通の統語的特性が見られる．

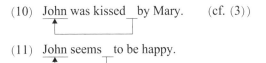

(10)　John was kissed ___ by Mary.　　(cf. (3))

(11)　John seems ___ to be happy.

受動構文の規則と繰り上げ構文の規則も独立した規則として提案されてきたが，両構文の変形規則に含まれている演算を解体し共通因子をくくり出すとどちらにも矢印で示したような NP 移動が含まれているということがわかった．つまり，(10) と (11) はどちらも NP 移動の例としてまとめることができるようになった．さらに，(12) の主語-助動詞倒置と (13) の be/have 転移（*be/have* shift）の変形規則の中にも共通の統語的特性が見られる．

(12)　Are you　a student?　　　　(cf. (5))

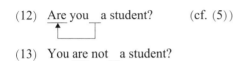

(13)　You are not　a student?

主語－助動詞倒置の規則と be/have 転移の規則も独立した規則として提案され
てきたが，両構文の変形規則に含まれている演算を解体し共通因子をくくり出
すとどちらにも矢印で示したような主要部移動が含まれているということがわ
かった．つまり，(12) と (13) はどちらも主要部移動の例としてまとめること
ができるようになった．
　このような各構文から共通の統語的特性を抽出するという分析の傾向は，改
定拡大標準理論の時代に入るとますます活発になった．とくに移動変形規則に
関しては規則の数が大幅に削減され，その結果，ほぼ (14) の規則だけになっ
た (cf. Chomsky (1976, 1977))．

(14) a.　wh 句を移動せよ．
　　　b.　NP を移動せよ．

たとえば，上で見た (8) や (9) のような文は (14a) によってつくられ，(10)
と (11) のような文は (14b) によってつくられると考えられるようになった．
　このような移動変形規則の統廃合はさらに進み，Chomsky (1980) において
は (14a) と (14b) の移動変形規則が (15) のように統合されることになった．

(15)　α を移動せよ (Move α)．

(15) の α は変項 (variable) であり，α は wh 句にも NP にもなりうる．した
がって，(8)-(11) のような文はすべて (15) の移動変形規則によってつくられ
ることになる．さらに，(15) の α は句の最大投射 (XP) にだけ限定されてい
るわけではなく主要部 (X^0) にもなりうることから，(15) の規則は (12) や
(13) のような(助)動詞移動の場合にも同様に適用できる．(15) の規則は移動
変形規則としては唯一の規則であり，GB 理論や Barriers の理論においても引
き続き仮定されている．
　(15) の規則は，一見すると，wh 句や NP や主要部に言及しない点で (14a)
と (14b) の規則より一般的で「エレガント」な規則のように思われる．もし
wh 移動と NP 移動と主要部移動の統語的性質が，多少の相違はあるにせよ，
極めて類似しているのであれば，(15) のような規則への統一は妥当性をもつ

だろう．しかし，上の 3 つの移動がそれぞれ特異な統語的性質をもっていると
すれば，(15) への規則の統合は妥当性を欠くといわざるを得ない．(14) から
(15) への移行は理論言語学史において非常に重要な分岐点となるのは間違い
ないが，その移行が十分に納得のいく根拠に基づいて行われているかどうか
は，しっかり確認されなければならないだろう．

　改定拡大標準理論では，「移動の後には痕跡 (trace) が残る」という痕跡理論
が仮定されているので，α 移動 (＝(15)) の結果，移動元の位置には痕跡が残
ることになる．もし α 移動によって残された痕跡がどれも同様の性質を表す
ならば，wh 移動と NP 移動と主要部移動を α 移動に統合する分析に対する決
定的な証拠となる．逆に，α 移動によって残された痕跡に統一的な特性がな
く，痕跡の性質が α に代入される要素（＝wh 句，NP，主要部など）によって
異なるのであれば，α 移動に統合する分析が妥当ではないという証拠となりう
る．

　Chomsky (1981) でも明確に述べられているように，wh 移動で残された痕
跡（＝wh 痕跡）と NP 移動で残された痕跡（＝NP 痕跡）には，それぞれ (16a)
と (16b) のような相違がある．さらに，それらの痕跡と主要部移動で残された
痕跡（＝主要部痕跡）(＝(16c)) を比べてみても，まったく異なる性質をもつ
ことがわかる．

(16)

	痕跡の種類	束縛理論	束縛変項	格表示
a	wh 痕跡	指示表現	＋	＋
b	NP 痕跡	照応形	－	－
c	主要部痕跡	－	－	－

(16a) で示されているように，wh 痕跡は束縛理論における指示表現 (R-
expression) の性質および，wh 句に束縛 (bind) される束縛変項 (bound
variable) の性質を帯びている．さらに，wh 痕跡は格 (Case) 標示される位置
を占めていなければならない．この wh 痕跡に対して，(16b) で示されている
ように，NP 痕跡は束縛理論における照応形 (anaphor) の性質を帯びている．
しかし，NP 痕跡は束縛変項ではなく，格標示される位置を占めていてはいけ
ない．最後に，(16c) で示されているように，主要部痕跡は束縛理論には従わ
ないので，指示表現でも照応形でも代名詞でもない．また，主要部痕跡は束縛
変項でもなく，格標示とも無関係である．すなわち，wh 痕跡と NP 痕跡と主
要部痕跡はそれぞれ異なる性質をもっているということになる．

wh 痕跡と NP 痕跡と主要部痕跡の違いを示す別の例を見てみよう（(17) と (18) は Riemsdijk and Williams（1981: 175）から，(19) は Radford（1988: 556）からの引用）.

(17) a.　Who do you want *t* to beat Nixon?　　（wh 痕跡）

b.　*Who do you *wanna* beat Nixon?

(18) a.　John is supposed *t* to leave.　　　（NP 痕跡）

b.　John is *sposta* leave.

(19) a.　Should we *t* have called the Police?　（主要部痕跡）

b.　*Should *we've* called the Police?

(17)-(19) のデータは wh 痕跡と NP 痕跡と主要部痕跡のそれぞれの痕跡が縮約（contraction）を阻害するか否かを示している. まず，(17a) の *t* は wh 句（=who）が移動した後に残された wh 痕跡である. want と to は wanna と縮約されることが多いが，want と to の間に wh 痕跡が介在すると (17b) のように wanna と縮約することができない. このことから，wh 痕跡は縮約を阻害することがわかる. つぎに，(18a) の *t* は NP（=John）が移動した後に残された NP 痕跡である. supposed と to は sposta と縮約されることが多い. この縮約は，(18b) のように supposed と to の間に NP 痕跡が介在しても行われる. このことから，NP 痕跡は縮約を阻害しないことがわかる. 最後に，(19a) の *t* は主要部（=should）が移動した後に残された主要部痕跡である. we と have は we've と縮約されることが多いが，we と have の間に主要部痕跡が介在すると (19b) のように we've と縮約することができない. このことから，主要部痕跡は縮約を阻害することがわかる. これらのことを整理すると (20) の表になる.

(20)

痕跡の種類	縮約を阻害	例文
wh 痕跡	する	(17b)
NP 痕跡	しない	(18b)
主要部痕跡	する	(19b)

(20) からわかるように，縮約に関して wh 痕跡と主要部痕跡は縮約を阻害する

のに対して，NP 痕跡だけは縮約を阻害しない．このことからも，α 移動によってできた痕跡が必ずしも同じ特性をもっているとはいえないことがわかる．

さらに，今度は別の観点から，wh 移動と NP 移動と主要部移動を α 移動に統合する分析が妥当かどうか考えてみよう．上の（17a），（18a），（19a）を下に繰り返す．

(17a)　Who do you want *t* to beat Nixon?　　　　（wh 移動）

(18a)　John is supposed *t* to leave.　　　　（NP 移動）

(19a)　Should we *t* have called the Police?　　　　（主要部移動）

(17a) は wh 移動の例であるが，wh 句は必ず非文法項の位置（A′ 位置）に移動する．また，wh 移動は演算子（operator）によって駆動されると考えられている．(18a) は NP 移動の例であるが，NP は必ず文法項の位置（A 位置）に移動する．そして NP 移動は格（Case）ないしは拡大投射原理（EPP）によって駆動されると考えられている．(19a) は主要部移動の例であるが，主要部は必ず主要部の位置に移動し，主要部移動は形態論的な要求によって駆動されると考えられている．これらをまとめると（21）になる．

(21)

移動の種類	移動先	駆動力	例文
wh 移動	A′ 位置	演算子	(17a)
NP 移動	A 位置	格または EPP	(18a)
主要部移動	主要部の位置	形態論的要求	(19a)

(21) から明らかなように，wh 移動と NP 移動と主要部移動では，移動先も移動の駆動力もそれぞれ異なっている．このように同じ α 移動でありながら移動先と駆動力に違いが見られることから，上の 3 つの移動は同じ特性をもっているとはいえず，したがって，α 移動のように 1 つの移動変形規則にはまとめられないといえる．

以上のことから，α 移動に統合する分析は妥当ではないといえる．よって，(22) のような結論が導かれる．

(22)　wh 移動と NP 移動と主要部移動では，移動先も移動の駆動力も移動の結果残される痕跡（およびその性質）もそれぞれ異なった性質を示している．これらのことから，上記の 3 つの移動を α 移動のように 1 つの移動変形規則にまとめることは妥当な分析とはいえない．

先に指摘したように，(14) から (15) への移行が理論言語学史において非常に
重要な分岐点となるのは間違いない ((14) と (15) を下に繰り返す).

(14) a.　wh 句を移動せよ.

　　　b.　NP を移動せよ.

(15)　α を移動せよ (Move α).

しかしその分岐点には，再検討の余地が今もなお十分に残っているといわざる
をえない. (22) を考慮に入れながら，当該分岐点の再考が望まれる.

第 8 章

サイクル
─規則は循環する─

　生成文法の歴史の中で「サイクル」という概念はかなり早く，すでに標準理論の段階で導入されていた．サイクルはとくに「変形規則の循環適用」という文脈で重要な役割を演じていた．変形規則の循環適用とは要約すると (1) のようになる (cf. Chomsky (1965: 133–135))．

　(1)　変形規則は，循環節点 (cyclic node) が支配する構造ごとに適用されるが，その適用には順番がある．まず，「最も下位にある循環節点」が支配する構造に適用される．つぎに，「それより 1 つ上位の循環節点」が支配する構造に適用される．これを順次繰り返し，「最上位の循環節点」が支配する構造に適用されるまで続ける．

(1) における循環節点とは，S と NP のことである．ここで，(1) がどのように機能するかを下の図を用いて説明してみよう（ここでは便宜上，循環節点 S を例にして解説する）．

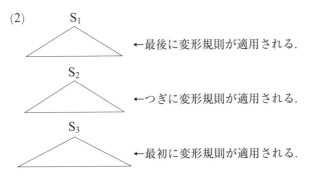

(2) において，規則の適用は，まず最下位の循環節点に支配された構造，つまり S₃ に適用される．つぎに，1 つ上位の循環節点に支配された構造，つまり S₂ に適用される．最後に最上位の循環節点に支配された構造，つまり S₁ に適用される．このような考え方を採ると，標準理論で仮定されていた変形規則の適用順序（rule ordering）に起こる問題が解決できる．変形規則の適用順序の問題とは，たとえば変形規則 α と β において，α の適用後に β が適用される場合（α → β）と β の適用後に α が適用される場合（β → α）の両方があるときには，α と β の規則を適用する順序付けができないことを指す．具体例を見てみよう．

(3) John happened to want to seem to understand economics. (McCawley(1988: 161))

(4) a. [s₁ △ happened [s₂ John to want [s₃ △ to seem [s₄ he understand economics]]]]
繰り上げ変形規則

b. [s₁ △ happened [s₂ John to want [s₃ he to seem [s₄ to understand economics]]]]
同一名詞句削除規則

c. [s₁ △ happened [s₂ John to want [s₃ to seem [s₄ to understand economics]]]]
繰り上げ変形規則

d. [s₁ John happened [s₂ to want [s₃ to seem [s₄ to understand economics]]]]

(3) がどのような派生（derivation）を経て生成されるかが (4) に示されてある．まず，(4a) の基底構造に「繰り上げ変形規則」が適用され he が seem の左側に繰り上がる．つぎに (4b) において，「同一名詞句削除規則」が適用され，John と同一人物を指す he が削除される．最後に (4c) において，繰り上げ変形規則が適用され John が happened の左側に繰り上がり，(4d) の構造（= (3)）ができあがる．ここで，規則が適用される順序に注目してみよう．ま

ず，(4a) から (4b) にかけてであるが，(4a) に繰り上げ変形規則が適用され
てから (4b) に同一名詞句削除規則が適用されている．つまり，「繰り上げ変形
規則→同一名詞句削除規則」の順序で規則が適用されている．つぎに，(4b) か
ら (4c) にかけてであるが，(4b) に同一名詞句削除規則が適用されてから (4c)
に繰り上げ変形規則が適用されている．つまり，ここでは先ほどとは逆に「同
一名詞句削除規則→繰り上げ変形規則」の順序で規則が適用されている．これ
らのことから，繰り上げ変形規則と同一名詞句削除規則に関しては適用順序が
決まらないということになる．これが適用順序に関する問題である．

　しかし，(3) における適用順序に関する問題は，(1) であげた変形規則の循
環適用という考え方を仮定すると解消する．つまり，規則の順序付けは文全体
ではなく《各サイクル内》で決めればよいということである．まず (4a) のよ
うに，S3 のサイクルで繰り上げ変形規則が適用される．つぎに (4b) のよう
に，S2 のサイクルで同一名詞句削除規則が適用される．最後に (4c) のよう
に，S1 のサイクルで繰り上げ変形規則が適用される．このように，各サイクル
においてそれぞれ 1 つずつしか変形規則が適用されていないので，(3) におい
て規則の順序付けの問題は生じない．

　拡大標準理論に入ると，サイクルの考え方は wh 島の条件と合わせて，(5)
のような文の非文法性を説明するためにも必要不可欠な概念となった．

(5)　*Who does John wonder where Mary kissed?

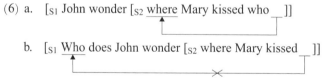

(6)　a.　[S1 John wonder [S2 where Mary kissed who ___]]

　　　b.　[S1 Who does John wonder [S2 where Mary kissed ___]]

(5) の例文に対して，まず (6) のような派生が考えられる．(6a) では where
が基底生成された文末の位置から埋め込み文（=S2）の文頭に移動している．
その後，who が (6b) のように S2 の中の基底生成された目的語の位置から
where を飛び越えて主節（=S1）の文頭に移動している．(6) の派生方法を採
ると，(6b) の移動が wh 島の条件に違反するため，(5) が非文法的だと説明で
きる．しかし，実際には，wh 島の条件に違反しないような派生方法を (5) に
仮定することもできる．(7) を見てみよう．

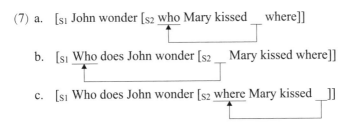

(7) a.　[$_{S1}$ John wonder [$_{S2}$ who Mary kissed ＿ where]]

 b.　[$_{S1}$ Who does John wonder [$_{S2}$ ＿ Mary kissed where]]

 c.　[$_{S1}$ Who does John wonder [$_{S2}$ where Mary kissed ＿]]

まず，(7a) のように who を埋め込み文の S2 の文頭に移動させる．つぎに，その who を (7b) のように主節の S1 の文頭に移動させる．これらの移動が終わってから，(7c) のように where を基底生成された文末の位置から S2 の文頭に移動させる．そうすると，(7a-c) の移動はいずれも wh 島の条件には違反していないことになる．wh 島の条件に違反していないので (5) は文法的だと予測されるが，これは事実に反する．ここで重要な役割を演じるのがサイクル（＝変形規則の循環適用＝ (1)）の考え方である．(1) は Chomsky (1973) の「厳密循環の条件 (strict cycle condition)」に基本的にはそのまま引き継がれている．厳密循環の条件は概略 (8) のようにまとめられる．

(8)　派生が上位のサイクルへ移った後で，それより下位のサイクルに戻ってそのサイクル内で完結する規則を適用することは許されない．

この厳密循環という観点から，もう一度 (7) の派生を見てみよう．まず (7a) にあるように，S2 のサイクルで wh 移動規則が適用された後で，(7b) のように，S1 のサイクルで wh 移動規則が適用されている．しかし，この後の (7c) では，S2 のサイクルに戻って wh 移動規則が適用されているため問題となる．なぜなら，(7c) では S1 のサイクルで規則が適用された後に S2 のサイクルに戻って S2 サイクル内で完結する規則が適用されているため，厳密循環の条件 (= (8)) に抵触するからである．したがって，(5) は (7a-c) のような派生を経て生成することができない．このように，(6) の派生を仮定すると wh 島の条件を，(7) の派生を仮定すると厳密循環の条件を破ってしまうので，(5) のような文が生成されないと正しく説明される．

　これまで見てきたように，サイクルの考え方は理論言語学史上初期の頃からずっと重要な位置を占めてきた．さらに，GB 理論や Barriers の理論でも，専門用語や技術的な細部は異なっているものの，その基本的な考え方は引き継がれている．つまり，生成文法では一貫してサイクルが人間言語を特徴付ける極めて重要な概念だと考えられてきた．しかし，「変形規則がサイクルに従うの

はなぜか」，もっというと「人間言語にはなぜサイクルが必要なのか」などについ
ては，これまで明確な理由は提出されてこなかった．この種の問題は現在も
なお重要な研究テーマになりうる．

　これらの問題に対して，たとえば最新の理論であるミニマリスト・プログラ
ムが原理的な説明を与えているか，検討してみるのも有意義であろう．ミニマ
リスト・プログラムの分析についての詳細は第 II 部に譲るが，統語構造はすべ
て併合（merge）という操作によって「下から上に（bottom-up fashion）」つく
られていく．構造がある程度つくり上げられるとフェイズ（phase）という単
位で意味や音声の領域に排出（spell-out）される．このフェイズは上で見てき
たサイクルと同じ概念なのか，そこをまずは確認しなければならない．仮に
フェイズとサイクルが本質的に同じものだとしたら，つぎに，フェイズという
単位はどのようなプロセスで決まるのかを詳しく調べる必要がある．また，も
しフェイズとサイクルが異なるものであれば，人間言語にフェイズとサイクル
の 2 種類の独立した単位が必要なのかという新たな問題が出てくる．

第 9 章

日英比較統語論

——統語理論が日英語を斬る——

9.1 初期理論

　生成文法における日英比較統語論は，早くも初期理論の時代に長谷川 (1963, 1964) によってなされている．初期理論では，後の句構造規則 (phrase-structure rule) に当たる「成分構造規則 (constituent-structure rule)」および変形規則によって文の分析が行われている．以下では，まず成分構造規則に見られる日英語の違いについて見た後で，変形規則に見られる日英語の違いについて見ていく．

　まず，成分構造規則に見られる日英語の違いについて見てみよう．英語は (1) のような成分構造規則をもつ．

(1) a.　$S \rightarrow NP\ VP$

　　 b.　$VP \rightarrow Aux\ MV$ 　　　　　(MV: Main Verb phrase)

　　 c.　$MV \rightarrow \begin{Bmatrix} be+Pr \\ V \end{Bmatrix}$ 　　　(Pr: Predicative)

　　 d.　$V \rightarrow \begin{Bmatrix} V_t\ NP \\ V_i \end{Bmatrix}$ 　　　(V_t: transitive verb)
　　　　　　　　　　　　　　　　　(V_i: intransitive verb)

(1) の規則によって，(2) の文は (3) のような構造で表すことができる．

(2)　John ate an apple.

(3)

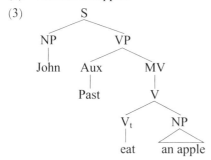

英語に対して日本語は，(4) のような成分構造規則をもつ.

(4) a.　S → PredP PM　　　　(PredP: Predicate Phrase, PM: Predicate Marker)

　　b.　PredP → C_p Pr　　　　(C_p: predicate complement)

　　c.　C_p → NP+P_{ga}　　　　(P: Particle)

　　d.　Pr → (Adv) Nuc　　　　(Adv: Adverbial, Nuc: Nucleus)

　　e.　Nuc → {VP, AP, CP}　　　(CP: Copula Phrase)

　　f.　VP → C_v V_t　　　　(C_V: verb complement)

(4) の規則によって，(5) の文は (6) のような構造で表すことができる.

(5)　ジョンがリンゴを食べた。

(6)

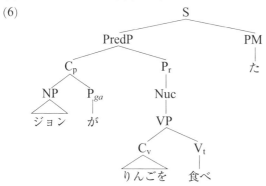

(3) と (6) の構造を比べてみると，日英語では文の構造がかなり異なっていることがわかる. たとえば，英語 (= (2)) にも日本語 (= (5)) にも「主語」を

表す「John／ジョン」があるが，構造上英語では S と直接つながっているのに
対して，日本語では S と直接にはつながっておらず述語句（PredP）の一部と
なっている．つまり，同じ主語という文法関係を表す名詞句（NP）が，日英語
において構造上占める位置が異なっているということである．現代においても
日英語の主語の統語的位置の違いについては活発に議論されているが，早くも
1960 年代にこの種の議論がなされていたということである（なお，(6) のよう
な主語が述語に含まれる構造が，1980 年代になって提案された，いわゆる「動
詞句内主語仮説（VP-internal subject hypothesis）」（cf. Fukui and Speas
(1986)，Kuroda (1988)）における構造とほぼ同じであることは大変興味深
い）．

　つぎに，変形規則に見られる日英語の違いについて見てみよう．(7) のよう
な英語の受動文は，(8) の単純変形規則（Simple Transformation Rules, ST）で
導くことができると考えられている．

　　(7)　Mary was kissed by John
　　(8)　NP+Aux+V_t+NP$'$ → NP$'$+Aux+be+en+V_t+by+NP

(7) が (8) によってどのように派生されるか，(9) を見ながら説明してみよう
((8) の Aux（=Auxiliary verb）には時制要素も入る）．

　　(9) a.　John *Past* kiss Mary
　　　　b.　Mary *Past be en* kiss by John ⇒ Mary was kissed by John.（=（7））

まず，(8) の左辺に基となる能動文の (9a) が入力される．すると，(8) の右
辺のような変形がかかり，受動文の (9b) が出力される ((9b) は最終的にさら
に別の規則（Past+be=was, en+kiss=kissed）がかかり (7) になる)．

　一方，日本語では受動文を ST で導くことはできない．というのも，日本語
には基となる能動文が想定できないような受動文が存在するからである．たと
えば，(10) の受動文の基となる能動文を想定することはできない．

　　(10)　私は雨に降られた．（cf. *雨が私を降った．）

このことから，日本語の受動文は ST によって生成されるのではなく，一般変
形規則（Generalized Transformation Rules, GT）によって生成されると考えら
れる．GT とは，簡単にいえば，文と文を接続したり，一方の文を他方の文の
中に埋め込んだりする変形のことである．たとえば，(11) のような GT を仮
定してみよう．

(11)　X+Comp+*rare*+Y　　　　　　→X+NP+P$_{ni}$+ X′+V$_i$+*rare*+Y
　　　 Z+NP+P$_{ga}$+ X′+V$_i$+Y′　　　　（Comp: dummy complement）

(11) の GT は，簡単にいうと，上の段の Comp の位置に下の段の NP+P$_{ga}$+ X′+V$_i$ を埋め込ませる規則である．(11) を使うと，(10) は (12) のようにつくられる．

(12)　私は Comp られた　　　　→私は[雨に降る]られた→私は雨に降られた
　　　 雨が降る　　　　　　　　　　　　　　　　　　　　　　　　　　（= (10)）

(11) の GT を使うと，(12) の上の段の Comp の位置に下の段の「雨が降る」が埋め込まれ，「私は[雨に降る]られた」となる．これにさらに形態論的規則が適用されると「私は雨に降られた (= (10))」がつくられる．

　このように，同じ受動構文といっても，日英語では適用される規則も，その結果できあがった構造も異なることがわかる．繰り返し強調するが，早くも初期理論において，日英語の受動構文を生成させるための規則が比較され，両言語の当該構文の構造の違いが指摘されていたということである．その後，日英語の受動構文の比較研究をめぐっておびただしいほどの「新しい」論文が発表されてきた（日英語の受動構文の研究史については，Washio (1989–1990)，Hoshi (1999) などを参照）．理論の変遷にともなう専門用語の違いを捨象してそれらの「新しい」論文を読み返したとき，どれだけの論文が真に新しい論文とよぶことができるだろうか．理論言語学史をきちんと学ぶことで，新たに提出された論文が，本当の意味で新しい論文かどうかが判別できるようになる．

9.2　標準理論から拡大標準理論

　標準理論から拡大標準理論の時代にかけて，言語を比較する研究が徐々に増え始めていった．たとえば，Ross (1967) の提出した移動に関する一般的な制約が英語以外の言語にも当てはまるかどうかが調べられた．その結果，ヨーロッパ諸語では Ross の制約に従っている言語が多いものの，日本語などでは Ross の制約にほとんど従っていないことがわかった（井上 (1976) 参照）．ここでは Ross の複合名詞句制約 (complex NP constraint) に関して，日英語で違いがあることを見ていく．まず，英語の例文を見てみよう．(13) のような関係節は文法的である．

(13)　┌─────────────────────────┐
　　　│The book which the professor wrote ＿│ was published.
　　　└─────────────────────────┘

(13) において，先行詞（the book）と関係節（which the professor wrote）の両方を含む，四角で囲まれた部分が複合名詞句である．この複合名詞句内の要素をさらに関係節化すると，(14) のように非文法的になる．

(14)　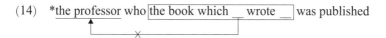

つまり，複合名詞句内の要素をその外側に移動するような変形は禁じられる．これが複合名詞句制約である．

　つぎに日本語の例を見てみよう．

(15)　┌────────────────┐
　　　│教授が ＿ 書いた本│が出版された。　　　　　（cf. (13)）
　　　└────────────────┘
(16)　┌────────────────┐
　　　│＿＿＿ 書いた本│が出版された教授　　　（cf. (14)）
　　　└────────────────┘

英語の (13) に対応する (15) のような関係節は日本語でも文法的である．(15) の中の四角で囲まれた部分が複合名詞句となる．日本語では英語とは異なり，この複合名詞句内の要素を外に出し，関係節化しても，(16) のように文法的になる．つまり，日本語は複合名詞句制約に従わない言語ということになる．このことから，複合名詞句制約という移動にかかわる制約において，英語はその制約に従うが，日本語は従わないという違いがあることがわかる．

　複合名詞句制約においては違いが見られた日英語であるが，両言語には共通した特徴をもつ文法現象も見つかった．そのような文法現象の 1 つが，「主語から目的語への繰り上げ（主語 – 目的語繰り上げ）」現象である．(17a) と (17b) を比べてみよう．

(17) a.　John believes [that Bill is a fool].
　　　 b.　John believes Bill [＿ to be a fool].

(17a) は従属節が時制文であり，(17b) は従属節が非時制文である．Postal (1974) は，多くの経験的な証拠に基づき，(17a) の Bill は従属節中にあるのに対して，(17b) の Bill は従属節の主語の位置から主節の目的語の位置に繰り上がっていると主張した．このような主語の位置から目的語の位置への繰り上げ移動を「主語–目的語繰り上げ」とよぶ．

英語に見られる主語-目的語繰り上げ現象であるが，Kuno（1976）は同様の現象が日本語にも存在すると主張した．Kuno があげた証拠は多岐にわたるが，ここではその中から 1 つだけ紹介する．（18）のデータを見てみよう．

(18) a.　ジョンは愚かにも [ビル**が**馬鹿だと] 思った.
　　 b. *ジョンは [ビル**が**愚かにも馬鹿だと] 思った.
　　 c.　ジョンは ビル**を** 愚かにも [＿ 馬鹿だと] 思った.

（18a）の「愚かにも」という副詞は主節の動詞「思う」にかかっている．つまり「愚かにも」は主節の要素である．（18b）が非文法的であることからもわかるとおり，主節の要素は従属節の中に現れることができない．しかし，（18b）の「ビルが」が（18c）のように「ビルを」に替わると，一転して文法的になる．このことは，「ビルを」が従属節の要素ではなく主節の要素であると考えれば説明がつく．このことから，英語と同様に，日本語でも主語-目的語繰り上げという現象が存在することがわかる．

　本節で見たように，この時期においても日英語の共通点と相違点が指摘されている．しかし，日英語をはじめとした言語間の違い——言語間変異——をより広範に記述・説明するためには，理論の抽象度をもっと上げることが必要だと思われる．抽象度がより上がった理論，それが次節で紹介する GB 理論である．

9.3　GB 理論

　GB 理論に入ると，諸言語を比較する傾向が一段と強くなった．その一番の理由は，理論の抽象度が上がったことにあると思われる．GB 理論ではとくに，普遍文法（universal grammar）と言語間変異（language variation）の研究が中心となっていた．それは，多くの研究者が，人間の子どもが不十分なデータしか与えられないのにもかかわらず，非常に短期間に言語を獲得できるのはなぜかという，いわゆる「プラトンの問題」に答えを与えようとしたからである．たとえば，英語と日本語では少なくとも（19）のような統語論上の違いが見られる（cf. Fukui（1986），Kuroda（1988））．

(19)

	日英語の相違点	英語	日本語
①	動詞と目的語の語順	動詞-目的語	目的語-動詞
②	前（後）置詞と名詞の語順	前置詞-名詞	名詞-後置詞
③	補文と補文化辞の語順	補文化辞-補文	補文-補文化辞
④	関係節と被修飾語の語順	被修飾語-関係節	関係節-被修飾語
⑤	否定辞と動詞の語順	否定辞-動詞	動詞-否定辞
⑥	目に見える wh 移動	ある	ない
⑦	主語と動詞の文法的一致	ある	ない
⑧	複数の主語	不可能	可能
⑨	スクランブリング	不可能	可能
⑩	虚辞	ある	ない
⑪	代名詞への修飾	できない	できる
⑫	主語-助動詞倒置	起こる	起こらない

(19) に見られる日英語の相違は，それぞれ独立に説明されるべき現象なのだろうか，それともそれらの背後には共通の原理が隠れていて，日英語の表面上の相違はその原理のとりうる値の相違にすぎないのだろうか．GB 理論では後者の可能性が追究されている．たとえば，(19) の①〜⑤は，X′ 理論 (X′ theory) の主要部パラメータ (head parameter) によりすべて説明できる (X′ 理論については，第2章も参照)．主要部パラメータとは，要約すると，X′ 式型 (X′ schema) において主要部 (head) とその補部 (complement) の並び方がシステマティックに異なる，という考え方である．英語では常に主要部が補部の左側に現れるのに対して，日本語では常に主要部が補部の右側に現れる．X′ 式型は人間言語に普遍的な構造だが，主要部と補部の語順によって言語間の変異 (variation) が生じるという仮説である．この仮説が正しければ，X′ 理論は上であげたプラトンの問題に対する答えの一部になると考えられる．というのも，人間の子どもは不十分なデータしか与えられないが，そのような少ないデータであっても主要部パラメータの設定をするには十分なほどのデータ量と考えられるからである．

　つぎに，(19) の⑥〜⑫であるが，これらは Fukui (1986) による相対化 X′ 理論 (relativized X′ theory) により統一的に説明できる．相対化 X′ 理論とは，要約すると，X′ 式型の主要部を語彙範疇 (lexical category, L) が占める場合と機能範疇 (functional category, F) が占める場合では投射 (project) の仕方が異な

るという理論である．具体的にいうと，(20) のように語彙範疇は投射が繰り
返し行われ (=L′ が繰り返し現れ) 指定部 (Specifier) をもたないのに対して，
機能範疇は (21) のように投射の繰り返しが許されず指定部をもつ．

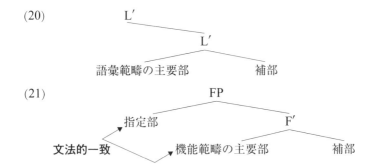

(20)　　　　　　　　　　L′

　　　　　　　　　　　　　　L′

　　　　　　語彙範疇の主要部　　　　　　　補部

(21)　　　　　　　　　　　　FP

　　　　　　　指定部　　　　　　　　　F′

　　文法的一致　　　　　　機能範疇の主要部　　　　　補部

Fukui によると，日本語は機能範疇をもたず語彙範疇だけをもつのに対して，
英語は語彙範疇に加えて機能範疇ももつ．語彙範疇は繰り返し投射することが
許されるため，日本語では複数の主語が許される．一方，英語には機能範疇が
存在し機能範疇は繰り返しの投射を許さないので，英語では複数の主語が許さ
れないと説明できる (cf. ⑧)．また，(21) で示されているように，機能範疇に
ある指定部と主要部は文法的一致 (agreement) を起こす．したがって，機能範
疇をもつ英語では主語と動詞の文法的一致が起こるのに対して，機能範疇をも
たない日本語では主語と動詞の文法的一致が起こらないことも説明できる (cf.
⑦)．このようにして，日英語の (19) の⑥〜⑫の違いは，英語が機能範疇をも
つのに対して，日本語が機能範疇をもたないことからすべて導き出すことがで
きる ((19) の残りの相違点に関しての説明は Fukui (1986) を参照のこと．ま
た，Kayne (1994) の提唱する統語的反対称性仮説 (syntactic antisymmetry
hypothesis) に基づいて (19) の特徴を説明しようとした試みに，Honda
(1999)，本田 (2002) などがある)．
　以上のように，GB 理論における日英語比較研究では，日英語がもつ共通の
仕組み (より正確にいえば，すべての人間言語がもつ共通の仕組み) が仮定さ
れ，さらにその内部にパラメータが仮定されている．そのパラメータがとりう
る値の相違が言語間の相違となって現れるという考え方が中心となっていた．
上で見た X′ 理論を例に説明すれば，X′ 式型が人間言語の普遍性を，主要部パ
ラメータが言語間の変異を説明することになる．X′ 式型と主要部パラメータ
を中心に据えた GB 理論によって，比較統語論研究が理論言語学史上もっとも

活発になったといっても過言ではない. 後のミニマリスト・プログラムにおい
て, 比較統語論研究が GB 理論ほど活発になされていないことを鑑みても,
GB 理論程度の理論の抽象度が比較統語論研究にとってはもっとも適している
ということができるだろう (なお, 生成文法理論における日本語研究の学史的
概観は井上 (2009) に詳しい). 現在もなお, ミニマリスト・プログラムではな
くそれ以前の理論に基づいた分析が行われている. たとえば Hatakeyama,
Honda and Tanaka (to appear) などはそのような論文の 1 例である.

第 10 章

おわりに

　第 I 部では，初期理論から障壁理論までの理論言語学史を概観してきた．理論の変遷を丁寧に追いながら，できるだけ具体例を提示し，その時々の問題の所在を明らかにしてきた．どの時代のどの理論の中にも学史上，非常に重要な分岐点が存在したことがわかったかと思う．繰り返し述べるが，これらの分岐点は，過去において決着済みの分岐点などではなくて，現在においても議論の余地が大いに残っている重要な分岐点である．その分岐点にある問題点を追究することは，これから生成文法を研究するものにとっての重大なミッションとなる．

　また，理論の変遷を経て現在に至っても，いまだに根本的な解決ができていない問題があることも指摘した．たとえば，第 4 章で見たように，「主語はなぜ必要か」という問いに対して，初期理論から障壁理論に至るまでさまざまな仮説が提案されてきたものの，結局原理的な説明はなされてこなかった．こういった未解決の問題は，そのままミニマリスト・プログラムに引き継がれることになる．未解決の問題がミニマリスト・プログラムでどのように説明されるのか，第 II 部を読みながらそのことを考えていくとよいであろう．

　第 9 章で詳しく見たように，GB 理論になって比較統語論研究が極めて活発に行われるようになった．これは，GB 理論が比較統語論研究を進めていく上で，適切な「倍率」にかなり近いということを意味していると思われる．すなわち，人間言語における普遍性と個別性（＝多様性）を記述・説明するための抽象度としては，GB 理論程度の抽象度が適正であるということである．GB理論で記述・説明できた程度以上の記述・説明が，より「シンプル」でありより「エレガント」であると考えられているミニマリスト・プログラムで可能か

どうか，よく見てみるとよい．なお，GB 理論とミニマリスト・プログラムを句構造レベルで比較検討した研究に畠山・本田・田中（2015）などがある．彼らは X′ 理論のほうがミニマリスト・プログラムの Merge-only アプローチよりも優れていることを経験的証拠を基に立証している．同書を本書の第 I 部および第 II 部と合わせて読むと理解が一層深まるだろう．

第 II 部

経済性理論から極小主義まで

藤田耕司

第1章

はじめに

　すでに半世紀以上に及ぶ歴史をもつ生成文法研究であるが，この間の進展は大きく3つの段階に区分することができる．

　　第I期（1950年代〜1970年代）：
　　　初期理論から標準理論を経て修正拡大標準理論まで
　　第II期（1980年代）：
　　　原理・パラメータのアプローチ
　　第III期（1990年代〜現在）
　　　極小主義（ミニマリズム，ミニマリスト・プログラム）

第II部では，この第III期の極小主義への推移の背景と，極小主義内でのこれまでの理論的展開を中心に解説する．なお便宜上，以下では多くの場合，第III期をさらに初期極小主義（1990年代）と現極小主義（2000年代以降）にわけて考察している．

　極小主義がそれ以前の生成文法から大きく異なるのは，人類固有の生得的言語能力の基盤である普遍文法（UG）がいかに複雑で豊かであるべきかというトップダウン式の思考法から，いかにわずかでよいのか，最低限何が必要かというボトムアップ式の思考法に切り替わった点である．

　この転換の背景には，通常の理論的経済性，つまり（ほかの条件が同じであれば）より簡潔な理論や仮説がより優れたものであるという考え方があったことはもちろんである．しかしそれ以上に，UGがわれわれの生得的能力であるなら，それは人類進化の産物であり，UG自体をも説明対象にしなければもはやUG仮説は効力をもたないという，より高い研究理念を生成文法が掲げるこ

とが可能になったという経緯があった．このため，極小主義の発展は，生物言語学や進化言語学の発展とも密接に連動している．

　さらに，これまでの生成文法が知見を蓄積してきた人間言語の構造的特性の多くが，言語だけでなく，広く自然世界にみられる経済性や最適性・最大簡潔性の 1 つの現れであるという見方が普及し，言語固有ではない一般原理や自然法則を重視した新しい説明方法が求められるようになったことも，極小主義の大きな特徴である．これは言語学を自然科学として位置づけようとする当初からの生成文法の企てが，この段階においてようやく一歩前進したことをうかがわせるものである．

　こういったより学際的な展開も視野に入れながら，この第 II 部では過去の生成文法との比較においてとくに注目すべき極小主義の主だった提案を紹介する．しばしば強調されるように，極小主義は特定の理論を指すのではなく，研究プログラムであり，そのプログラムに則って個別の理論や仮説が形成されるべきものである．したがって本来は，ここで紹介するものもそういったものの一例に過ぎないのであるが，実質上，極小主義を採択する研究者の大部分がこれらを作業仮説として採択しており，そのさらなる洗練化が現在の生成文法のもっとも重要なテーマとなっている．

　UG の最大簡潔化，そして言語学の生物学化・自然科学化という大きなガイドラインに沿って，それ以前の生成文法の分析方法が極小主義ではどのように大きく変わることになったのかをみてみよう．

第 2 章

原理・パラメータモデルの問題点
──豊かすぎた普遍文法──

　1980 年代に展開された原理とパラメータ（Principles and Parameters）のアプローチ（以下 P&P アプローチ）は，普遍文法（UG）を少数の一般原理とその各個別言語における作動方法を微調整するパラメータ（媒介変数）から構成されるものと考えた（Chomsky (1981)）．一般原理は人間言語の普遍性を，そしてパラメータは個別言語の多様性を説明するものであり，母語獲得とはこれらのパラメータの値を生後の経験に基づいて決定することであるとの見方が確立された．これにより，刺激の貧困下での母語獲得という言語獲得の論理的問題を解決し，記述的妥当性と説明的妥当性の間の衝突を解消する上で大きな成果をあげるものであった．

2.1　比較統語論の発展

　パラメータ値の変動は，共時的多様性だけでなく，同一言語の通時的多様性，さらに個体レベルの発達的多様性をも説明するとされ，P&P アプローチは歴史・比較言語学的な研究や母語獲得研究，第二言語獲得研究など，多方面にわたって重要な研究成果を多数もたらした．とりわけ，それまでは英語など限られた欧米の言語データだけに基づいて進められてきた研究が，日本語をはじめとする世界の多数の言語に応用され，検証されることで，通言語的視点から言語理論が大きく進展した．実際，1980 年代のわずかな時期にパラメータ理論がもたらした比較・対照言語学的な知見は，それ以前の数百年の言語学の成果をはるかに凌駕するするだけの豊かな内容を誇っていたのである．
　一例として，人間言語の階層構造性について述べる．人間言語が普遍的に線

60

形順序（語順）ではなく階層構造に依存していることは現在では常識となっているが，生成文法や P&P アプローチが登場する以前は，世界の言語には（1）のような階層構造をもつ立体配置型（configurational）の言語と，（2）のような平板な構造しかもたない非立体配置型（non-configurational）の言語があると広く考えられていた（語順は SVO とは限らない）.

（1）　立体配置型　　　　　　　　　　　　（2）　非立体配置型

そして英語をはじめとする欧米の言語は立体配置型であるのに対し，日本語やオーストラリア先住民（アボリジニ）の言語は平板型であることが主張された．これがいわれのない偏見であり，世界のすべての言語が等しく階層構造をもつことを示したのが，P&P アプローチのもとで展開された生成比較統語論であって，それにはとくに日本語研究の飛躍的な進展が大きく貢献した．UG 仮説は，全人類が同じ言語能力の生得的基盤をもつとするものであるが，それはとりも直さず，すべての人間が等しい存在であることの生物学的証明でもあったのである.

2.2　主要部パラメータ

　しかしその一方で，世界に 6,000～7,000 あるといわれる各個別言語の間には，一見，際限のない違いがあるようにみえるのも事実であり，言語の普遍性と多様性を矛盾なく捉えるものとして提案されたのが「パラメータつき一般原理」という考え方であった.

　当時のパラメータの代表的なものとして，語順にかかわる「主要部パラメータ（head parameter）」を振り返ってみよう．普遍的な句構造のスキーマとして（3）の X′ 式型（X-bar schema）が提案されたが，ここで主要部（Head）とその補部（Complement）のうち，どちらが語順的に先行するかは個別言語によって異なり，これを規定するのが（4）の主要部パラメータであった.

(3)　X′ 式型

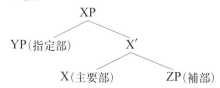

(4)　主要部パラメータ
    i)　主要部先行型
    ii)　主要部末尾型

世界の言語は主要部 X がその補部 ZP より前にくる「主要部先行型（Head-first, Head-initial)」と後ろにくる「主要部末尾型（Head-last, Head-final)」の 2 つのタイプに分かれ，たとえば英語は主要部先行型，日本語は主要部末尾型である．X′ 理論（X-bar Theory）は範疇横断的一般化を提案したもので，X が具体的にどんな範疇でも，主要部パラメータの値は同じである．X が V（動詞）であれば，主要部先行型は VO 語順，主要部末尾型は OV 語順となるが，これは動詞に限らず，名詞や形容詞，前置詞・後置詞，さらに D や T，C などの機能範疇についても同じになる．結果的に英語と日本語は，語順について鏡像関係になる．

(5) a.　英語：
       [$_{CP}$ Spec C [$_{TP}$ Spec T [$_{VP}$ Spec V [$_{DP}$ Spec D [$_{NP}$ Spec N...]]]]]
    b.　日本語：
       [$_{CP}$ Spec [$_{TP}$ Spec [$_{VP}$ Spec [$_{DP}$ Spec [$_{NP}$ Spec...N] D] V] T] C]

　母語獲得についていえば，赤ちゃんはすべての範疇について直接的なデータを与えられなくとも，いずれか 1 つの範疇についてその主要部パラメータの値がわかれば，ほかの範疇についても同じ値をあてはめるだけで自分の母語の基本語順を知ることができる．なぜ質・量ともに乏しい経験だけから母語獲得が可能なのかという言語獲得の論理的問題（「刺激の貧困」の問題）は，このパラメータ値設定という考え方によって解決されることが期待された．

　その一方で，この考え方の問題点も次第に明らかとなった．まず主要部パラメータは，これが経験的にあてはまらない言語も多い．ドイツ語は主節と従属節で語順が異なり，主節では VO，従属節では OV となるが，これは単純な二値パラメータで捉えることはできない．中国語は基本的には英語と同じ主要部

先行型であるが，日本語と同じ主要部末尾型の後置詞も一部に存在する．また，X′ 理論および主要部パラメータを日本語にあてはめた場合，一見してこれに該当しないと思われる例に対しても強引に適用する必要が生じ，不自然な分析を迫られるケースも多くあった．

2.3　パラメータに対する制限

　このような経験的な問題以上に深刻なのが，パラメータはいくつ仮定してもよいのか，パラメータを制限する方法は何か，という理論構成上の問題である．パラメータは単に言語間の多様性を整理するための記述装置ではなく，UG の一般原理に付随した生物学的資質として提案されたものであり，したがってそれは一般原理と同様に進化し，人間の遺伝情報として備わっていなければならない．それが少なければ少ないほど優れた理論となるのは一般原理の場合と同じである．しかし実際には，新たな個別言語間の違いが報告されると，それに特定的なパラメータが次々と提案されるという望ましくない事態が生じた．これを受け，可能なパラメータを厳しく制限する (6) のような提案がなされた．((6b) は現在の極小主義が採択するものである)．

　(6) a.　パラメータはレキシコン，とくに機能範疇に限定される．
　　　 b.　パラメータ的変異は外在化にかかわる形態音韻論に限定される．

　(6a) は「機能範疇パラメータ化の仮説」として知られる (Borer (1984), Fukui (1986))．これによれば，統語論自体は普遍的であり，それへの入力となる語彙情報，とくに機能範疇のもつ情報に言語間で差異があるため，結果的に統語論が違ってみえるにすぎない．たとえば wh 句は英語では文頭に生じるが，日本語では元の位置にとどまる．

　(7) a.　What did you see ＿?
　　　 b.　きみは何をみたの？

これは英語と日本語が wh 移動の有無において違っているのではなく，同じ wh 移動が英語では顕在的に，そして日本語では非顕在的に適用するためであると説明された．wh 移動をどのタイミングで適用するかは，wh 句の移動先を提供する機能範疇 C の特性によって決まるため，これは (6a) の考え方に合致している．

　では主要部パラメータはどうであろうか．X′ 式型において主要部 X が補部

に先行するか後続するかは，機能範疇の特性によって決まるものではないため，これを「機能範疇パラメータ化」に整合させるには別の考え方が必要である．可能性の 1 つは，語順は階層構造によって決定され，上位に移動したものが下位のものに先行すると仮定することである（Kayne (1994), Moro (2000)）．移動は機能範疇が駆動するため，結果的に語順の問題を部分的には機能範疇の特性に帰することができる．

　このようにしてパラメータを厳しく限定していくことで，P&P アプローチはかなりの説得力をもち，UG のモデルとして有効とされた．それ以前は「記述的妥当性」のみが検討課題であったが，P&P アプローチの登場により，ようやく生成文法は経験的な問題を多々残しつつも，「説明的妥当性」，つまり UG はどのようなものであり，またそれゆえに母語獲得はいかにして可能であるのか，というテーマに正面からとり組むことのできる段階に至ったのである．

2.4　新たな問題点

　しかしながら，P&P アプローチで提案された一般原理やパラメータのことごとくが，極めて言語固有であり，また複雑であるということが新たな問題として浮上するようになった．これはとくに，極小主義が「説明的妥当性を超越」して（Chomsky (2004)），そもそも UG や言語はなぜそのような仕組みになっているのかを説明しようとする際に致命的な障害となる．

　P&P アプローチでは，人間の文法知識は高度にモジュール化されており，各モジュールの中心となる一般原理間の相互作用によって実現されているとした．それらの一般原理は最初から言語についてしか成り立たないように定式化されており，またそれ単独では何ら機能せず，ほかの原理と協働してはじめて意味をなすような性質のものであった．

　たとえば，境界理論（Bounding Theory）を構成する下接の条件（Subjacency Condition）は，移動が同時に 2 つ以上の境界節点（Bounding Node）を超えることを禁じるものであるが，この境界節点は CP や IP，NP などの投射によって定義され，しかもそのいずれが境界節点になるかは言語によって異なり，パラメータ化されていると考えられた．特定の範疇に言及する点で下接の条件は言語専用の原理であり，これが生得的な UG に含まれるのであれば，それらの範疇も生得的知識でなければならない．さらに，下接の条件は移動を制御するものであるから，移動理論（α 移動）という別のモジュールが存在しなければそもそも機能しない．この点で，移動理論と境界理論は 1 つのパッ

ケージとして進化したと考える必要がある．しかも，高度に領域固有であるた
め，境界理論がどのような先行能力（前駆体）から進化したのかについても
まったく不明である．

　同様の考察が，P&P アプローチのすべての文法モジュールについてもいえ
る．したがって，P&P アプローチのモジュール文法はそのすべてがそろった
状態で，一挙に，先行能力に依存することなく突発的に出現したということに
なる．このように言語ないし UG の進化について非常に不自然な仮定をしな
ければならなかったことが P&P アプローチの最大の問題点なのであるが，当
時は説明的妥当性が最終的な理論目標であったため，このような考察がなされ
ることはなかった．いわば，生得的であるということを免罪符にして，いかに
複雑な原理や条件でも UG に含めることが容認された時代だったのである．

　極小主義は UG がいかに簡潔かという観点から，P&P アプローチの豊かな
UG を徹底的に解体するものであり，D 構造と S 構造をはじめ，それまで重要
な役割をはたした理論装置をほぼ全面的に破棄している．これはパラメータに
ついてもいえ，原則，UG にはパラメータは存在しないことが期待されている．
考えてみれば，パラメータが捉えていたのは，人間言語の生物学的特性という
より，個別言語の歴史的変化の中で文化的・社会的に育まれてきた多様性であ
り，いわゆる「文化進化 (cultural evolution)」の結果と考えるべきものである．
チョムスキーをはじめ，多くの生成文法研究者はこれまで文化進化にあまり注
意を払ってこなかった．しかし生物学的資質としてのパラメータに代わるもの
として，文化進化は今後の生成文法研究にとっても重要なテーマになるものと
考えられる（9.4 参照）．

第 3 章

派生と表示の経済性
─諸原理の統合へ─

　科学の進展は，ある段階で説明原理であったものが次の段階にはより高い簡潔性と一般性をもつ説明原理に統合されることで起きる．生成文法の歴史もこの繰り返しであり，たとえば 1960 年代の標準理論の段階で仮定された句構造規則群と変形規則群は，次の時代に入ると，それぞれ X′ 理論と α 移動に一般化された．P&P アプローチでは，それ以前に比べれば一般性の高い原理や条件が UG の構成要因として提案されたが，これらの間にある余剰性や，前章でみたような過度の領域固有性が問題となり，これらをさらに一般的な原理に統合する試みが行われた．経済性（economy）や簡潔性（simplicity），最適性（optimality）は，それ以前の諸原理に共通してみられる一般特性であり，P&P アプローチから極小主義への過渡期においてとくに重要な役割をはたした．

3.1　統合概念としての極小性

　一般論として，経済性はある目的をはたす上でもっともコストが低く，効率的な方策は何かを問うものである．このような特性は，自然科学においては古くから自然界に広くみられるものだとされ（「自然は経済性を好む」といわれる），言語も自然界を構成する 1 つのものであるとすると，そのような特性を備えていることが期待できる．これは，生成文法の方法論的基盤である「自然主義（naturalism）」，すなわち言語を研究するにあたってはほかの自然物（natural object）と同様の研究指針がとられるべきであり，言語のみを特別扱いすることは妥当でないという考え方を背景にしている．またここから，言語学を自然科学の一部と位置づけてきた生成文法の思考法に対する，強い根拠も

得られることになる.

　P&P アプローチが文法モジュールの1つとして提案した束縛理論は，それ以前には個別に扱われていた現象を統一的に説明する上で有効であった．たとえば (1) はNP 移動の例であり，(2) は再帰代名詞束縛の例である.

(1) a.　John is admired t.

　　b.　*John seems that they admire t.

(2) a.　John admires himself.

　　b.　*John thinks that they admire himself.

一見して，(1) における痕跡 t の分布と (2) における再帰代名詞 himself の分布は同じであり，NP 移動と再帰代名詞束縛は同じ制限を受けていることがわかる．そこで痕跡も再帰代名詞と同じ照応語の一種であるとみなせば，これらは照応語の分布に課せられる一般条件である束縛原理 (A) によってまとめて扱うことができる (Chomsky (1981)).

(3)　束縛原理 (A)

　　　照応語はその統率範疇内において束縛されていなければならない.

(ここで「束縛」や「統率範疇」について厳密な定義が必要であるが，本章の主旨に無関係なので割愛する.) (1) と (2) は，それ以前の理論では，それぞれ異なる条件によって扱われていたが，P&P アプローチはこのようにして，個別の現象の背後にある共通性を手掛かりにこれらをまとめあげていった．一見無関係にみえる現象の間にある類似性に気づき，それらをできるだけ一般性の高い原理や法則から説明することが科学の特質の1つであるが，それは生成文法のこういった展開にもよく反映されている.

　(1) と (2) をよくみてみると，文法的な (a) では先行詞と照応語の関係が両者間に別の潜在的先行詞が介在していないという点で局所的であるのに対し，非文法的な (b) では they が介在しており，非局所的であることがわかる．一般に，次の (4) のような配置において，ある関係 R が α-γ 間に成り立つのは，同じ関係 R を α ないし γ と結びうる別の要素 β が介在しない時だけであると考えられる．この特性を極小性 (Minimality) とよぶ.

(4)　極小性

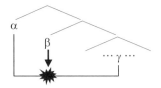

(1) や (2) では John が α であり，照応語が γ である．(1b) と (2b) では β に
あたる they が介在することで，α-γ 間の依存関係がブロックされるのである．

　このような極小性の特性は照応語の分布に限らず，ほかの現象においても広
く観察される．(5) は wh 移動に関する「優位性効果（Superiority effect）」の
例であり，(6) は主要部移動の例である．

(5) a.　Who do you think t will buy what?
　　b. *What do you think who will buy t?

(6) a.　Could John t have been tired?　(cf. John could have been tired.)
　　b. *Have John could t been tired?

(7)　[α ... [β ... [... γ ...]]]

(5b) や (6b) では，問題の依存関係が遮断されるため，極小性の違反となって
いる．(5) において α は文頭の wh 句，γ はその痕跡であり，β に該当するのは
(5b) の who である．また (6) では α は文頭の助動詞，γ はその痕跡，β は
(6b) の could である．

　もちろん文法的な (5a) や (6a) でもほかの要素が介在する．しかしこれら
は who-t 間や could-t 間に成り立つのと同じ関係を結ぶことが潜在的にもでき
ないため，極小性による遮断効果をもたない．たとえば (6a) に介在する John
は名詞句であり，could-t 間の助動詞移動にかかわる余地はない．このように
極小性は，問題の関係の性質について相対化されており，これを相対化極小性
(Relativized Minimality) とよぶ (Rizzi (1990))．

3.2　派生の経済性と表示の経済性

　極小性は，ある関係は最短距離で結ばれなければ成立しないことを示してお
り，これが極小主義における経済性原理の発想へとつながっていった．初期の
極小主義では，それまでの知見から，言語，とくに統語演算システムは無駄を

許さない経済的なシステムであり，ある種の最適性を実現しているという見通しのもとで，従来の諸提案の見直しと再統合が図られた.

初期極小主義が想定した経済性には，「派生の経済性（economy of derivation）」と「表示の経済性（economy of representation）」の 2 種類がある（Chomsky（1995））.

  (8)　派生の経済性
     派生はもっとも経済的でなければならない.
  (9)　表示の経済性
     表示はもっとも経済的でなければならない.

表示の経済性は，論理形式（LF）および音声形式（PF）の 2 つの表示レベルにおいて，解釈を受けない余剰的要素が含まれていてはならないというインターフェイス条件を指し，完全解釈（Full Interpretation）の原理ないし可読性条件（legibility condition）ともよばれる. 完全解釈の基本的な考え方は P&P アプローチの時代にすでにあった. たとえば（10b）は非文法的であるが，これは目的語として解釈されるべき要素として who と Bill の 2 つがあり，いずれか一方が適正に解釈されずに残るためだとされた.

  (10) a.　Who did you see?
     b.　*Who did you see Bill?

極小主義ではこの考え方を，語彙項目を構成する素性（feature）の単位にまで拡張し，解釈不可能な素性が含まれるような表示は表示の経済性によって排除されるとする. たとえば従来は「格フィルター（Case Filter）」によって説明されてきた（11b）は，John に含まれる格素性が解釈不可能なまま LF 表示まで残るために非文法的だとされる.

  (11) a.　John seems [t to be happy].
     b.　*It seems [John to be happy].

表示の経済性を充足する（つまり完全解釈の条件を満たす）表示を生成する派生は「収束（converge）」するといい，そうでない派生は「破綻（crash）」するという. つまり，統語構造を構築する派生は，まず第一に表示の経済性を満たして収束するものでなければならない. そしてその収束派生はもっとも経済的でなければならないとするのが，派生の経済性である.

派生の経済性と表示の経済性の関係は，まとめると次のようになる.

(12)

全派生のうち，表示の経済性を満たす収束派生だけが，その派生の経済性を評価され，その中でもっとも経済的なものだけが最終的に文法的な文につながる．もし収束を考慮せずに派生の経済性だけを評価するのであれば，何もしない，つまり言語表現を生成しないことがもっとも経済的だというおかしなことになる．いわば派生の収束は経済性を評価する上での第一条件である（収束が経済性に優先する）．この考え方では，ある文が非文法的である理由には，(i) 派生が収束せず破綻する，(ii) 収束するが最適ではない（もっとも経済的ではない），の2つがあり得ることになる．

3.3　派生の経済性の原理

派生の経済性の具体的な原理としては，(13) のようなものが提案された．

(13) a. 最短リンク条件 (Minimal Link Condition)
      移動の各ステップは最短でなければならない．

   b. 最少ステップ条件 (Fewest Steps Condition)
      派生の収束に必要な操作は最少でなければならない．

   c. 自己充足条件 (Greed)
      移動は移動する要素自体の要請を満たすものでなければならない．

   d. 遅延条件 (Procrastinate)
      操作の適用は可能な限り非顕在的でなくてはならない．

(13a) は先述の極小性の考え方を引き継いだものである．(13b) は操作の適用回数を最小限に抑えなければならないとするものである．すると (13a) と (13b) の間に衝突が生じる場合がある．

(14) a. John seems [t′ to be [t hungry]].
   b. John seems [to be [t hungry]].

(14a) は John が基底位置から従属節の主語位置を経由して主節主語位置に移動する場合，(14b) はこれを経由せず一気に主節主語位置に移動する場合である．(13a) の最短リンクの観点からは (14a) がより経済的であるが，(13b) の

最少ステップの観点からは（14b）のほうが経済的だという奇妙な事態になる．この場合はどちらも文法文を生成するので問題がないともいえるが，次の（15）では事情が異なってくる．

(15) a.　John seems [t′ to be likely [t to be hungry]].
　　 b.　*John seems [that it is likely [t to be hungry]].

最短リンクに関しては（15a）のほうが経済的であるが，最少ステップに関しては（15b）のほうが経済的である．非文法的なのは（15b）であるから，この場合，最短リンクが最少ステップに優先するということになってしまう．

　（13c）は，ある要素の移動はその要素自体に移動すべき理由がある場合に限られ，移動によって別の要素が利益を受けるといった事情は考慮されないことを述べたものである．（14）でJohnが主節主語位置に移動するのは，John自体の格素性の照合のためであり，結果的に主節T（時制辞）側のEPP素性（第Ⅰ部第4章参照）も満たされるが，これがJohnの移動を駆動しているのではない．いわば移動は利己的・非先見的にしか起きないという考え方である．すると（14a）でJohnが従属節主語位置に移動する理由がなくなる．この位置に移動してもJohnの格素性は照合されず何の利益もないからである．この移動のない（14b）のほうが経済的であることになるが，すると（15）でもより経済的なのは（15b）のほうだということになり，矛盾が生じる．

　（13d）は，非顕在的な移動のほうが顕在的な移動より経済的であることを述べたものである．たとえばwh移動は英語では顕在的に起き，日本語では非顕在的に起きる．

(16) a.　What did you see ＿?
　　 b.　きみは何をみたの？

よりコストの高い顕在的wh移動が英語で義務的なのは，これを適用しないと派生が破綻するからであり，その理由はwh句の移動先を提供するC主要部が顕在的な移動を義務づける「強い素性」をもっているからだとされる．しかしこれは（13c）の自己充足の考え方と整合せず，やはり矛盾が生じる．自己充足に合わせるなら，英語のwh句自体が日本語と異なり，顕在的に移動しなければならない理由を有すると考えなければならないが，それだと多重wh疑問文で顕在的に移動しなくてよいwh句（wh-in-situ）があることが説明できない．

(17) a.　Who saw what?

　　b.　Who do you think t bought what?

このように，派生の経済性の原理として当初提案された個別の原理には，その
原理の厳密な定義や適用方法，ほかの経済性原理との関係など，不明点も多々
あった．このため，現在では (13a-d) をそのままの形で用いることはなくなっ
たが，統語演算が（とくに意味への写像において）無駄を許さない最適化され
たシステムであるという仮定，および過去に提案された原理や制約はこの経済
性によって統合されるべきものであるという洞察は今も重要な役割をはたして
いる．とりわけ，経済性自体は言語固有ではなく，自然物一般がもつ普遍的な
特性であることから，言語固有のものをできるだけ排除し，UG を最小化しよ
うとする極小主義にとって，経済性は現在も変わらぬ指導原理となっている．

3.4　比較対象の制限

　派生の経済性の評価にあたっては，そもそも何と何を比べるのかという問題
がある．明らかに，*John loves Mary.* と *Bill thinks John loves Mary.* を比べて
前者がより経済的であるなどというのはナンセンスであり，比較の対象を厳密
に絞り込まなければ経済性の評価は不可能である．この点については以下のよ
うな提案がなされた．

(18)　派生の経済性の比較対象の条件
　　a.　収束派生であること．
　　b.　同一計数列であること．
　　c.　同一出力であること．

　(18a) についてはすでに述べた．(18b) は，ある派生に用いられる語彙項目
のリストである計数列（numeration）が同じでなければ，比較の対象にならな
いことを述べている．たとえば上の (14a, b) は同一計数列を共有しているの
で比較の対象となるが，(15a, b) は計数列が異なり，どちらがより経済性かと
いう問題はそもそも生じないことになる．
　(18c) は，その出力，とくに意味解釈が同一でなければ比較対象とならない
ことを述べたものである．たとえば (19b) は日本語のかき混ぜ（スクランブリ
ング）の場合である．

(19) a.　誰もが誰かを愛している．
　　b.　誰かを誰もが t 愛している．

一見して (19b) では (19a) にはない移動操作が適用しておりコストが高いが,数量詞の相対スコープについて意味解釈上の違いがみられる. つまり (19a) と異なり, かき混ぜがかかった (19b) の「誰か」は「誰も」より広いスコープをとる. かき混ぜを適用した効果がこの意味解釈に表れており, (18c) に照らして (19a, b) は比較の対象とはならないのである.

3.5　大域経済性から局所経済性へ

　このような考察から, 異なる派生を比較すること自体の問題点が浮上してきた. 派生の経済性は, 複数の派生をその全体的なコストから比較する「大域経済性 (global economy)」と, 単一の派生内での各ステップにおける可能な操作を比較する「局所経済性 (local economy)」に分けることができる. 極小主義初期において想定されたのは大域経済性であった. しかしこれは, (18) のような制限を課してもなお, 比較しなければならない派生の数が膨大になるため, 計算上の複雑さの観点から望ましくなく, また経験的にも問題があることが明らかとなった. 代わって提案されたのが局所経済性であり, こちらのほうがはるかに計算が容易であり, また正しい予測を行うことが示された (Collins (1997)).

　両者の違いは次のように理解できる.

(20)

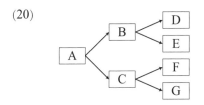

(A) が派生の開始点だとして, 大域経済性は (D) ～ (G) にいたる 4 つの派生をすべて比較する. 局所経済性は, まず (B) と (C) を比較し, もし (B) がより経済的であれば, つぎに (D) と (E) を比較すればよい. つまり, (B) が選ばれた時点で, (F) と (G) は未然に排除されており, わざわざ検討する必要が生じない.

　このような演算効率をいかに上げるかという観点から, 現在では派生は 1 つの文全体に対して考えるのではなく「フェイズ (phase)」とよばれるサブユニットごとに行われ, 完成したフェイズから順次, 解釈システムに転送されるという考え方がとられている (第 8 章参照).

第 4 章

併合と移動
―最終手段としての移動操作―

　第 3 章でみた派生の経済性にはもう 1 つ，重要な提案が含まれていた．それは統語構造を構築する演算操作である「併合 (Merge)」と「移動 (Move)」のうち，移動のほうがよりコストが高く，したがってどちらも適用可能である場合には必ず併合が優先されなければならないという原理である (Chomsky (1995))．換言すると，移動はやむをえない場合にだけ適用が許される最終手段 (last resort) だという考え方である．併合は現在の極小主義，さらにこれに基づく言語進化研究においても重要な役割を担っている基本演算操作である．

4.1　併合が移動に優先する―Merge over Move（MoM）

　生成文法の歴史は，複雑にみえる人間言語の構造を正しく生成するにはどのような能力が必要かをめぐる理論改訂の繰り返しであるといって過言でない．1960 年代の標準理論においては，句構造規則群と変形規則群という 2 種類の規則群があると考えられたが，その後の P&P アプローチは，これらをそれぞれ X′ 理論と α 移動 (Move α) に一般化した．変形規則は特定の表現を生成すべく深層構造を表層構造に写像するものであって，言語の構造は句構造規則だけでは捉えられない複雑なものであるという見方がその背景にあった．つまり，変形操作をもつということが，人間言語の大きな特徴であると考えられていたのである．α 移動は，これらの変形規則はすべて「任意の要素を任意の位置に移動せよ」という形で一般化できることを指摘したものであり，理論の飛躍的な進展をもたらした．人間言語の特徴は，移動を有することに集約されたのである．（第 I 部第 2 章および第 7 章を参照．）

　初期の極小主義では，X′理論のさらなる簡潔化が行われた．X′理論は言語の基本構造をスキーマとして定めるものであったが，あらかじめ定型化しておかずとも，基本演算操作「併合」の回帰的適用によって同じ構造が得られることが明らかとなった．

　併合は2つの統語体を組み合わせて1つの無順序集合（unordered set）を定義するという，もっともシンプルな統語操作である．

(1)　Merge (α, β) → {α, β}

併合は回帰的操作であり，その出力に対して同じ操作を無限に繰り返すことができる．たとえば，(1) によってできた集合{α, β}にさらにγ, δを順次併合すれば (2) が得られる．

(2) a.　{δ, {γ, {α, β}}}
　　 b.

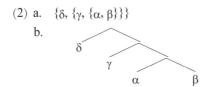

　併合は線形順序を定義しないので，(2) の語順がどう決まるかは併合とは独立した問題である．主要部パラメータはX′理論に付随するものであったが，それには問題も多いことは先に述べた．併合理論では，統語構造内部には語順は存在せず，これを音声などによって外在化した際に改めて決めなければならない．外在化がなければ言語には語順は不要であり，語順は音声などに変換する際にやむをえず生じるものだということになる（第9章参照）．

　移動は併合とは独立した操作であり，たとえば (2) においてβを移動し，(3) の構造を生成することができる．

(3) a.　{β, {δ, {γ, {α, β}}}}
　　 b.

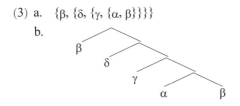

(3) においてβが2つ出現しているが，これらは同じβのコピー（copy）だとされる．この同一コピーの一方が音声解釈において無音化したものが，従来でいう痕跡（trace）に該当し，痕跡という考え方自体は破棄された．痕跡と異な

り，コピーは統語的にはまったく同じ内部構造を保持しており，このことが多様な統語現象を説明する上でも有効に働く．

　このように移動は併合に加えてコピーをつくるという操作を含んでおり，このため，移動のほうが併合よりコストの高い操作であると考えることは自然な流れであったといえる．ここから，併合と移動では，必ず併合が優先的に適用しなければならないという経済性原理 Merge over Move（MoM）が提案された．

4.2　MoM の問題点

　この MoM により，たとえば次の対比の説明が可能となった．

(4) a.　There seems to be a book on the desk.
　　b.　*There seems a book to be on the desk.

これらは同一の計数列をもつ競合派生であり，派生の途中まではまったく同じである．違いが生じるのは，従属節の主語位置（(5) の下線部）を埋める段階においてであり，(4a) では (6a) のように there の併合が適用され，(4b) では (6b) のように a book の移動が適用されている．

(5)　[＿ T to be [a book on the desk]]
(6) a.　[there T to be [a book on the desk]]
　　　　→ [there T seems [(there) T to be [a book on the desk]]]
　　b.　[a book T to be [(a book) on the desk]]
　　　　→ [there T seems [a book T to be [(a book) on the desk]]]

MoM は (6b) の移動を禁じ，結果として (4b) は正しく排除される．

　しかしこの MoM 分析には経験的な問題もある．1 つは次のような例に対して誤った予測をしてしまうことである．

(7) a.　There is evidence available that someone was here.
　　b.　Evidence is available that there was someone here.

(7a, b) は同一計数列をもち，いずれも文法的である．しかしながら，従属節の派生において，その主語位置を埋める際，MoM は必ず there の併合を要求し，someone の移動は禁じられる．

(8) a.　[　 T was [someone here]] →

　　 b.　[someone T was [(someone) here]]　（MoM によれば不可能）

　　 c.　[there T was [someone here]]

結果，(7a) は生成不可能となるが，これは事実に反している.

　このことから，計数列は 1 つの文全体に対して決まるのではなく，従属節と
主節で別個に与えられるという考え方が出てきた.（7a) と (7b) では従属節用
の計数列が異なり，(7b) の場合のみ，そこに there が含まれる. there の併合
が可能（かつ必要）なのは (7b) だけであり，(7a) では someone の移動によっ
てしかその主語位置を埋めることができない. 逆に (7b) で someone を移動
すると，there が余ってしまい，従属節の派生は収束しない. これは，計数列が
異なれば競合派生とはならないことのよい例でもある（第 3 章参照）. また，
主節と従属節は別個に派生されるという見方が，その後の「フェイズ理論」の
発展につながっていった（第 8 章参照）.

　MoM については，さらに次のような問題も明らかとなった.

(9) a.　It seems that someone is here.

　　 b.　*It seems that is someone here.

　　 c.　*Someone seems that it is here.

(10) a.　[it T seems [that someone T is [(someone)　here]]]

　　 b.　[it T seems [that　(it)　T is [someone here]]]

　　 c.　[someone T seems [that it T is [(someone)　here]]]

(9a-c) の派生構造はそれぞれ (10a-c) である. 従属節の主語位置を埋める際，
it を併合した (9b, c) はいずれも非文法的であり，someone を移動した (9a)
のみが文法的である. これも MoM の予測に反している.（9b, c) については，
まず (9b) はそもそも収束しないが，(9c) は収束しているという点に留意した
い.（9b) では it の格素性は補文内で照合されており，同じ it が主節 T の格を
照合することはできない. また someone の格素性も未照合のまま残るため，
派生は破綻する（(10b) 参照）. 一方，(9c) では，it/someone および 2 つの T
の格素性はそれぞれうまく照合されており，派生は収束する（(10c) 参照）.

　収束派生であるにもかかわらず非文法的であるのは，これが最適派生ではな
い，つまりもっとも経済的な派生ではないからだということになる. ここで
(9a) と比較してみると，MoM の予測とは逆に，従属節で移動を適用した (9a)
のみが文法的であり，最適派生として選ばれなければならない.（9a) と異な

り，(9c) の派生は最短リンク条件（第 3 章参照）に違反していることにも注意
したい．(10c) で someone は it を越えて移動しているからである．

(11)　[someone... [it... [someone...]]]

　派生の収束は経済性に優先し，経済性原理は派生を収束させるために必要で
あれば違反可能なものであった．(10c) では，MoM を遵守して従属節で it を
併合すれば，その後は最短リンクに違反して someone を移動させなければこ
の派生は収束しない．それにもかかわらず最短リンクに違反するこの移動が非
文法性につながるということは，そもそも最短リンクは派生の収束のためには
違反してもよい経済性原理ではなく，違反不可能な絶対条件だということにな
る．これも初期の経済性原理の考え方が抱えていた問題点の 1 つである．
　ここで先ほど述べたように，計数列は従属節と主節で独立に与えられている
と考えてみよう．おおむね，(9a) の従属節の計数列は (12a)，(9b, c) のそれ
は (12b) である．

(12) a.　{that, T, is, someone, here}
　　 b.　{that, T, is, it, someone, here}

(12a) については，(10a) のようにこの従属節を単独で収束させることができ
るが，(12b) は (10b, c) いずれの派生をとっても従属節の段階での収束は不可
能である．it と someone のうちの一方の格素性が T と照合されずに残ってし
まうからである．つまり，(10b, c) は従属節においてそもそも収束不可能な計
数列を与えられた場合の派生ということになり，双方を正しく排除できる．
　結局，計数列をこのように設定し従属節単位での派生を考えれば (9) の問題
は解決できる．とくに，この分析では MoM は何の役割もはたしていないこと
が重要である．

4.3　MoM の破棄

　では MoM は必要なのかという疑問が生じる．そこで最初に MoM の根拠
としてあげられた (4) の例に立ち戻ってみよう（(13) として再掲）．

(13) a.　There seems to be a book on the desk.
　　 b.　*There seems a book to be on the desk.

もしここでの不定詞補文が独自の計数列をもち，その段階で収束しなければな

らないとすると，(13a, b) はいずれも非文になってしまう．

(14) a.　[there T to be [a book on the desk]]

　　 b.　[a book T to be [(a book) on the desk]]

(14a, b) どちらの場合も a book の格素性が照合されないまま残るからである（T は不定時制辞であり，a book と一致する格素性をもたない）．するとこの場合には不定詞補文は独立しておらず，文全体に対して 1 つの計数列があると考えなければならない．

　もし MoM が不要であるなら，(13a, b) の対比には別の説明が必要となる．その可能性の 1 つは，この不定詞補文はそもそも主語を要求しない（空のままでよい）と考えることである．つまり，少なくとも上昇（raising）構文における不定詞補文は CP をともなわない裸の TP であり，これゆえに T がその指定部に何かを要求することはない，と考えるのである．すると，(13b) は従属節内において a book の移動が不要であるにもかかわらずこれを適用したことになり，この理由で排除できる．同じ理由で，(13a) でも there はそもそも補文主語位置に併合されてはおらず，直接，主節主語位置に併合される．結局，(13a, b) が共有する計数列に対しては，(13a) が唯一可能な派生なのである．

　以上のような考察から，併合と移動を区別し，移動のほうがコストが高いと仮定したこと自体，不要で，また経験的にも問題の多いものであることがわかる．ここから，併合と移動を分けず，移動も併合に含めるというさらなる統合的理論の見通しが得られる（第 5 章参照）．

第 5 章

α 併合
──併合の完全自由適用──

　初期の極小主義ではそれ以前の理論構成を踏襲し，統語操作を併合と移動の2種類に分けた上で，そのコスト差を仮定して派生の経済性を検討していた．これに対して，現在の極小主義では移動も併合の1種であるとし，人間言語の生成装置としては併合だけを認めている（Chomsky（2005）ほか）．これも概念的統合による理論の簡潔性・一般性の向上の試みであるが，ほかの試み以上に，言語の起源・進化を考える上でも重要な意義をもつ提案となっている．

5.1　「転位」と移動

　これまで，生成文法では人間言語の大きな特徴の1つとして，移動操作（かつては変形規則）が存在することが指摘されてきた．移動は，転位（displacement）という現象を説明する上でも有効な考え方であった．転位とは，文中の要素が，意味解釈と音声解釈を異なる位置で受けるという特性であって，数多くの表現形式において表出する．

　(1) a.　John was fired (John).
　　　 b.　ケーキを太郎が（ケーキを）焼いた.

(1a) の John，(1b) の「ケーキを」はそれぞれカッコ内の元位置から文頭に移動したというのが，移動による伝統的な分析である．カッコ内のコピーは音声解釈においては無音化され，表層記号列には表れてこないが，これがかつての痕跡に該当する．
　転位は人間言語独自の特徴だと考えられており，このような特徴をもつ動物

コミュニケーションシステムはこれまでみつかっていない．移動はあくまでこの転位特性を理論的に捉えるための 1 つの提案であり，移動を用いない分析も同様に考えられるものの，移動分析がもっとも説得力があるとして広く受け入れられてきた．ではなぜ移動でなければならないのだろうか．初期の極小主義では，移動は併合とは異なる，よりコストの高い操作であり，その適用は経済性原理 MoM によって制限されると考えられていたが，それには前章で述べたような経験的問題点もあった．一方，併合はいかなる階層構造を定義する上でも必要最低限の，もっともシンプルな操作である．では，なぜ併合に加えてよりコストの高い移動も必要なのか，そもそも移動は併合とは別の操作なのか，というより根源的な問題を提起することができる．

　移動も併合と変わらない同一操作であり，しかも併合はまったく自由に適用できる（Boeckx (2015) はこれを α 併合 (Merge α) とよんでいる），というのがこの問題に対する現在の極小主義の回答である．移動がコストのかかる余計な操作であると考えられていた初期極小主義では，移動の存在は言語の経済性や最適性を脅かすものであって，派生が収束するための最終手段であるという正当化を必要としていた．しかし移動が別個の操作ではなく，併合の 1 種にすぎないとすれば，このような考察は不要となり，言語のもつ経済性をさらに強く支持することができる．転位特性も人間言語に併合が備わっていることから必然的に生じる特徴であり，何ら特別なものではないことになる．

5.2　内的併合としての移動

　この併合と移動の統合により，句構造規則と変形規則の時代から長らく続いた「2 本立て」の句構造理論は姿を消し，「併合のみ」という，より一般性と簡潔性に優れた，そして生物言語学・進化言語学的にも興味深い理論構築が可能となった．α 併合にいたるまでの句構造理論の「進化」は，(2) のようにまとめることができる．

(2)　

　これまでみてきた併合は，離散した 2 つの統語体を組み合わせて 1 つの集合を定義する操作であった．併合適用前の 2 体は互いの外部にあるという意味で，これを外的併合 (external Merge) とよぶことができる．これに対して移動

は，ある構造の内部にある統語体をその構造と併合するものであり，これを内的併合（internal Merge）とよべる．外的併合・内的併合は，併合がどのように適用するのかに関する区別であり，併合そのものはあくまで 1 つであることに注意したい．

(3)　Merge（α, β）→ {α, β}
　　a.　外的併合：　α と β が互いの外部にあった場合．
　　b.　内的併合（＝移動）：　α と β の一方が他方の内部にあった場合．

(4) a.　外的併合　　　　　　　　　　　b.　内的併合

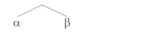
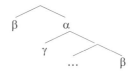

　この立場では，外的併合が可能であれば，同時に内的併合（＝移動）も可能であるはずで，これまで移動を特別扱いしていたことが間違いであったということになる．またこれにより，転位を移動以外の方法で説明することは許されなくなる．そのような分析でも（外的）併合は最低限必要な仕組みであり，移動もそこに含まれるのであるから，これに加えて別個の分析装置を仮定することはまったく無駄である．

5.3　外的併合と内的併合の役割分担

　このように操作としては統合された一方，外的併合と内的併合（＝移動）は，その解釈上の役割については体系的な分業を行っている．これは，そのルーツを辿れば，外的併合は深層構造を定義する句構造規則や X′ 理論に相当し，内的併合は表層構造への写像を行う変形規則や α 移動に相当するという経緯とも関係する．

　たとえば次の受動文で考えてみよう．

(5)　[Mary was [hit（Mary）]]

(5) の簡略化された構造の派生において，まず hit と Mary が外的併合を受けるが，これは hit がその補部である Mary に対して意味役割（θ 役割）を付与することを保証している．このような意味役割関係が深層構造（D 構造）において過不足なく表示されることを求めたのが，P&P アプローチの投射原理

(Projection Principle) および θ 規準 (θ-Criterion) であったが, D 構造が破棄された極小主義ではこれらはそのままでは成立しない (第 6 章参照). しかしながら, その効果の一部は外的併合が θ 役割付与と結びつき, 項構造 (argument structure) など文の深層的 (中核的) 意味解釈を表す構造を構築するものであることに引き継がれている.

(5) の Mary はその後, 文主語の位置に内的併合を受けるが, この位置は θ 役割には無関係であり, 代わりに話し手の視点や感情移入といった表層的・談話的意味解釈にかかわっている. 話題 (topic) や焦点 (focus) といった解釈も, 中核的構造から内的併合によって文構造の左周縁部 (left periphery) に転位した要素が担うものである.

音声解釈については, (5) では Mary の 2 つのコピーのうち, 上位にあるもの (=内的併合によるもの) だけが発音され, 下位のもの (=外的併合によるもの) は発音されない. 英語では, wh 移動やほかの移動現象を考えてみても, 常に最上位にあるものだけが発音されるが, すべての言語でそうだとは限らない. 日本語の wh 句や非対格動詞のガ格主語は, 内的併合を受けながら発音は外的併合された基底位置で行われている可能性がある. ドイツ語の中間 wh 移動 (medial wh-movement) および部分 wh 移動 (partial wh-movement), また英語でも多重 wh 疑問文において元位置に留まる wh 句 (wh-in-situ) などに検討が必要である.

(5) の Mary に対する両解釈のあり方は, 次のようにまとめることができる.

(6)

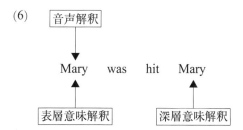

とくに意味解釈に関しては, 外的併合＝深層意味, 内的併合＝表層意味, という「意味の二重性 (duality of semantics)」に対する併合の役割分担が成り立つ.

5.4　思考とコミュニケーション

　この意味の二重性を機能面に照らすと，深層意味はおもに思考と，そして表層意味はおもにコミュニケーションと深く関係するものであることがわかる．思考は概念構造の構築や，それに基づく推論や計画を含み，それには項構造を中心とする深層意味が中心的に働く．一方，コミュニケーションは他者への意味の発信であり，話者の視点や焦点など，表層意味も重要である．ここから外的併合は思考（内在化）に貢献する構造を，そして内的併合はコミュニケーション（外在化）に貢献する構造を，それぞれおもに構築しているといえる．ただし，外的併合だけによる構造も音声化されればコミュニケーションに使えるので，これは相対的なものに留まる．

　コミュニケーションと思考のうち，言語のより根源的な機能はどちらなのかについては，研究者の見解は一致せず，特に言語進化研究において，いずれを言語の最初の適応的機能と考えるべきかをめぐって，研究者間に大きな対立がある．チョムスキーらは言語は最初，思考のツールとして進化し，コミュニケーションは後から生じた副次的な機能にすぎないと主張している．一方，生成文法に批判的な多くの研究者や，同じ生成文法系でも S. ピンカーや R. ジャケンドフといった，言語自然選択説を主張する研究者は，言語はまずコミュニケーションのツールとして進化したと主張している．どちらがより妥当な見方であるのか，あるいは思考やコミュニケーションに先行するより原初的な機能があったのかは難しい問題であり，検討が必要である（第 9 章参照）．

5.5　α 併合と「第三要因」

　初期の極小主義では，派生の経済性を重視したことから，操作の適用にはその正当化が必要であると考えられた．とくに，最終手段としての移動には，それを適用しなければ派生が収束しないという理由づけが求められ，これが素性照合という考え方の基盤となっていた．たとえば上出の (5) で Mary が移動するのは，Mary がもつ格素性が解釈不可能なものであり，これを T がもつ格素性との一致・照合により消去しなければ派生が破綻してしまうためであるとされた．

　P&P アプローチにおける α 移動でも，便宜上，「Mary は格付与のために移動する」といわれたが，これは厳密には正しくない．α 移動は任意要素の任意位置への移動であり，でたらめな移動の適用を許すものであった．そしてその

出力のうち，不適格なものはすべて独立した文法原理によって後から排除され
ると考えられていた．つまり，過剰生成 (overgeneration) を自由に許し，これ
に対して正しいものだけを選択するのが文法モジュールの仕事であった．これ
とは真逆の考え方をしたのが初期極小主義であり，操作の適用は厳しく制限さ
れており，経済性に反しないものだけが許されるとした．つまり統語演算シス
テムは過剰生成をいっさい認めないとされた．

　これに対し，移動を併合にとり込み，両者を区別しない現在の極小主義では，
併合の適用を正当化する理由はなく，併合はまったく自由に適用すると考えら
れている．これは α 移動の思考法の復活であり，これを α 併合 (Merge α) と
よぶことができる．α 併合は過剰生成を許すため，これを排除する仕組みが必
要である．言語固有の複雑な原理群を排除する極小主義では，「第三要因 (the
third factor)」とよばれる，言語固有ではない一般法則が重視される．ちなみ
に，第一要因は生得的・遺伝的形質 (UG) であり，第二要因は環境からの入
力・刺激である．この第三要因には演算効率化や最小演算の考え方，さらに併
合が構築する構造は解釈システムにとって解釈可能なものでなければならない
という「インターフェイス条件」（かつての「表示の経済性」）が含まれる．併
合自体は言語固有かつ完全に自由なものであるが，その適用や適用結果を取捨
選択する自然法則が別個に働いている，とするのが現在の極小主義の基本路線
であり，この方向での言語現象の再分析が精力的に行われている．

第 6 章

最小句構造理論
―X′ 理論と D 構造の破棄―

　併合理論の進展は，初期の極小主義において，X′ 理論と D 構造という P&P アプローチで大きな役割をはたした理論装置の破棄を可能にするものであった．ここから，句構造理論も大きく様変わりすることとなり，必要最小限の情報だけが統語構造内に存在する「最小句構造」の理論が生まれた（Chomsky (1994)）．併合によって定義可能なものだけが実在し，X′ 理論で仮定された投射範疇や実体のない範疇記号はすべて排除する理論である．D 構造は P&P アプローチでは語彙部門（レキシコン）と統語部門（シンタクス）をつなぐ理論内インターフェイスとして機能していたが，その破棄により，レキシコンとシンタクスの関係も大幅な見直しが迫られることとなった．

6.1　X′ 理論から併合理論へ

　X′ 理論は人間言語の句構造に関する「回帰性」や「内心構造性（endocentricity)」，「投射（projection)」といった重要な特性をうまく捉えており，確かに優れた考え方であった．しかしながら，その問題点も次第に明らかとなっていった．X′ 式型では捉えられない多重指定部（multiple Spec）の存在などもそうであるが，より大きな問題は，語彙情報との余剰性である．たとえば，dance は 1 項動詞であり，kiss は 2 項動詞，give は 3 項動詞である．

(1) a.　dance（x）
　　b.　kiss（x, y）
　　c.　give（x, y, z）

X′ 理論が VP（動詞句）の式型として（2）をあらかじめ定義したとして，実際に生じる構造は主要部 V が具体的にどの動詞なのかに応じて（3）のように違ったものになる．

(2) [$_{VP}$ 指定部 [$_{V'}$ V 補部]]

(3) a. [$_{VP}$ XP [$_{V'}$ dance]]
  b. [$_{VP}$ XP [$_{V'}$ kiss YP]]
  c. [$_{VP}$ XP [$_{V'}$ give YP ZP]]

つまり，動詞の語彙情報だけあれば，わざわざ VP の一般形を X′ 理論で与えておく必要はない．

　P&P アプローチでは，レキシコンから選び出した語彙項目を X′ 式型に挿入することで D 構造を定義していた．そしてこれを S 構造に写像するのが α 移動であった．しかし併合に基づく句構造の構築は，直接，レキシコンからとり出した語彙項目どうしを組み合わせていくため，それらの語彙情報がより明確かつ簡潔な形で句構造に反映される．X′ 理論のようにあらかじめ文全体の骨組みを与えておくのではなく，併合の適用ごとにボトムアップ式に構造が組み上がっていくのである．しかも，併合と移動（後に内的併合）は同時進行的に随時適用し，X′ 理論の後に α 移動というような 2 段構えにはなっていないため，移動適用前の基底構造として D 構造を定義することはそもそも不可能となった．

(4) a. P&P アプローチ

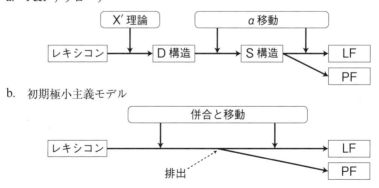

　b. 初期極小主義モデル

　P&P アプローチでは S 構造が意味表示レベル LF（論理形式）と音声表示レベル PF（音声形式）に写像されていたが，極小主義モデルでは S 構造も特定の

表示レベルとしては存在せず，統語演算の過程において音声解釈のみにかかわる情報を剥ぎとって PF 側に送り込む「排出 (Spell-Out)」という操作が仮定されたのみである．この段階ではまだ，排出前と排出後の 2 つの演算サイクルがあり，それぞれ顕在的操作と非顕在的操作が行われるものと考えられていた．第 3 章でみた経済性原理の 1 つの「遅延条件」は，排出後の非顕在的操作のほうがコストが低く，こちらを優先すべきであるとするものであった．

6.2　最小句構造理論の進展

　X′ 理論では語彙挿入に先んじて，基本となる句構造が与えられていたため，ある句の内部構造やその投射を細かく規定することができたが，併合は直接，語彙項目を組み合わせるため，それが不可能である．たとえば，名詞句 the book は X′ 表記では概略 (5a) であったが，併合理論では (5b) となる．

(5) a.

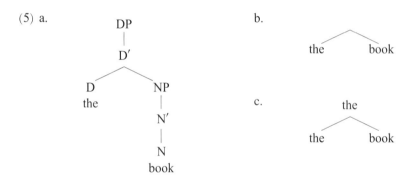

(5b) では，(5a) にみられる DP や N′ といった範疇表記は一切存在しない．併合の対象となった語彙項目が「むき出し」の形で存在するだけである．このような句構造を「最小句構造 (bare phrase structure: BPS)」とよぶ．ただし，{the, book} が全体として何であるのか，その主要部は何かといった情報は必要であり，これを (5c) のようにして the が主要部であることを示すことはできる．この情報をこの集合のラベル (label) とよび，(6) のように表記する．

(6)　{the, {the, book}}

そもそもラベルはなぜ必要であり，どのようにして決まるのか，またラベルづけによってどのような言語現象の説明が可能になるのかは，現在の極小主義の重要課題の 1 つである（第 7 章参照）．

最小句構造理論でただちに問題となるのが，X′ 理論が有していた記述力を
どう担保するのかという点である．たとえば，(7a) の of physics は student の
補部であるのに対し，(7b) の from England は付加部であり，両者は構造上の
位置が違う．

(7) a.　a student of physics

　　b.　a student from England

　　c.　a student of physics from England

　　d. *a student from England of physics

　　e.　this student of physics and that one　(*of math)

　　f.　this student from England and that one　(from Germany)

このことは，(7c, d) のように，補部が最初に主要部と結びつくため両者の相対
語順が固定されていることや，(7e, f) のように，代名詞 one が置換する構成素
は補部を必ず含まなければならないが，付加部はどちらでもよい，といったこ
とから支持される．

　X′ 理論では，この補部と付加部の違いを，(8) のように構造的に区別するこ
とができた (DP 投射は省略)．

(8)

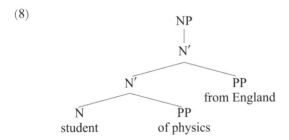

(8) の構造であれば (7) の事実はすべて説明できる．とくに，代名詞 one は
N′ を置換するものであると考えれば，その中に補部は必ず含まれるが，付加部
はどちらでもよいことが正しく捉えられる．しかし，併合に基づく最小句構造
理論では，一見，この補部と付加部の構造上の違いは失われてしまう．いずれ
も，student と併合される要素だからである．

(9)

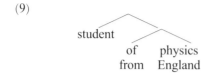

　この問題は，student を統語上，単一の主要部とみなしたことから生じるもの
である．そうではなく，student は範疇指定を受けていない抽象的な「ルート」
である√STUDY と，これを元にして実際の名詞を定義する名詞化要素
(nominalizer) *n* の組み合わせであると考えてみよう．

(10)

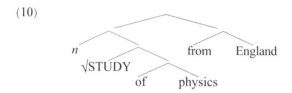

補部 of physics は√STUDY と併合されているのに対し，付加部 from England
は *n* と√STUDY の併合によってできる複合体（＝名詞 student）と併合されて
いる．これは直観的にも，from England は student を修飾するが，of physics
は study の目的語であるという解釈と整合した構造である．また，代名詞 one
が置換する対象は *n* を含んだ構成素でなければならないとすると，この中に補
部が必ず入ることも自然に説明できる．
　このように一見，最小句構造理論にとって経験的問題となる現象が，語を
ルートと範疇指定要素（categorizer）からなる統語的複合体であると考えるこ
とで，X′ 理論よりも簡潔に説明できるのである．この「語＝ルート＋範疇指
定要素」という考え方は，分散形態論（Distributed Morphology: Marantz
(1997)，Embick and Noyer (2007) 参照）によるものであるが，極小主義にお
いても有効なアプローチであるのみならず，今後，言語進化研究にも大きな役
割をはたすことが期待できる．

6.3　語彙中心主義からの脱却

　同じ考え方は，とくに動詞の項構造の新しい分析を可能にする．これまで，
動詞研究においては他動詞，非能格自動詞，非対格自動詞の 3 分類が広く受け
入れられてきており，X′ 理論はこれらを次のように構造的に区別していた．

(11) a.　他動詞　　　　b.　非能格自動詞　　　c.　非対格自動詞

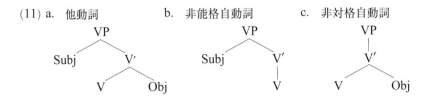

　ここでも一見, 問題になるのが, (11b) の主語 (Subj) と (11c) の目的語 (Obj) が, 最小句構造理論では階層構造的に区別できなくなることである.

(12) a.　他動詞　　　　b.　非能格自動詞　　　c.　非対格自動詞

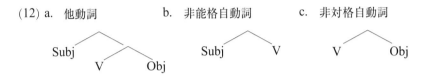

　いずれも, V と最初に併合される要素である点は同じだからである. (句構造内に語順は存在しない点にも注意されたい.)

　これも, 動詞が統語構造上, 単一の主要部であると考えたために生じる問題である. 先ほどと同様に, 動詞をルートと動詞化要素 (verbalizer) v との組み合わせによる統語的複合体だと考えれば, 問題は簡単に解決する. (ここでは便宜上, ルートを V と表記.)

(13) a.　他動詞　　　　b.　非能格自動詞　　　c.　非対格自動詞

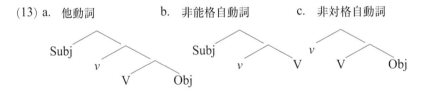

　これらの構造において主語は一律, v に選択され, 目的語はルート V に選択される. 非能格と非対格の違いは, 問題の項が v と V のうちいずれに選択されているのかということに帰結する. これは, 1 つの動詞が同時に主語と目的語を選択するという伝統的な見方が誤りであったことを意味する.

　X′ 理論の問題点の 1 つは, (1) のような動詞項構造が与える語彙情報との余剰性にあった. しかし今みたように, このような項構造はそもそもレキシコンには存在せず, 併合が統語演算によって定義するのだとしたら, 併合理論は X′ 理論の破棄のみならず, 語彙情報の大幅な削減をも可能にする. D 構造の破棄とも相まって, これはシンタクスとは異なるモジュールとしてのレキシコンの位置づけを大きく変え, 最終的にはレキシコンの起源・進化の問題に対しても

新しい視点を提供するはずである.

　P&P アプローチや初期極小主義は,語彙情報に基づいて統語構造を生成するという意味で,「語彙中心主義」の考え方に従うものであった.しかしこれによれば,その語彙情報自体はどこから生じるのかが問題となる.単にレキシコンにそう記載されているから,というのでは説明とはならない.もし,併合による統語演算がそのような語彙情報(とみなせるもの)を結果的に生み出しているのだとしたら,このような問題は起きない.分散形態論のルート分析や,これをとり込んだ現在の極小主義は,単に言語現象の新しい分析方法を可能にするのみならず,語彙中心主義から脱却し,こういった言語能力の根幹にかかわる問いに対しても原理的な解答を示すことが期待できるのである.

第 7 章

ラベル理論
―最小探索によるラベル決定―

　前章で，X′ 理論における投射に代わるものとして，併合理論では「ラベル」の考え方が重要であることを述べた．たとえば名詞句 the book の構造表記は (1a) から (1b) に改められる．

(1) a.　$[_{DP} [_D$ the] $[_{NP} [_{N'} [_N$ book]]]]
　　 b.　{the, {the, book}}

(1a) における DP や NP は，それぞれその主要部が D および N であることの反映であり，このようにある投射の内部にその主要部があるという性質を内心構造性 (endocentricity) とよんでいる．投射は，問題の構造がどの文法カテゴリーに属するのかを示しており，意味および音声解釈上，必要な情報である．併合理論ではこのような投射は存在しないが，ある集合が全体として何であるのかは，解釈上必要な情報であり，それを示しているのがラベルである．しかしながら，ここで the がラベルだといえるのは，X′ 理論の DP 分析を前提にしているためであり，X′ 理論を完全に破棄してもなお，ラベルが厳密にどのように決定されるのかは，不明な点が多い．ラベル理論は併合理論と平行して進展してきており，初期の極小主義ではラベルづけは併合操作の中に組み込まれていたが，近年では，ラベルは「最小探索」によって自動的に決まると考えられている．

7.1　ラベル理論（1）―併合の一部としてのラベルづけ

　当初考えられたのは，ラベルは併合が適用すると同時に，この操作の一部と

して決定されるという可能性である（Chomsky（1995））．初期極小主義では，
併合は，その対象となる統語体がもつ素性（周縁素性（edge feature））が引き金
となって適用すると考えられた．併合自体は対称的な操作であり，α と β が併
合してできる集合 {α, β} において α と β は対等の立場にある．しかしこれら
が併合されるのは，そのいずれか一方の素性がもう一方の素性を要求している
ためであり，この点で個々の併合の適用は，いわば主役とその相手役が決まっ
ている非対称的なものであった．

　（2）における γ が {α, β} のラベルを示している．

　（2）　Merge（α, β）→ {α, β} → {γ, {α, β}}

ここで，α と β の併合はいずれか一方の素性が駆動するものであるから，ラベ
ル γ は必然的にその一方と同じである．（1b）では the の素性が駆動因であり，
したがってラベルも the となっている．統語構造のもつ内心構造性はこのラベ
ル決定アルゴリズムから帰結する特性である．

　（1b）は語彙項目どうしの併合であるが，それ以外の場合はどうであろうか．
動詞句の場合を例にとってみよう．

　（3）a.　The dog chased the cat.
　　　b.　{{the, dog} {v, {V, {the, cat}}}}
　　　c.

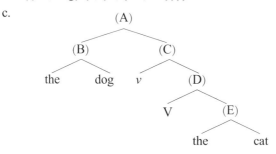

文（3a）に含まれる動詞句は概略（3b）であり，（3c）の集合（A）〜（E）の
ラベルが問題になる．（B）と（E）は，先ほどと同じく the がラベルであるとし
よう．（D）は V が駆動因となって（E）を併合してできる集合であり，やはり
V がラベルであるといえる．同様に，（C）をつくる併合では v が駆動因であ
り，そのラベルも v，（A）も同じく v となる．このようにして，併合操作の一
部としてラベルづけを組み込んでいたのが，初期極小主義における併合理論で
ある．

7.2　ラベル理論 (2) —最小探索によるラベルづけ

　極小主義は言語固有の UG をどこまで簡潔化・最小化できるか, そうしても
なお言語事実が正しく説明できるか, という試みである. 併合は UG を構成す
るおそらくは唯一の機能であり, その併合自体も最大限に簡潔であることが望
ましい. 第 5 章でみた「α 併合」もそういった考察を背景にしていたものであ
る. この α 併合は, 何らかの素性を駆動因とするのではなく, まったく自由に
適用する. すると, 先ほどのように併合にラベルづけを組み込むことはできな
くなる. ラベルづけを併合からは引き離して, 言語固有ではない別の一般原理
から帰結させるほうがむしろ好ましいともいえる. この方向で提案されたの
が, ラベルは「最小探索 (minimal search)」によって決定されるという新しい
見方である (Chomsky (2013, 2015)). これは, ある集合のラベルは, その集
合内を探索して最初に検出される要素, つまり階層構造的に最上位にあるもっ
とも顕著な要素によって決定されるという考え方である.

　まず, ラベルは解釈上必要なものとされている. たとえば音声解釈につい
て, 名詞 construct と動詞 construct は強勢位置が異なるが, これを正しく峻別
するには, そのカテゴリー情報を知る必要がある. これが construct のラベル
情報にほかならないが, 同じ情報は意味解釈上も必要である. 解釈システムが
解釈できないものが統語演算の出力に含まれていてはいけない, とするのが初
期極小主義の「表示の経済性」であり, 完全解釈の原理ないしインターフェイ
ス条件であった. このようなインターフェイス条件は言語固有というより, 複
数のシステムが接続する場合に常に求められるものであり, むしろ「第三要因」
に属する. そしてこれを満たすラベル情報もまた, 言語固有の仕組みではな
く, 最小演算や演算効率化といった第三要因によって決まる, とするのが, 最
小探索によるラベルづけという考え方である. ここから, ラベルの存在も, ま
たその決定アルゴリズムも UG の構成要員ではない, という見通しがたち,
UG 最小化にさらに貢献することができる.

　この最小探索の考え方では, これまでは問題とならなかった多くのケース
が, 一見, ラベル決定不可能という状況になってしまう. たとえば (3c) の集
合 (D) では, 最小探索により V がラベルを決定するとしよう. しかし (E) は
語彙項目どうしの併合であり, そのどちらも他方より構造的に上位にあるとは
いえず, 最小探索は働かない. つまり {the, cat} にはラベルがつかず, 解釈不
可能な構造体として排除されてしまうのである.

　これを回避する方策は, 名詞 cat 自体が n とルート部からなる複合体 {n,

√CAT} であると考えることであり（第 6 章参照），これによれば (E) のラベル
は最小探索により the だとわかる（→ (4a)）．また {n, √CAT} 自体のラベル
は，ルートは範疇情報をもたずラベルを決定する能力がないことから，やはり
最小探索により n に決まる（→ (4b)）．

(4) a.　{the, {n, √CAT}}}　Label = the
　　b.　{n, √CAT}　　　　　Label = n

7.3　補助仮説の必要性

　では（X′ 理論でいう）最大投射どうしが併合した場合はどうだろうか．たと
えば，vP 内から TP 指定部へ主語の移動（内的併合）が起きた場合である．

(3) a.　{{the, dog}, {T, {{the dog}, {v, {chased, {the, cat}}}}}}
　　b.

```
                    XP
              ┌─────┴─────┐
             DP           TP
           ┌──┴──┐      ┌──┴──┐
          the   dog    T     YP
                           ┌──┴──┐
                        (the dog)  vP
                                 ┌──┴──┐
                                 v   chased  the cat
```

ここで XP のラベルづけが問題となる．DP と TP（これらは便宜上の表記であ
る）が併合しており，そのいずれの主要部 the/T も最小探索によって一義的に
選択することができないからである．このような場合，主語 DP と TP が一致
素性（φ 素性）を共有していることから，この共有素性 <φ,φ> が XP のラベル
となる．
　今みた事情は，なぜ DP がここに移動しなければならないかの説明でもあ
る．併合は内的併合も含めて任意に適用し，過剰生成されたものはインター
フェイス条件で排除されるということであった．DP の移動がなければ T 単独
ではラベルが決定できず，TP は解釈不可能なものとして排除されると考えて
みよう．これは英語の T が十分な素性情報をもっておらず，「弱い」ためだと
する．すると，T 単独でもラベル決定ができるような，「強い」T をもつ言語で
は，DP の移動は必要ないことになる．

たとえばイタリア語やスペイン語では定時制節主語は音声的に無音であって
もよく，これは伝統的には空代名詞 (*pro*) が主語であるためだと分析されてい
た．そしてこのような *pro* を許すか否かも 1 つのパラメータであると考えら
れていたのであるが，これが上記の「強い T」のケースに該当するのかも知れ
ない (Chomsky (2015))．つまりこれらの言語では，T だけで TP のラベルづ
けが行えるため，TP の主語位置には何も存在しなくてよいのである．こう
いった T の強弱も P&P アプローチの時代からパラメータ的変異の例として議
論されていたものであるが，これがラベルづけの可否に影響を及ぼしている可
能性が高い．

　(5b) ではさらに，YP のラベルづけの問題がある．YP もいわゆる最大投射
どうしの併合でできており，このままでは最小探索が働かないからである．こ
の場合，{the, dog} と *v*P は素性を共有しないため，先ほどのような共有素性
によるラベルづけは働かない．しかし，{the, dog} は内的併合によるコピーに
すぎず，ラベル決定に参与しないと考えると，YP のラベルは問題なく *v* に
よって決まる．

　このように，最小探索によるラベルづけは概念的には優れたものであるが，
現状では補助仮説を必要とする．これらの仮説の正当化，ないしこれらを排除
してラベルづけの仕組みをさらに簡潔化していくことが今後求められる．

7.4　複合語の問題

　さらに，次のような複合語形成の例は，最小探索によるラベルづけに対し新
たな問題を提起する．

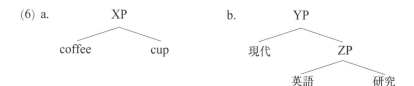

複合語形成も併合によると考えるのが自然であるが，語彙項目どうしの併合で
は，その一方が他方より階層的に上位ということがないため，ラベルが決定で
きない．(6a) の XP や (6b) の ZP はそういったケースである．さらに，(6b)
の YP は，最小探索によれば「現代」がラベルを決定することになってしまう
が，これは「現代英語研究」の主要部が「研究」であるという事実観察と矛盾

する.

　複合語については,「右側主要部規則 (right-hand head rule)」の存在が知られている. これは複合語の主要部はその右端に生じるとするもので,たしかに (6a) では cup が,(6b) では「研究」が,それぞれの主要部である. しかしながら,この情報はここでのラベル決定問題には無関係である. 右側主要部規則があてはまらない言語が存在することも問題であるが,それよりもまず,語順は統語構造内には存在せず,ラベル決定に語順情報を利用することがそもそもできないのである.

　第 6 章でみたような分散形態論のルート分析では,たとえば (6a) は (7a) のような構造になる (Harley (2009)).

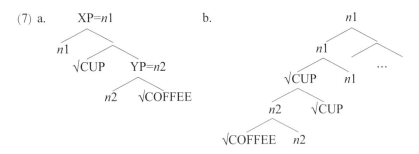

(7) a. XP=n1 ... b. n1

ルートは範疇が指定されておらず,XP や YP のラベルを決定することができない. したがって,XP も YP も名詞化要素 n (便宜上,n1, n2 と表記) がそのラベルを決定する. ここから√COFFEE → n2 →√CUP → n1 という編入 (incorporation) が起きると,(7a) は (7b) になる. この分析によればラベルの問題は起きず,主要部が cup であることも正しく捉えられる. 語順に関しては,一般に主要部 X が主要部 Y に編入すれば表層語順は X-Y になるので (たとえば V が T に編入すれば V-T の語順),(7b) でも語順は coffee cup となる. このこともルート分析の有効性を示しているといえる.

　複合語は,時に言語進化の化石とよばれることがある. 完全な文構造に比べて単純化された構造をしており,またとくに,(8) のような外心的複合語 (exocentric compound) はその意味解釈が多分に語用論的であり厳密な合成性 (compositionality) に従わないからである (Jackendoff (2009), Progovac (2015)).

(8) a. pickpocket
　　 b. scarecrow

これらのラベルづけがどう行われているのか，最小探索とは異なる仕組みが働くのか，またそのことと言語進化の間に何か関係があるのかなど，外心的複合語は今後大いに注目されるテーマとなるだろう．

第 8 章

フェイズ単位の派生
──演算効率と局所性──

　第 3 章および第 4 章でみたように，派生の経済性の考え方は当初の大域経済
性から局所経済性へとシフトしていった．大域経済性の問題の 1 つは「移動よ
り併合が優先する（MoM）」という経済性原理と連動したもので，第 4 章の例
を再掲すると，(1) のような場合が該当する．

(1) a. There is evidence available that someone was here.
　　b. Evidence is available that there was someone here.

従属節内の主語位置を someone の移動ではなく必ず there の併合で埋めなけ
ればならないのであれば，(1a) は派生不可能となってしまう．その解決策と
して，従属節と主節は別個に派生し，それぞれ計数列が異なるということが提
案された．このような考察を背景にして生まれたのが「フェイズ（phase）」の
概念であり，フェイズ単位の派生（derivation by phase）という考え方である
(Chomsky (2001, 2008))．

8.1　多重転送とフェイズ不可侵条件

　P&P アプローチや初期極小主義では，ある文の構造全体をまとめて LF およ
び PF の表示レベルに送り込んでいたが（第 6 章の (4a, b) を参照），フェイズ
理論では，派生の各段階であるフェイズが完成すると，その補部を随時イン
ターフェイスへの転送（Transfer）を介して，概念意図（Conceptual Inten-
tional: CI）システムおよび感覚運動（Sensory Motor: SM）システムの両解釈
システムに入力する．(2) において XP がフェイズに該当し，X がフェイズ主

要部（phase head）だとしよう（便宜上，X′ 理論の表記法を用いている）．

(2)　[$_{YP}$ Spec Y [$_{XP}$ Spec X [$_{ZP}$ Spec Z...]]]

XP が完成した段階で，X の補部である ZP は転送を受ける．これにより ZP は統語演算の作業空間（ワークスペース）から消えるため，その後の統語演算は ZP の内部に操作を加えることができなくなる．ZP が転送されても，フェイズ XP 自体は残っており，その指定部（Spec）と主要部 X は作業空間内に留まるので，これらにさらに操作を加えることは可能である．このことを明示的に述べたのが，概略 (3) に示される「フェイズ不可侵条件（Phase Impenetrability Condition: PIC)」である（Chomsky (2000)).

(3)　フェイズ不可侵条件（PIC）
　　　主要部 H をもつフェイズ α において，α の外部の操作は H の補部領域にアクセスできない．

PIC は演算効率化の原理であり，その背景にあるのは言語固有ではない「第三要因」についての考察である．フェイズ主要部の補部が転送されることで，その補部に含まれるものはすべて作業空間から「忘却」されるため，作業空間の節約につながると考えるのである．またこのことが，ある領域からの移動が禁じられるという局所性効果に対する根本的な説明となる．つまり，転送された領域は，操作対象ではなくなるので，そこからの移動は不可能になる．これまでさまざまな形で提案されてきたそのような局所領域の存在理由を，言語固有ではない原理（第三要因）に基づいて示すことが初めて可能となったのである．
　フェイズに基づく派生理論は，次のように図示できる．

(4)

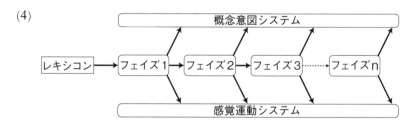

このようにフェイズごとにその補部領域が順次転送される派生モデルでは，LF や PF の表示レベルは存在しないことになる．また，初期極小主義は排出（Spell-Out）の前後で顕在的派生・非顕在的派生の 2 つのサイクルを認めてい

たが，フェイズ理論ではそのような区別も消滅し，統語構造の構築は 1 つのサイクルで行われる．

8.2　フェイズ理論の問題点

このようにフェイズ理論は統語演算の効率化と理論全体の簡潔化に大いに貢献するのであるが，一方で以下のような不明点や問題点も生じる．

(5) a. 何がフェイズ主要部となるのか．それは何によって決まるのか．
   b. フェイズ主要部とその指定部（周縁部）が PIC の対象外になるのはなぜか．
   c. これと連動するが，転送の対象がフェイズ自体ではなくフェイズ主要部の補部なのはなぜか．
   d. 順次転送されたフェイズ主要部補部は，その後，解釈システム内で文全体としてまとめ直されるのか．

現状では，このいずれもが十分に明らかにはなっていない．

たとえば (5a) について考えてみよう．フェイズは意味的に「命題」を構成する単位であり，それは (X′ 理論でいう) CP と vP であるから，フェイズ主要部は C と v である，という提案がある (Chomsky (2000))．命題が解釈上，重要なまとまりをなしていることは明らかであるが，しかし転送されるのはフェイズではなくその補部領域であるから，解釈システムは命題を処理していることにはならない．命題がフェイズであるという理由づけでは，(5b, c) の問題には答えられないのである．また，解釈上まとまりをなすのは命題だけではなく，NP や PP など，いわゆる最大投射にあたるものはすべて 1 つの解釈単位をなしていると考えられるので，命題だけを特別扱いする根拠が判然としない．実際，潜在的にはすべての最大範疇をフェイズとする立場もある．

8.3　統語操作の局所性と PIC

フェイズは最小演算や演算効率といった概念基盤をもち，これ自体は生成文法史上はじめて登場したものである．しかしながら，その経験的動機づけは，過去の生成文法において「島 (island)」や「障壁 (barrier)」とよばれた局所領域の考え方を踏襲している．(5a) と (5b, c) の間の整合性の欠如は，この局所性を半ば無理やりにフェイズに結びつけたために生じているともいえる．

たとえば連続循環的な wh 移動を考えてみよう.

(6) a.　What did you say John bought?

　　 b.　[CP what [TP [vP (what) [VP [CP (what) [TP [vP (what) [VP V (what)]]]]]]]]

　　 c.　*What did you ask who bought?

　　 d.　[CP what [TP [vP (what) [VP [CP who [TP [vP (what) [VP V (what)]]]]]]]]

伝統的な wh 島 (wh-island) は, wh で始まる従属節内部からの wh 句のとり出しを禁じるものであったが, これは wh 移動がその節の CP 指定部を経由しなければならないためと理解された. (6a)=(6b) ではそれが可能であるのに対し, (6c)=(6d) では従属節 CP の指定部に who が介在するため, 不可能である.

　この効果は, PIC によれば, フェイズである補文 CP が完成した時点でその補部領域 TP が転送されるため, その前に what が CP 指定部に移動している (6b) でだけ, その後もこの what へのアクセスが可能であるということで捉えられる. vP もフェイズであるから, what は vP 指定部にも移動しなければならないが, これは VP が障壁であり wh 移動は VP 付加を経由しなければならないとしていた障壁理論 (Chomsky (1986)) の場合と同じである.

　(7) は上昇文の場合, (8) は受動文の場合である.

(7) a.　John seems to have quit the job.

　　 b.　John [vP seems [TP T [vP (John) v [VP V...]]]]

(8) a.　John was fired.

　　 b.　John was [vP v [VP fired (John)]]

(7b) では従属節は TP であり, フェイズである CP は存在しないので, John は基底位置から直接, 主節に繰り上がることができる. 上昇文における主語の移動が従属節主語位置を経由する必要がないことは, 第 4 章でみたとおりである. 主節には vP があり, これがフェイズを形成するなら, John は vP 指定部にいったん立ち寄らなければならない. 同様に, (8b) でも vP がフェイズならやはり John はその指定部を経由して移動する必要がある.

　ここで, 上昇文や受動文の v は外項を認可しないことから, これらの vP はフェイズではないと仮定してみよう. つまり v には外項を認可する「強い」v* とそうでない「弱い」v があり, v* のみがフェイズ主要部であると考えるので

ある．これによれば，(7)，(8) では John はその基底位置から一気に主節主語位置に移動できる．非対格動詞の場合も同様であり，vP 指定部を経由せずに移動が起きる．

  (9) a. The train arrived at the station.

     b. the train [$_{vP}$ v [$_{VP}$ arrived (the train) at the station]]

  しかしこの仮定には検討すべき問題がいくつか残る．まず，命題部分がフェイズになるという仮定との衝突である．外項の有無にかかわらず，vP は命題相当の意味内容をもっており，外項のない場合だけなぜフェイズにならないのかが不明である．また，受動文には能格文とは違って非顕在的な動作主項が存在することがよく知られており，受動文の v が外項を認可しない弱い v であるという仮定にも疑問が生じる．さらに，受動文や非対格文では vP 指定部を経由して目的語が移動することを示すデータが報告されており，これは PIC に照らして当該の vP がフェイズであることを意味する (Legate (2003))．

8.4　ラベル理論との関係

  また，第 7 章でみたラベルづけの新しい考え方も，このようなフェイズ理論や，とくに PIC に対して問題を呈する．たとえば，(10b) で α のラベルが v によって与えられるのは，外項 John が移動しそのコピーがラベル決定能力をもたないためであった．

  (10) a. John met Mary.

      b. John [$_α$ (John) [$_{vP}$ v [V Mary]]]

つまり，John が移動する前は，α は vP とは決まっておらずフェイズだともいえない．John は PIC が「特例区」として許すフェイズ周縁部にあるから移動できるのではなく，そもそもフェイズの中にはないのである．このことは，vP などある特定の範疇をあらかじめフェイズと定義すること自体の意義を疑わせるものである．

  このことを，なぜ転送を受けるのはフェイズではなくその補部領域なのかという上出の問題と考え合わせると，はたしてフェイズという概念は必要なのかという疑問さえ生じる．PIC が担保する統語演算の局所性は，転送された領域にはアクセスできないということに帰結するのであるから，必要なのはフェイズではなく，転送を駆動するフェイズ主要部の情報だけだということにもなる

だろう．つまり，補部を転送する能力をもつ主要部は何かが重要なのであり，フェイズという概念に言及する必要はなくなると思われる．

8.5　連続循環性の見直し

PIC は統語派生の連続循環性（successive cyclicity）の効果を従来とは少し違った形でもたらすものである．ある領域内の統語操作はその領域が転送される前に完了しなければならない，というのが PIC の効果である．これは見方を変えれば，転送前にその領域で適用される個々の操作の順序は自由でよいことになる．たとえば，従来の厳密循環性の考え方では，(11) では，(11b) から (11c) へというように，まず John の NP 移動が適用し，つぎに what の wh 移動が適用しなければならない．

(11) a.　What did John buy?
　　 b.　[$_{TP}$ John [$_{vP}$ (John) buy what]]
　　 c.　[$_{CP}$ what [$_{TP}$ John [$_{vP}$ (John) buy (what)]]]

しかし，フェイズ理論では CP フェイズ内での操作順序は自由であるから，wh 移動が先に適用したり，2 つの移動が同時に適用したりしても構わない（もちろんその前に what が vP 周縁部に移動していることが条件である）．

むしろこの場合，John だけが先に移動することは不可能であるという議論をたてることもできる．これは，T 主要部にある素性はもともと C 主要部が有しており，C から T への素性の継承 (C-to-T feature inheritance) が起きるという考え方に基づく議論である（Chomsky (2008)）．

(12) a.　[T [what [$_{vP}$ John buy (what)]]]
　　 b.　[$_{CP}$ C [T [what [$_{vP}$ John buy (what)]]]]
　　 c.　[$_{CP}$ what C [John T [(what) [$_{vP}$ (John) buy (what)]]]]

C が併合される前の (12a) では，T は何ら素性もっておらず，John の移動を要請しない．C が併合され，素性継承が起きた (12b) ではじめて John の移動が可能となるが，この時，C は wh 移動を駆動する素性をもつため，what の移動も同時に起きる (→ (12c))．

これは，従来の厳密循環移動をフェイズにあてはめることで緩和したことになるが，フェイズ単位の派生という考え方からは自然な見方である．またこれによれば，なぜ上昇構文の不定詞補文で主語の移動がないのかも理解できる

（第 4 章参照）．C が併合されない場合，T 単独では移動を要請する理由がない
からである．しかしながら，この素性に駆動される統語操作という考え方は，
併合の完全自由適用（α 併合）に反する（第 5 章参照）．α 併合は（12a）で
John が（さらには what が）理由なく移動することを許すからである．

　このように，フェイズ理論は統語演算の効率化という観点からは優れたもの
であるといえるが，その厳密な定義や PIC の位置づけ，さらに極小主義で採用
されるほかの基本概念との間の整合性を巡って，多くの検討が必要である．そ
してそのことが理論研究の一層の進展をもたらすのである．

第 9 章

インターフェイスの非対称性
—内在化と外在化—

　併合が生成した統語構造は，インターフェイスを介して概念意図（CI）システムと感覚運動（SM）システムに送られ，そこで適切な解釈を受ける．インターフェイスに転送される情報は，完全に解釈できるものでなければならず，このインターフェイス条件を満たさないものは排除される．この統語演算システムから両インターフェイスへの情報の送出は一様ではなく，非対称的であると考えられる．SM インターフェイスでは，CI インターフェイスでは必要のない情報が新たに追加されねばならず，この点で SM インターフェイスへの写像のほうが手間がかかるのである．CI インターフェイス側ではどの言語も同一であって，個別言語間の相違はすべてこの SM インターフェイス側に集約されると考えられ，したがって人間言語の普遍性と個別言語の多様性は，両インターフェイスの違いとして捉え直すことができる．この観察は，言語の起源・進化についても，重要な洞察を提供することになる．

9.1　線形化と形態音韻解釈の問題

　両インターフェイスのもっとも際立った違いは，SM インターフェイスでは階層構造の線形化（語順の決定）が求められるのに対して，CI インターフェイスではそれは不要であり，併合が定義する階層構造で必要十分であるという点である．人間言語にそもそも線形順序が存在する理由は，音声や手話などの媒体の特性として，線形化されなければ外在化ができないからにほかならない．もし人間の発声器官が同時に多くの音声を発し，また聴覚器官がそれらを聞き分けられたなら，一音ずつ発する必要はないはずである．他方，概念理解に線

形順序が必要だと考える積極的な理由はないため，階層構造がそのまま概念意味理解に使われていると想定できる．つまり，併合による統語演算は同時に概念構造の構築でもある．

　また，SM インターフェイスでは，併合が構築した統語体（文や語）に個別言語ごとに異なる形態音韻解釈を与えなければならない．同じ概念でもそれを表す単語が異なる，格や一致を表す形態論が異なる，といった個別言語間の違い（外国語学習で必要なのはこれを学ぶことであって統語演算ではない）も，すべて SM システム側の都合による．つまり，CI インターフェイスへの転送は，何ら手を加えることなく，どの言語でも同様に行われる普遍的なものであるのに対し，SM インターフェイスへの転送は，多様であり個別的である．この意味で，併合に基づく統語演算システムや，これを備えた人間言語は，CI システムに対してのみ最適化されているということができる．

　さらに，移動（内的併合）が適用すると，複数生じたコピーのうち，どちらを解釈するのかという問題が SM システム側では生じる（第 5 章参照）．

　(1) a.　John seems to have been fired (John).
　　　b.　What did Mary buy (what)?

(1a) の John や (1b) の what は，CI システムでは文頭位置と元位置の両方で解釈されているのに対し，SM システムでは文頭位置のものだけが解釈され，元位置のものは削除される．このことも，統語演算が生成した構造が，CI システムによってはそのまま利用されるのに対し，SM システムではさらにこれを加工しなければならないことを示している．

　機能面に注目すると，CI システムは個人内部で起きる思考や計画，推論といった内在化（internalization）にかかわるのに対し，SM システムは他者への情報発信や情報共有などの社会的なコミュニケーション機能，つまり外在化（externalization）にかかわるものである．したがって，人間言語は内在化に対してのみ最適化されており，外在化に対してはあまり最適化されていないといえる．以上を図にまとめると，(2) のようになる．

(2)
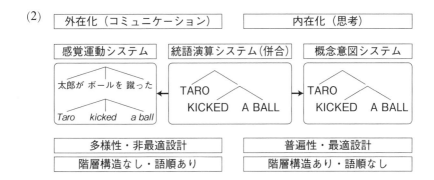

9.2　思考・コミュニケーションと言語進化

　言語が思考およびコミュニケーションの 2 つの重要な機能を担っていることは明らかであろう．このことがしばしば，言語は最初，思考のツールとして進化したのか，それともコミュニケーションのツールとして進化したのかという，言語進化研究上の大きな論争をもたらす．多くの研究者がコミュニケーション説を好むのに対し，チョムスキーをはじめとする生成文法研究者はこれに異を唱え，思考説を主張している．

　この論争は，まず言語とは何か，言語進化とは何か，といった基本概念の共有ができていないことにその一因がある．チョムスキーらにとっては，言語は第一義的に併合に基づく統語演算システムであり，これが UG の本質である．また生物学的な意味での言語進化とは，この併合なり UG の創発のことにほかならない．したがって，これが内在化にのみ最適化されているのであれば，言語の第一の機能は思考だということになり，これに後から外在化の手段が追加されることでようやくコミュニケーションにも転用されたと考えざるをえない．

　一方，音声を言語の本質とみる立場からは，当然ながら外在化こそが言語の第一の機能であり，言語は最初からコミュニケーションのために進化したことになる．チョムスキーは「言語は意味であり，それに音声が付属しているだけである」と主張するが，すでに音声に注目して人間言語と動物コミュニケーションの比較を行っていたアリストテレスは「言語は音声であり，それに意味が付属している」と述べたとされる．

　チョムスキーらの主張は，上述のような極小主義の考察に大きく依存しており，より広範な視点からの裏づけが必要であろう．その 1 つとして考えられる

のは,「孤独なミュータント (lone mutant) の問題」として知られる考察である.一般に生物進化は 1 個体の突然変異から始まり,それがもたらす形質が適応的であれば,次第に集団内に広まっていく.言語進化も同じであるなら,最初に言語能力を得た個体が存在するが,その段階では同じ言語能力をもつ他者はまだ存在しておらず,それをコミュニケーションに使うことはできないはずだという議論である.最初の段階では,その 1 個体にとって適応的なものであったはずで,それは思考であったことになる.

　コミュニケーションは言語だけでなく,心の理論や共同注意といった社会的知性があってはじめて可能となる行動である.またわれわれの日常コミュニケーションの大半は非言語的なものであり,言語は一般に考えられるほど使用されていないという観察もある.少なくとも,言語はコミュニケーションの唯一の手段ではなく,またコミュニケーションは言語だけでは成立しない複雑な行動である点に留意が必要であろう.

9.3　線形文法と階層文法

　言語進化については,人間言語が出現する以前に祖先たちはより原始的な「原型言語 (Protolanguage)」をもっていたと考える研究者が多い.それがどういうものであったかを直接知ることはできないが,たとえば言語失陥の症例や動物コミュニケーションの研究から,せいぜい語順に基づく文法しかなかったであろうという推測が成り立つ.これに併合が加わることで,ようやく人間言語を特徴づける階層文法が生まれたのであろう.すると,人間言語の最初の機能は何だったかという問題は,線形文法から階層文法に推移することで何が大きく変化し,新たに適応的になったのか,という形で設定し直すことができる.

　原型言語があったとすれば,それがすでに思考にもコミュニケーションにも役立っていたことは容易に想像できるが,その線形文法はとくにコミュニケーションに都合がよかったはずである.それは近年の比較心理学が示すように,多くの動物たちも信号の語順に基づくコミュニケーション能力をもっていることからもうかがえる.

　ではこの線形文法が階層文法に置き換わることで,コミュニケーションはさらに適応的になったかといえば,それは疑わしい.人間言語の特徴である階層構造への依存は,しばしば構造的あいまい性という現象をもたらすが,これはむしろコミュニケーション効率の低下につながる.話し手の意図したことが正確に聞き手に伝わらない可能性を増大させるからである.

(3) a.　John said that Mary laughed again.

　　 b.　太郎がまた花子が笑ったといった.

(4) a.　きれいな女優のドレス

　　 b.　最新英語研究

(3) の again や「また」は, 主節を修飾する場合と従属節を修飾する場合であい
まいである. (4a) の「きれいな」は女優にかかる場合とドレスにかかる場合が
あり, (4b) の「最新」も英語のことなのか研究のことなのかであいまいであ
る. 同一語順でも異なる階層構造関係がありえ, それによって意味も変化する
のであるが, これはコミュニケーション効率の観点からはむしろ好ましくない
状況である.

　階層文法をもつ人間言語への進化は, コミュニケーションにはあまり役立つ
ものではなかったといえそうである. なおチョムスキーは原型言語の存在につ
いて否定的であるが, この考察は, 原型言語を認めてもなお, 人間言語の最初
の機能はコミュニケーションではなかったとするチョムスキーの立場に有利に
働く点に注意したい.

　構造的あいまい性に関連して, さらに次の例を考えてみよう.

(5) a.　John opened the window again.

　　 b.　太郎がまた窓を開けた.

(5) の again や「また」も, 先ほどの (3) の場合と同様にあいまいである. 1
つの解釈では, John や太郎自身が窓を 2 回開けたのであり, これは反復読み
(repetitive reading) といわれる. もう 1 つの解釈は, John や太郎は 1 回しか
窓を開けていないが, 窓は 2 回開いたというもので, たとえば Mary が窓を開
け, Bill が閉めたので John がまた開けた場合である. これは復元読み (res-
titutive reading) といわれる. 問題は, (3) とは異なり, (5) は単文であり主
節・従属節の区別がないため, 一見, これらの解釈を構造的あいまい性として
捉えられないという点である.

　これは open や「開ける」といった動詞を統語的に単一の主要部と考えたた
めに生じる表面的な問題にすぎない. 現在の生成文法では動詞は複数の主要部
から構成される統語的複合体であるとされ, たとえば (5a) は (6a) のような
動詞句構造を含んでいる (第 6 章参照).

(6) a.　[$_{vP}$ John v [$_{VP}$ V the window]]

　　 b.　[John CAUSE [OPEN the window]]

そしてこの構造が，CI システムにおいては (6b) のような複合的な概念構造として解釈される．この点で，併合による統語派生は同時に概念構造の構築でもあり，統語が意味を形づくることがわかる．問題のあいまい性は，again や「また」が，(6a) の上位 vP にかかるのか，それとも下位 VP にかかるのか，すなわち，原因となる事象に含まれるのか，結果となる事象に含まれるのかの違いとして，構造的に説明されるのである．

　しかしこの統語構造や概念構造を外在化すれば，この複合的な事象構造は隠れてしまい単文として表れる．このことは，外在化された形式が概念構造を伝える上で不透明であることを示しており，この点でも言語はコミュニケーションには最適化されていないといえるだろう．

9.4　文化進化

　自然選択による適応進化は「修繕屋」だといわれ，その場その場での適応問題に対する局所的な解を積み重ねていく．そのため，結果的には最適とはいえないものが生まれるのが通常である．言語が思考に対して最適化されており，コミュニケーションに対してはそうではないという観察は，視点を変えれば，言語がコミュニケーションについて適応進化したことの証拠になる．

　チョムスキーらが重視する言語進化が人類における言語能力の最初の出現である「生物進化」であるとすると，すでに存在している言語がさらに変化し多様化する「文化進化」の段階が存在する．そしてこの文化進化がコミュニケーションに関する適応進化のプロセスであると考えれば，なぜ言語がコミュニケーションに対しては最適化されていないのかが自然に理解できる．

　この場合のコミュニケーションには，必要な相手にだけ伝え，伝えたくない相手には伝わらないようにするという機能も含まれる．同じことばが通じる者だけを同一集団の仲間として認め，それ以外を排除することで，集団の結束が強まるのである．個別言語の多様性はむしろこの反コミュニケーション効果がもたらすものだといえるだろう．

　生成文法では文化進化を軽視する傾向が強い．しかし言語間の多様性は大部分が文化進化の産物であって，極小主義では，P&P アプローチのパラメータがそのまま UG 内に存在する可能性は低い（第 2 章参照）．今後，生成文法が言語間の多様性まで説明するには，文化進化も十分視野に入れる必要があるだろう．

第 10 章

おわりに

　P&P アプローチまでの生成文法は，人間がいかに豊かな生得的言語能力
(UG) をもつ生き物であるかという観点から言語研究を行ってきた．UG 仮説
の論拠をなしていたのは，経験基盤の学習だけでは母語獲得は不可能であり，
乏しい言語経験を複雑な母語知識に写像する仕組みがすべての人間にあらかじ
め備わっていなければならないという考察であった．この「言語獲得の論理的
問題」に対する答えが UG であるが，当然ながら，UG に多くの情報を与えて
おけばそれだけ言語獲得は楽になる．そしてそれがどれだけ複雑であろうと
も，生得的であるから学習可能性を問う必要はなく，いわばご都合主義的に
UG を複雑化してきたのが極小主義以前の生成文法であった．
　これとは正反対に，極小主義では，UG がいかに僅かのものでよいか，最低
限何が必要か，という観点からの言語研究が推進されている．これは言語進化
研究にとって非常に好都合な研究ストラテジーである．言語固有の生得的知識
が少ないほど，進化的に説明しなければならない事項も絞り込めるからであ
る．こうやって極小主義が辿り着いた 1 つの見通しが，UG には最小統語演算
操作である併合のみが含まれるという考え方である．今後，この「併合のみの
仮説」を中心にして，生成文法が生物言語学や進化言語学の進展に大きく貢献
することが期待できる．
　しかしこの第 II 部を通してみてきたように，実際の言語現象の分析には，併
合以外にもいくつかの理論装置がなお必要とされている．これらがすべて言語
固有ではない「第三要因」から引き出すことができるのか，それともこれらも
UG の一部であり，その進化的説明がいずれなされなければならないのか，今

後の展開が注目される.

　さらに，母語獲得に対し，この「併合のみ」の考え方が「豊かなUG」以上に説明力をもつのかも重要な検討課題である．言語進化が扱いやすくなった反面，言語獲得は説明できなくなったというのでは，生成文法の企ては完全な失敗に終わる．今後，「言語獲得の論理的問題」と「言語進化の論理的問題」の双方に同時平行的にとり組んでいくことが強く求められる.

第Ⅲ部

認知言語学

酒井智宏

第 1 章

はじめに*

　「言語学」という学問分野の名前を初めて聞く人でも、「言語学」とは「言語」に関する「学（問分野）」のことだと想像するのはさほど難しくないだろう．では「認知言語学」はどうか．まったくの初心者のために説明すると、これは「認知言語＋学」ではなく、「認知＋言語学」と区切る．（これは近年の生物言語学でいうポット式併合（Pot-Merge）による複合語である（藤田（2016））．なお、「生物言語学」もポット式併合である．）言語学といってもいろいろあって、その中でもとくに認知的なものを認知言語学というのである …… いや、これでは何の説明にもなっていない．「歴史言語学」ならまだわかる．これは「歴史＋言語学」で、歴史的な観点に立った言語学のことをいう．英語とドイツ語は歴史的に同じグループ（語派）に属するとか、現代英語の語彙のうち約 7500 語はフランス語から流入したものだとか、そういったことを明らかにしてきたのが歴史言語学である（寺澤（2008））．では、「言語学」に「認知」をくっつけた「認知言語学」とは何をする学問なのか．

　「認知言語学（Cognitive Linguistics）」という分野が確立したのは 1980 年代と新しく、それと関係の深い「認知文法（Cognitive Grammar）」という名称が初めて公式に（ただし現在とはやや異なる意味で）用いられたのは 1975 年のことでしかない（Lakoff and Thompson（1975））．学説史を語るには認知言語学はあまりにも歴史の浅い分野であり、「認知言語学史」と称してたかだかここ 30〜40 年の出来事を語ってもあまりおもしろいことは出てこない（と思う）．

---

* 第 III 部の執筆にあたり、西村義樹（東京大学）、福澤一吉（早稲田大学）、柚原一郎（首都大学東京）の各氏より貴重なご助言をいただいた．記して感謝申し上げる．

仮にそれを語ったところで，巷にあふれる「認知言語学入門」の類と同じにな
り，「認知言語学史」にはならない．むしろ，「認知言語学史」のハイライトは
「言語学」に「認知」の 2 文字がくっつくようになる過程にある（と思う）．そ
れゆえ，多少なりとも読み応えのある「認知言語学史」を書こうと思ったら，
大半が認知言語学成立以前のストーリーとなる．そこで，余計な文字のつかな
い「言語学」まで時計の針を戻すことにしよう．このただの「言語学」は「一
般言語学」とよばれることもある．時計の針を戻すといっても，そんなに昔の
ことではなく，20 世紀初頭である．

　一般言語学の創始者とされるのは，スイス生まれの言語学者・言語哲学者
フェルディナン・ド・ソシュール（1857-1913）である．ソシュールにとって，
言語学とは究極的には「ラング（仏 langue）」に関する学であった．ラングと
は，人々が用いる個々の発話の背後にある抽象的な体系のことである．たとえ
ば，太郎があるとき口にした「お腹が空いた」と，花子がその 10 年後に LINE
に書いた「お腹が空いた」は異なる発話であるが，それにもかかわらず 2 人の
発話が共通の意味をもつのは，それらが日本語という同一のラングに属する同
一の文の実現形だからにほかならない．そうした実現形はパロール（仏
parole）とよばれる．たとえるなら，ラングとは楽曲であり，パロールとはそ
の楽曲の個々の演奏である．同じ楽譜に基づいているかぎり，まったく別々の
楽器を使ったとしても，2 人は同じ曲を演奏しているといえる．同様に，同じ
ラングに基づいているかぎり，発話の物理的性質に違いがあったとしても（男
声 vs 女声，口頭 vs 筆記，など），2 人は同じ言語を話しているといえる．太郎
と花子がそれぞればらばらに話したり書いたりしながらも，2 人の間でコミュ
ニケーションが成立しうるのは，太郎と花子がラングを共有しているからであ
る．ラングがパロールを支えている以上，言語学の究極の研究対象はパロール
ではなくラングでなければならない．

　では，ラングは何からできているのか．一般に，ラングとは記号（仏 signe,
英 sign）の体系である．たとえば英語というラングは cat, table, tall, run,
about, the, of... といった記号からなる．記号とは形式（音声言語では音，手
話では手指動作）と意味とが一体となった単位のことである．たとえば英語の
cat という記号においては cat（/kæt/）という形式と「猫」という意味が一体と
なっている．表しかないコインや裏しかないコインがありえないのと同じく，
形式しかない記号とか意味しかない記号とかいったものはありえず，記号のあ
るところには必ず形式と意味の両方が不可分のものとしてある．そうした形式
をシニフィアン（signifiant, 能記），意味をシニフィエ（signifié, 所記）とよぶ．

シニフィエは「概念」といってもよい.

　ラングはパロールと異なり抽象的な体系であるから，指差してみせることはできない．ラングがどこにあるかといえば，まず社会に慣習としてあり，社会の成員がそれを知識として共有している．ラングが一義的には社会的慣習であるということから，ラングがもつ「恣意性（仏 arbitraire，英 arbitrariness）」という重要な性質が出てくる．恣意性には 2 つの側面がある．第 1 の側面は，シニフィアンとシニフィエの結合に自然的根拠がないということである．たとえば，「犬」という概念が/inu/というシニフィアンで表されなければならないという自然的根拠はない．もしも自然的根拠があるのであれば，どの言語でも犬は/inu/かそれに似た音でよばれるはずである．恣意性の第 2 の側面は，こちらの方がより重要なのだが（丸山（1981），斉木・鷲尾（2012: 54-56）），記号による世界の切り取り方に自然的根拠がないということである．たとえばドイツ語にはフランス語の langue に過不足なく対応する語はなく，Sprache がフランス語の langue と langage の両方をカバーする．ドイツ語の Rede はフランス語の parole にほぼ対応するが，フランス語の discours とも重なる．ラテン語の lingua はフランス語の langue に対応するが，sermōはフランス語の langage と parole の両方をカバーし（Saussure（1916: 31））...... といった具合に，記号の成立以前に引かれている境界線などありはしない．もちろん，「犬」や「猫」に対応する語は多くの言語にあるだろうが，それらが指し示す範囲は異なるのが常態である．その点で，第 1 の恣意性を説明するのにしばしば用いられる「英語で dog とよぶものを日本語では犬とよぶ」などという言い方は，記号の成立以前に犬というモノ（概念）が存在し，各言語がそうしたモノ（概念）に名前を貼りつけるという考え方（丸山（1981）の用語では「言語名称目録観」）を前提としており，ソシュール的にはナンセンスな物言いでしかない．記号こそがモノ（概念）をモノ（概念）として立ちあがらせる．記号の成立以前に世界の側に切り取り線が引かれていない以上，何を 1 つのモノ（概念）とみなすかは，どんな記号の体系（すなわちラング）を社会的慣習として採用するかに応じて（原理上は際限なく）異なりうる．

　この恣意性の第 2 の側面から，ラングのもう 1 つの重要な特徴が出てくる．それは，ある語の価値（valeur という語をソシュールは用いるが，さしあたりは「意味」と理解しておけばよい）は，その語のラング全体の中での守備範囲によってのみ決まるということである．「A, B, C, D」という成績評価体系における A の価値は，「A＋, A, B, C, D」という成績評価体系における A の価値とは異なるだろう．ドイツ語の Sprache という語とフランス語の langue という

語の価値が異なるのも，これとまったく同様の理由による．ある語の価値は，ラングの中でその語が他のどういう語に取り囲まれているかによってのみ決まるのである．ここからソシュールは「ラングには差異しかない（[D]ans la langue il n'y a que des différences）」というテーゼを導き出す（Saussure (1916: 166)）．

これは記号を構成する個々の音についても成り立つ．日本語には r と l の区別がないといわれるが，これはたとえば「ライス」の「ラ」を /r/ で発音しようが /l/ で発音しようが記号としての価値に変化がないということ，すなわち日本語が物理的に異なるはずの r を l をまとめて 1 つの単位とみなしているということにほかならない．こうした抽象的な音の単位を音素（仏 phonème, 英 phoneme）とよぶ．音素として /r/ と /l/ を区別しないのは日本語の慣習であり，これはドイツ語が langue と langage を区別せずにまとめて Sprache とよぶという上述の現象と同様である．何を 1 つの音素とするか，何を 1 つの記号とするかは，各言語が権利上自由に定めてよいことであり，r と l を区別しない日本語や，langue と langage を区別しないドイツ語が，それらを区別するフランス語より劣った言語であるということはない．「ライス」をどのような音で発音しようとも，「ナイス」や「ライズ」などと区別できさえすれば生活に支障はない．ここから，ラングはそれぞれ恣意的な価値体系であり，それらの間の優劣を問うことはナンセンスであるということが帰結する．

記号や音素の価値を決めるのは，ラングという体系内でのそれらの守備範囲のみであって，その記号や音素が歩んできた歴史ではない．そこでソシュールは，言語学の第 1 の研究対象は，ある時点におけるラング（共時態）であって，ラングの歴史的変化（通時態）ではないと考えた（丸山 (1981: 108)）．ソシュールが言語学の祖であるといわれる理由の 1 つは，言語の研究を歴史性から解放した点に求められる．18 世紀のジョーンズ卿によるサンスクリットの発見により科学への道を歩み始めた言語学は，19 世紀以降，ダーウィンの進化論の影響もあり，言語進化の法則を見出すことに専心していた（丸山 (1981: 76-77, 105)）．当時，言語学といえば歴史言語学（通時言語学）であり，共時態としての言語を研究するという発想（共時言語学）は，フンボルトのような例外はあるにせよ（Harris (1993: 19)），ないに等しかったのである．

こうしたソシュールの思想が生前に刊行されることはなく，ソシュールは晩年の数年間，当時の学問の中心から隔たったジュネーブで，数名の受講者を前に 3 回にわたる一般言語学の講義を行ったにすぎない．1913 年に没した時点で，「ソシュールは言語学の創始者として歴史に名を残すだろう」などといえ

ば，まずまちがいなく失笑は免れない状況であった（Newmeyer (1986b: 31)）．ところが，ソシュールの死後，弟子たちが講義ノートをまとめた『一般言語学講義』（Saussure (1916)）が出版されて以降，ソシュールの言語学は徐々に広がりをみせはじめる．構造主義（structuralism）とよばれるようになったソシュールの言語学は，プラハ，コペンハーゲン，パリ，ジェノヴァ，ロンドンといったヨーロッパの都市に広まるかたわら，北米にも根づき，アメリカ構造主義とよばれる独自の学派を形成する（Newmeyer (1986a: 4)）．北米では，先住民族との共存という地域固有の事情のため，先住民族の言語の記述的研究がさかんに行われていた．ラングを閉じた体系とみなす構造主義言語学は，未知の言語を虚心坦懐に記述するのにうってつけであった．

第 2 章

アメリカ構造主義
──「心」と「意味」の喪失──

　アメリカ構造主義言語学の中心人物はエドワード・サピアとレナード・ブルームフィールドの 2 人である．サピアが師事した人類学者ボアズは，すべての言語を対等な体系とみなす構造主義的精神のもと，ヨーロッパ言語の色眼鏡で他の言語を眺めるという西洋の悪弊に染まることなく，北米先住民族の諸言語の記述を行った．ボアズは言語を人間の心（soul）を覗く窓と捉えていたが，記述科学としての言語学という考え方に忠実であり，言語自体の記述を大きく超えていくことはしなかった（Harris（1993: 20-21））．弟子であったサピアの関心は多岐にわたり，活発なフィールドワークによって言語それ自体を構造主義的手法で記述するだけでなく，各言語の諸特徴の根底にある構造の精神（genius）（Sapir（1921））に関心を寄せるなど，生涯にわたって言語の多様性をきわめて重く受け止めた（斉木・鷲尾（2012: 186-191））．他方でサピアは，言語と心を結びつけるボアズの考え方を発展させ，言語構造と思考の間に密接な関係があるという考えを表明する（Sapir（1929））．これは後にサピアの弟子であるウォーフの名前をも冠してサピア＝ウォーフ仮説とよばれるようになる．ソシュールが言語の普遍性を意識していた（斉木・鷲尾（2012: 56-59））とはいえ，ラングが恣意的価値体系であるという構造主義の考え方を徹底すれば，習得するラングの体系に応じて，世界の切り分け方，すなわち概念が（原理上は際限なく）異なりうるという相対主義的な考え方が出てくるのは半ば必然的なことであった．日本語の「義理」，フランス語の esprit，ドイツ語のSchadenfreude のように，他言語への翻訳が困難な記号がどの言語にもみられるという事実（Deutscher（2010））は，記号が恣意的であるという事実からの自然な帰結である．言語研究を通じて言語使用者の心に迫ることができると考

えた点で，サピアはまぎれもなくメンタリズム（心理主義）の立場に立ってい
た（Newmeyer（1986a: 4））．これと好対照を成すのがブルームフィールドで
ある．

　サピアが構造主義言語学とメンタリズムを両立させたことからも窺えるとお
り，構造主義自体の中にメンタリズムを拒む要素は含まれていない（Chom-
sky（1973b））．ラングは社会慣習であるが，言語使用者は同時にそうした社会
慣習に関する知識を内在化しているはずであり，そのかぎりにおいてラングは
心的対象でもある．ソシュールは，ラングにみられる差異をつくり出すのは人
間の視点および主体の意識であり，主体による差異化活動が社会性を獲得する
ことによりラングが成立すると考えていた（丸山（1981: 113, 124））．実際，
ブルームフィールドも当初はメンタリズム的傾向をもっていたが（Harris
（1993: 24）），やがてメンタリズムを禁じ，それと対極の「メカニズム」とよば
れる立場を打ち出す．そこには，言語学を（経験）科学として確立したいとい
う強い思いがあった．言語学は動物学，地質学，天文学と同じく，直接観察可
能なものだけを対象とする記述と分類の学であるべきであり，科学たるもの，
心などという観察不可能な怪しげなものを相手にするべきではない（Harris
（1993: 28））．サピアがどちらかといえば孤高のアーティスト的存在であり，
大きな学派を形成するタイプの研究者ではなかったこともあり，こうしたブ
ルームフィールドの反メンタリズムがアメリカ構造主義の旗印となっていく
（Harris（1993: 21））．

　直接観察可能なものだけを信頼する潔癖な態度を支えたのは，当時ヨーロッ
パを席巻していた論理実証主義哲学（Logical Positivism）であった．これは
1920 年代にウィーン学団とよばれるグループが始めた経験主義哲学の運動で，
ハーン，シュリック，ワイスマン，ノイラートといった面々のほか，今日の言
語学者にも比較的よく知られているカルナップやライヘンバッハらも名を連ね
た．経験主義哲学とは主に 17 世紀のジョン・ロックを源流とする思想で，信
頼に足る知識は（ほぼ）すべて直接的な感覚経験に基づいたものである（べき
だ）という立場をとる．これは，見間違いや錯覚の可能性が少しでもある以上，
感覚経験なるものは信用できず，むしろ神によって与えられた観念（生得観念）
こそが真正な知識の源泉である（べきだ）とするデカルトの合理主義哲学と対
立する．

　経験主義は，直接的感覚経験が，かつそれのみが信頼できるとする立場で
あったが，その立場を徹底しようとするあまり，やがて，直接的感覚経験をは
み出る理論的対象への懐疑論へと変質していく（戸田山（2015: 13））．とりわ

けよく知られているのは 18 世紀のヒュームの議論である．たとえば「ボール
が窓ガラスに当たって窓ガラスが割れる」という事象において，「ボールが窓ガ
ラスに当たる」という事象 A の感覚経験とそれに引き続いて起こる「窓ガラス
が割れる」という事象 B の感覚経験がまちがいなく存在するのに対して，「A
と B の間に因果関係がある」という事象の感覚経験などどこにも見当たらな
い．どこまでいっても，存在するのは「A に引き続いて B が起きた」という感
覚経験だけである．そこに「A が B を引き起こした」「A は B の原因である」
などという因果関係を読み込むのは人間の心の癖にすぎない．因果関係なるも
のは，感覚経験をはみ出ている以上，ただの虚構であり，そんなものの実在を
信じてはならない．

　論理実証主義は感覚経験を超え出た対象への懐疑を徹底し，直接的感覚経験
に基づく命題のみを有意味な命題（科学的認識）として認め，それ以外をナン
センスとして排斥しようとした．その基準として採用されたのは，文の意味を
その検証方法と同一視する「意味の検証理論」（verification theory of mean-
ing）とよばれる意味理論であった．文の意味がその検証方法である以上，ハイ
デガーのテクストに出てくる「無が無化する（Das Nichts nichtet）」のような検
証のしようのない文はナンセンスとなるほかない．この基準により，神学，形
而上学，倫理，美学などに現れる文は意味を欠いた擬似命題であるとされた
（戸田山（2015: 26–28））．他方，因果関係といった観察経験を超える科学的概
念を含む文（理論文）は，そのままでは検証不可能であるが，実際には厳密な
手続きによって観察経験のみを語る文（観察文）に還元することができるとさ
れ，その点でナンセンスではないと考えられた．そうした「厳密な手続き」を
支えるとされたのは，フレーゲ，ラッセル，ホワイトヘッドといった人たちに
よって開発された数理論理学の道具立てであった．

　そうしたテクニカルな道具立てとは別に，論理実証主義者たちが思想的典拠
とみなしたのはウィトゲンシュタインの『論理哲学論考』（Wittgenstein
（1922））である．それ以上分解できない単純な対象に対応する表現だけからな
る命題（要素命題）と，そこから論理的に構成されたものだけを有意味とみな
し，それ以上を語るのはナンセンスとする『論理哲学論考』の思想は，論理実
証主義を強固に支持するものと思われた．「語りえぬものについては，沈黙し
なければならない（Wovon man nicht sprechen kann, darüber muss man
schweigen）」という有名な最後の 1 文は，直接的感覚経験を超えるものについ
て語ることを禁じるものと解釈されたのである．実際には，『論理哲学論考』に
は「直接的感覚経験のみを信頼せよ」などといった経験主義を標榜する文言は

一度も登場せず，これを経験主義の書と解釈するのはおそらく誤りである（野矢（2006: 255-256））．したがって，ウィトゲンシュタイン自身はけっして論理実証主義者ではなかった（飯田（2005: 21））．しかし，聖典を手にしたと信じた論理実証主義者たちは，上で見たとおり，ハイデガーのテクストを検証のしようのない（つまり肯定とか否定とかが問題になる以前の）ナンセンスとしてやり玉にあげるなど，伝統的な哲学（形而上学）への攻撃の手を強めていく．

　こうした思潮を背景に，ブルームフィールドおよびその影響下にある言語学者たち（ブルームフィールド学派）は，言語学の研究対象を，ラングの構成要素のうち直接観察可能なもの，すなわちソシュールのいうシニフィアンと，シニフィアンを構成する音に限定し，言語使用者の「心」「思考」などといったものは言語学の研究対象ではないとした．シニフィアンはアメリカ構造主義では形態素（morpheme）とよばれ，その定義は現在の言語学の教科書にも受け継がれているとおり，「意味をもつ最小の言語単位」というものであった．研究対象だけでなく，方法論も厳密に定められた．それによると，言語の記述は「音→形態→文→談話」という「小→大」の順序で行われなければならず，音の記述（音韻論）に形態の記述（形態論）を紛れ込ませたり，形態の記述に文の記述（統語論）を紛れ込ませたりといった「レベル混合（mixing levels）」は禁止された．こうして，言語学者の仕事は，各言語の音を音素に分類し，音のまとまりを形態素に分類し，形態素のまとまりを品詞に分類し，品詞の文中での現れ方を記述すること，ほぼそれだけとなる．これは退屈な作業のように思われるが，未知の言語を対象とするかぎり，それなりにやりがいのある仕事であった（Harris（1993: 27））．

　こうして科学の鎧をまとったアメリカ構造主義言語学は向かうところ敵なしといった風情で，クロード・レヴィ=ストロースは，言語が音素と形態素からなるとするこの学派の発見をニュートン力学になぞらえて絶賛し，同様の手法を人類学に適用した．言語学はあまりにも完成された学問で，細部を除いて研究することは残されていないという楽観論さえあった（Newmeyer（1986a: 1-3））．

　ここで素朴な疑問がわく．音素と形態素の研究ばかりして，意味の研究はしなくてよいのか？「してはならない」というのがブルームフィールド学派の答えであった．意味は直接観察することのできない心的な現象であるため，科学としての言語学の研究対象ではありえず，心理学，社会学，人類学の研究対象だというのである（Harris（1993: 24-26））．だが，心の排除が必然的に意味の排除につながるものだろうか．観察可能なもの以外に懐疑的だった論理実証主

義ですら，意味の検証理論にみられるとおり，有意味と無意味を区別すること
に心を砕いた．その論理実証主義が頼りにしたゴットロープ・フレーゲは，筋
金入りの反心理主義者・プラトニストであり，言語表現の意味が人間とは独立
に存在すると固く信じていた (Frege (1918-1919)，飯田 (1987))．そのフ
レーゲが今日では現代意味論の祖とよばれている．これらの事実をみても，心
の排除が意味の排除を帰結するというアメリカ構造主義の考えはどこかがおか
しいのではないか．どこかがおかしいが，良くも悪くも，根拠のはっきりしな
いブルームフィールド学派の露骨な意味アレルギーが，その後のアメリカの言
語学の流れを決定づけることになる．

第 3 章

チョムスキー革命
——「心」の回復——

　アメリカ構造主義を思想的に支えた論理実証主義を「哲学的センスを欠いた血の気の多い科学至上主義者たちの暴走」と嘲笑するのはたやすい．しかし，その運動の背後には深刻な政治的事情があった（戸田山（2015: 52-54））．20世紀初頭は，相対論と量子力学の誕生という理論物理学の革命の時代であった．これに対してドイツで「ゲルマン科学」とよばれる民族主義的科学運動が起こる．「ゲルマン科学」を掲げる者たちは実験を重視し，過度に抽象的になった理論物理学を「ユダヤ科学」として糾弾し，ナチス政権に接近して大学から追放しにかかる．論理実証主義はこうした「ゲルマン科学」とナチズムへの対抗という側面をもっていた．理論物理学における理論文（theoretical statement）は，一見したところ抽象的に見えるが，厳密な手法ですべて観察文（observational statement）に還元できるのだから，実は経験を超えたことは何も語っていない．実験と理論を対立的に捉えるのはまちがっている．
　科学は経験を超えたことは何も語ってはならない．この鉄則に基づき，アメリカ構造主義は言語習得についても経験主義の立場をとった．ソシュールは，言語記号の恣意性の第 2 の側面にみられるように，人間による主体的な世界の意味づけを重視し，素朴な経験主義には否定的であった（丸山（1981: 199-203））．ところが，アメリカ構造主義では，この人間の主体性という側面が抜け落ち，社会慣習たるラングは純粋に経験によって学ばれるしかないものと考えられた．当時，この考え方には行動主義心理学という強い味方がいた．行動主義心理学は，心理学と名がつくものの，実際には刺激と反応といった直接観察可能なものによってのみ行動を説明しようとする行動科学であった．こうした行動主義的精神のもと，言語の習得も，模倣，訓練，類推，条件づけといっ

た学習過程によるものとされた.

　結局のところ, 20 世紀半ばまでに本家の論理実証主義は下火になる. 1 つ
は, ナチス政権の成立にともないライヘンバッハとカルナップが亡命を余儀な
くされ, シュリックが大学構内で学生に殺害されるなど, 主要メンバーがばら
ばらになったという政治的理由, もう 1 つは, 理論文の観察文への還元 (およ
びそれに代わる方法) の定式化に失敗したという技術的理由からであった. そ
の後まもなく, ゲルマン科学の思想的支柱であったナチズムが崩壊する. 学問
的にも政治的にも, 合理主義の精神に立つ抽象的理論を打ち立てることにもは
や何の障害もなかった. 科学と称して退屈な作業を強いるアメリカ構造主義言
語学にいつまでもしがみつく理由は何なのか. そこに, この「科学的」言語学
に決定的な一撃を加える出来事が起きる.『統語構造論』(Chomsky (1957))
の出版である. この小冊子は言語学を退屈から救い出した.

　『統語構造論』はその名のとおり統語論の書であった. ブルームフィールド
学派は, 音韻論と形態論ではそれなりの成果をおさめたが, 統語論では精彩を
欠いていた. これには 3 つの理由がある (Harris (1993: 29–31)). 第 1 に, ソ
シュール言語学において, 文という単位がパロールに属するのかラングに属す
るのかがはっきりせず, 統語論の位置づけが不明確であったこと (チョムス
キー (2011 [2002]: 308–309)). 第 2 に, ブルームフィールド学派の定める
「音韻論→形態論→統語論」という研究の順序づけのため, 統語論研究が後手に
回ったこと. 第 3 に,「すべての知識は感覚経験に由来する」という経験主義
のテーゼに従って統語論を理解するのに無理があったこと. 音や語を経験に
よって学ぶというのはわかるが, 文を経験によって学ぶとはどういうことか.
例文をひたすら暗記するだけで満足に文が使えるようになるとは思えない. こ
の隙をついたのが『統語構造論』だった.

　『統語構造論』は当初, ブルームフィールド学派の統語論の刷新の書であり,
その枠組みを拡張するものと受け止められた (Harris (1993: 33)). 実はこの
書は 1000 ページにわたる専門的な『言語の論理的構造』(Chomsky (1975
[1955])) の簡略版であり, チョムスキー本人が認めるように, 誤解されても仕
方のない面があった (Chomsky (1982: 邦訳 165)). そこで, 1973 年に書かれ
た Chomsky (1975 [1955]) の序文とあわせて読むと, この書がブルーム
フィールド学派の言語観を全否定し, それに取って代わろうとするものである
ことがはっきりする. 何よりもまず, この本は言語学の目標・対象・方法を変
えた. 言語 L の母語話者であれば誰でも, 限られた言語経験をもとに, はじめ
て耳にする音素列が L の文であるかそうでないかを区別できるようになる.

すなわち，L の母語話者は，原理上は無限個の音素列に対して，それが文法的 (grammatical) か非文法的 (ungrammatical) かを判断することができる．そこでチョムスキーは，L の文法を「L の文法的列をすべて生成し，それ以外を一切生成しない装置」と定義し，L の母語話者がもつ L の文法に関する知識を言語学の研究対象に定めた．人間は誰でも，言語 L1 の言語経験に基づいて L1 の文法知識を，L2 の言語経験に基づいて L2 の文法知識を形成するといった具合に，それが人間の言語であるかぎり，どんな言語の文法知識も習得することができる．このことは，人間が生まれながらにして，有限の言語資料 (Chomsky (1965) の用語では「一次言語データ (primary linguistic data)」) を当該言語の文法知識に投射する何らかのしくみ (Chomsky (1975 [1955]) の用語では「言語機能 (the faculty of language)」) を備えていることを示している．そこでチョムスキーは，そうしたしくみに関する理論 (Chomsky (1975 [1955]) の用語では「一般言語理論 (general linguistic theory)」，Chomsky (1986) の用語では「普遍文法 (Universal Grammar)」) を構築することを言語学の目標に定めた．そうした理論は「人間言語にとって可能な文法」の諸特性を教えてくれるはずである．

　ここからアメリカ構造主義とは大きく異なる 3 つの特徴が出てくる．第 1 に，言語習得の過程で出会う言語資料が有限であるのに対して，そこから投射された文法知識は無限個の文の理解・算出を可能にするものであるから，文法知識は明らかに経験を超えた内容をもっており，単純な経験主義で捉えられるものではない．経験主義では「言語使用の創造的側面 (creative aspect of language use)」(Chomsky (1965: 6)) を捉えることができないのである．第 2 に，そうした投射を可能にするしくみは刺激と反応のような単純なしくみではありえず，その解明のためには人間の認知構造に大きく踏み込んでいく必要がある (Chomsky (1959))．その点で，言語学の研究対象は，実際に観察される言語 (Chomsky (1986) の用語では E 言語) ではなく，むしろそうした言語の使用を可能にする知識 (I 言語) でなければならない．第 3 に，そうした観点からの人間の認知構造の研究は，人間にとって可能な言語とは何か，人間の言語がもつ普遍的特徴は何かという問いと表裏一体の関係にある．アメリカ構造主義はもちろん言語の普遍性にまったく関心がなかったわけではないが (梶田 (1977-1981))，未知の言語の研究によって反例があがるのを恐れ，個別言語を超える一般化には慎重で (Bloomfield (1933))，「各言語は際限なく予測不可能な形で異なりうる」(Joos (1957: 57)) などとされた．チョムスキー以降，言語の多様性を強調する言説は蒙昧の象徴とすらみなされるようになる．かくし

て,「合理主義」「心（メンタリズム）」「普遍主義」という概念を軸にした新し
い言語学が確立された. この新言語学はただちに支持を集め, 切り込み隊長
ポール・ポウスタルらの（一部文言が議事録から削除されるほどの）激しい攻
撃もあり（Harris (1993: 72)）, ほんの数年のうちに「構造主義」「ブルーム
フィールド（学派）」という名前を過去の遺物に変えていく. これが今日「チョ
ムスキー革命（Chomskyan revolution）」とよばれる出来事にほかならない.

　ブルームフィールド学派が科学の外に追いやった「心（mind）」を回復した
この新言語学こそ,「認知言語学」の名でよばれるにふさわしいものであるが,
実際には「生成文法（generative grammar）」の名が与えられた.「生成文法」と
は「明示的な文法」というほどの意味であり, より具体的には, 特定の人間の
知性に頼ることなく, 明確に定義された方法により文に構造記述を与える規則
の体系のことをいう（Chomsky (1965: 4, 8)）. この「生成」という語を「産
出」と解釈してはならない. 文に明示的な構造記述を与える能力は, 文の産出
と理解の両方に必須であるから, 生成文法とは文の産出と理解をともに支える
能力を対象とする理論であることになる. 生成文法がこのように「認知的な言
語学」である以上, その約 30 年後に確立される「認知言語学」が, たんに「認
知的な言語学」という特徴づけではすまないものであることは, ここで心に留
めておく必要がある（Ruwet (1991b: 111, n5), Harris (1993: 308, n22),
Langacker (2008: 7, 2013: 7), 安井 (2011: 130)）.

　生成文法の画期的な点の 1 つは, 文法（すなわち人間の言語知識）が, 音素,
形態素, 語, 統語範疇, 句構造, 変形という複数の表示レベルからなると考え
ることで, 文法の簡潔な記述を可能にした点にある（福井・辻子 (2013)）. こ
のうち後の認知言語学の登場にとくに関係するのは変形の概念である. この考
え方によると, 次の文 (1)-(3) は, 表面的な語の配列は異なるが, いずれも抽
象的構造 (4) から変形により派生される.

(1)　John ate an apple.
(2)　Did John eat an apple?
(3)　An apple was eaten by John.
(4)　John — C — eat + an + apple　(NP — C — V — NP)

ここで, (4) が何を意味するか, (4) からどのようにして (1)-(3) が派生され
るか, といったことはわからなくてよい. 重要なのは, 統語論において, 直接
観察可能な構造とは別の抽象的な構造が仮定され, それにより統語論が飛躍的
に発展する可能性が示されたことである. これはアメリカ構造主義の時代には

考えられないことであった.

　ここで素朴な疑問がわく. 統語論の研究ばかりして, 意味(論)の研究はしな
くてよいのか?「もちろん研究しなければならない」というのがチョムスキー
の答えであった. ただし, たとえば (5) が意味論的には変則的な (anoma-
lous) 文でありながら, 統語論的には適格 (well-formed) であることから, 統
語論は意味論と独立に研究できるもの, ないしは研究すべきものとされた.

　(5)　Colorless green ideas sleep furiously.

このチョムスキーの考え方は「統語論の自律性 (the autonomy of syntax)」「自
律統語論 (autonomous syntax)」とよばれ, 後に言語学の分裂を招く火種とな
る. しかし, この段階ではまだその火種をみてとる者はおらず, むしろ, いよ
いよ意味(論)を取り込んだ包括的な言語理論が完成するとの期待が高まって
いった. その期待に応えた, あるいは応えたかにみえたのが『統語理論の諸相』
(Chomsky (1965)) である.

第 4 章

生成意味論
——「意味」の回復？——

　Chomsky（1965）で大枠が提示された文法（すなわち言語知識）のモデルは
その書名 *Aspects of the Theory of Syntax* にちなんでアスペクト・モデルとよば
れる．後にチョムスキーは大胆にもこれを標準理論とよぶようになる（Harris
（1993: 162））．

　(1)

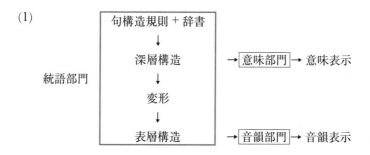

このモデルでは，言語知識は大きく統語部門，意味部門，音韻部門からなり，
たとえば胃と腸と肺がそれぞれ独自の構造と機能をもつように，それぞれの部
門が独自の構造と機能をもつ．こうした部門は後にモジュール（module）とよ
ばれるようになる．統語部門において，(2) や (3) のような句構造規則に，辞
書から取り出された語彙項目（おおざっぱに言えば単語）が挿入されることに
より（語彙挿入），(4) のような深層構造（deep structure）ができる．この深層
構造に変形が適用されて (5) または (6) のような表層構造（surface struc-
ture）が派生される．

　(2)　S → NP　Aux　VP

(3)　VP → V　NP
(4)　John Aux eat an apple.
(5)　John ate an apple.
(6)　An apple was eaten by John.

ここでもやはり，句構造規則や変形の技術的詳細を理解する必要はない．重要なのは，深層構造／表層構造と意味部門／音韻部門の対応関係である．(1) をみると，深層構造が意味部門への入力となり，表層構造が音韻部門への入力となっている．簡単にいうと，これは深層構造によって文の意味が決定され，表層構造によって文の発音が決定されるということである．この考え方が正しければ，われわれがふだん文だと思っているものは表層構造からつくられる音韻表示にほかならず，これは深層構造および意味構造とは別物であることになる．表層構造とは別に，目に見えない深層構造が仮定された主な理由は，文の表面的な形式が文の意味を忠実に反映していないと思われる例が存在することである．

(7) a.　I expected a specialist to examine John.
　　 b.　I expected John to be examined by a specialist.
(8) a.　I persuaded a specialist to examine John.
　　 b.　I persuaded John to be examined by a specialist.

(7a) が真であれば (7b) も真であり，その逆も成り立つ．すなわち，(7a) と (7b) は同じ事態を表している．これに対して，(8a) と (8b) はかなり異なる事態を表している．表面的な文構造をみるかぎり，(7a) と (8a)，(7b) と (8b) の間にこれといった違いはない．もしも表面的な文の構造が文の意味構造を決定するなら，文構造に関して (7a) = (8a) かつ (7b) = (8b) が成立し，かつ意味構造に関して (7a) = (7b) が成立するにもかかわらず，意味構造に関して (8a) ≠ (8b) が成立することはありえない．実際には (8a) ≠ (8b) であるから，これは文の意味構造を決定するのが文の表面的な構造ではないことを示している．そこで，Chomsky (1965: 22-23) は，(7a) と (8a) は深層構造が異なると考えた．

　こうして文の形式（発音）と意味との関係が非常にすっきりした形でモデル化され，言語学者たちが夢見た，意味論をも取り込んだ言語理論がついに姿を現した．あるいは少なくともそう信じられた．実は，アスペクト・モデルはチョムスキーの独創ではなく，このモデルに「意味部門」が追加されたのは

Katz and Fodor (1963) と Katz and Postal (1964) の提案を受けてのことだっ
た．有限の経験をもとに無限個の文を理解・産出するためには，統語論の能力
だけでは足りない．言語知識には，文の曖昧性，意味の変則性，同義性，反義
性といった意味に関する知識も含まれる．それゆえ，言語知識のモデルには意
味部門が不可欠である．この理念のもと，カッツらは，語の意味を原子概念
(素性) の集合として分析した (成分分析)．たとえば，独身男性を意味する
bachelor は，今日の表記法で書くならば，[+male, +human, −married] とな
る．これにより，bachelor が spinster ([−male, +human, −married]) と反義
関係にあること，(9) が変則的であること，(10) が情報量をもたないことなど
が説明される．

(9)　This bachelor is a woman.

(10)　Bachelors are unmarried.

　もともと生成文法は，(4) にみられるように，ate を Aux と eat に分解する
など，ある要素をより基本的な要素に分解する還元主義的傾向が濃厚であっ
た．この点で，Katz and Fodor (1963) と Katz and Postal (1964) の意味理論
は生成文法の精神に忠実なものといえる．これに対して，当時すでに，語の意
味の分析に用いられる普遍的な原子概念 (素性) として何を認めるべきかが明
確でないという懸念が表明された (Bolinger (1965), Lyons (1966))．これと
同様の問題が文の意味に関しても生じ，それが一枚岩だった生成文法の分裂を
招くことになる．火種は深層構造という道具立てにあった．上でみたように，
アスペクト・モデルでは，深層構造が文の意味を決定する．深層構造に文の意
味がすべて反映されている以上，その後で意味を足したり引いたりすることは
できない．ここから (11) のテーゼが出てくる．

(11)　カッツ＝ポウスタルの仮説 (katz-Postal hypothesis)：変形は意味を変
　　　えない．

実際，上の (4) → (5) および (4) → (6) の派生においては (11) が守られ
ている．問題となるのは Chomsky (1957) で認められていた (4) → (12) の
ような派生である．

(12)　Did John eat an apple?

(4) は疑問文ではないが，(12) は疑問文である．このため (4) → (12) の派
生は (11) に違反する．ところが，Katz and Postal (1964) は (11) を遵守し

つつ（12）を派生する方法を考案する．彼らによると，（12）に対応する深層構造は（4）ではなく実は（13）である．

   (13)　Q John Aux eat an apple.

ここで Q は抽象的な疑問マーカーであり，深層構造で Q をもつ文に対しては義務的に疑問化変形が適用される．このように考えると，（12）の深層構造（13）はすでに疑問の意味を含んでいるため，（13）→（12）の変形は（11）を遵守していることになる．このように，深層構造の抽象度を上げれば（11）を堅持することができる．

   Chomsky（1957）が言語学の旧約聖書なら，Chomsky（1965）は新約聖書になるはずだった．ところが，その見た目の輝きとは裏腹に，Chomsky（1965）は新約聖書にしてはあまりにも不明瞭で，アスペクト・モデルの解釈学というべきものが成立しかねないほどであった（Newmeyer（1986a: 80），Harris（1993: 81–82））．とくに，Chomsky（1965）が（11）にコミットしていることは確かであるが，どの程度深くコミットしていると解釈すべきかついては決定打を欠いていた．そこに，（11）を公理とすべく深層構造の抽象度を上げていこうとする立場が現れる．この立場に立つ代表的な研究者が，ポウスタル，マコーレー，ロス，レイコフの四人組である．そのうち最年少のレイコフが先陣を切った．（11）を徹底するなら（14）が成り立つ必要がある．

   (14)　2 つの文の意味が同じである⇔2 つの文の深層構造が同じである

2 つの文の意味が同じなのに深層構造が異なるなら，その深層構造は文の意味を忠実に表していない．ところが，アスペクト・モデルでは，たとえば（15）と（16）は同義でありながら異なる深層構造をもつ．

   (15)　I like the book.
   (16)　The book pleases me.

そこで，Lakoff（1976 [1963]）は，アスペクト・モデルのように，文法が統語構造を生成してそれを意味構造に写像するのではなく，むしろ意味構造を生成してそれを統語構造に写像するべきだと主張した．

   この論文はやや勇み足に書かれていたこともあり，ポウスタルはレイコフにアスペクト・モデルの研究に戻るように助言する（Harris（1993: 106），Huck and Goldsmith（1995: 109））．しかしその直後，ポウスタルらは深層構造をより深くする Abstract Syntax とよばれるプログラムに着手する．その枠組みで

書かれた Lakoff (1970 [1965]) は，(17a-d) がいずれも同一の深層構造 (18)
から派生されるとした.

  (17) a.　John killed Harry.

       b.　John caused Harry to die.

       c.　John caused Harry to become dead.

       d.　John caused Harry to become not alive.

  (18)　John PAST CAUSE Harry to BECOME NOT ALIVE

Kill や die などの語が (18) からの派生の途中で自由に挿入される以上，(1)
の意味での深層構造（すなわち語彙挿入が完了した統語構造）は存在せず，む
しろ派生とは意味表示を表層の文構造に変換していく過程であると考えたほう
がよい. かくして，Abstract Syntax は Lakoff (1976 [1963]) によって示唆さ
れていた (19) のような図式に収斂していく (McCawley (1968), Postal
(1972)). さらに，同義性は個別言語を超えて成り立つから，(20) がいえるこ
とになる (cf. Ross (1970: 260)).

  (19)　意味表示→変形→（表層の）統語構造

  (20)　意味表示としての深層構造はすべての言語に共通である.

ポウスタル，マコーレー，ロス，レイコフらは，(19), (20) こそが聖典
Chomsky (1965) の正統的解釈であると信じた. こうして統語論の自律性が崩
れ，意味を基盤とする文法理論が確立する. 1960 年台後半には，大半の言語学
者が生成意味論 (Generative Semantics) とよばれるこの立場を支持するよう
になっていた.

第 5 章

言語学戦争
──「意味」の喪失？──

　生成意味論者たちの議論は堅実なものだった．たとえば，動詞 kill を
CAUSE TO BECOME NOT ALIVE から派生するという考え方（語彙分解）
は，kill の目的語になれるものと die の主語になれるものが一致するという観
察（Lakoff（1970 [1965]）），および（1）の解釈が，almost が CAUSE にかか
るか DIE にかかるかで曖昧であるという観察に基づいている（Morgan
（1969））．

　　(1)　John almost killed Harry.

後にこの語彙分解の手法を動詞 remind に適用した Postal（1971）は，生成意
味論の議論のお手本とされた（Harris（1993: 148））．生成意味論者たちは当
初，こうした堅実な議論から導かれる（2），(3) がチョムスキーの眼鏡にかなう
と信じていた．

　　(2)　意味表示→変形→（表層の）統語構造
　　(3)　意味表示としての深層構造はすべての言語に共通である．

(2) も (3) も，Chomsky（1965）の擁護する (4) を徹底した結果にほかならな
い．

　　(4)　カッツ＝ポウスタルの仮説: 変形は意味を変えない．

また，(3) は『デカルト派言語学』（Chomsky（1966））の (5) の見解にも沿っ
ているように思われた．

(5)　"The deep structure that expresses the meaning is common to all lan-
　　　guages, so it is claimed, being a simple reflection of the forms of
　　　thought."　　　　　　　　　　　　　　　　　(Chomsky (1966: 35))

(5) の 'so it is claimed' の解釈が問題になるといえばなるが（Harris (1993:
118, 139)），英語という個別言語を超えて普遍性を志向する分析は，アメリカ
構造主義から離反することによって成立した生成文法の当初の目標に忠実なも
のといえた．

　しかし，皮肉なことに，米国言語学界を席巻した生成意味論は，チョムス
キーの眼鏡にかなわなかった．1967 年秋，バークレーでのサバティカルから
戻ったチョムスキーは，どういうわけかアスペクト・モデルより深層構造を浅
くし，変形の力を弱める内容の講義を行う（Chomsky (1970))．それまで，
(6a–b) のような名詞表現は (6c) に似た深層構造から名詞化変形により派生さ
れると考えられていた（Lees (1960))．

(6) a.　John's criticizing the book
　　b.　John's criticism of the book
　　c.　John criticized the book.

これに対してチョムスキーは，変形が統語範疇を変えることはないし，(6c) か
ら派生されるのは (6a) の動名詞表現のみであり，(6b) の criticism のような
「派生名詞」はこの形のまま辞書に登録されているという語彙主義仮説を提出
する．その証拠として，(6a) と異なり (6b) は before 節と共起しないという
事実 (7) があげられる．

(7) a.　John's criticizing the book before he read it
　　b. *John's criticism of the book before he read it

この事実は，(6a) に対応する深層構造 (6c) が before 節と共起するのに対し
て，(7b) の criticism は深層構造においても名詞であるため，最初から before
節と共起しないと考えれば説明がつく．動名詞と異なり「派生名詞」が辞書の
段階からずっと名詞であるという仮説は (9a) と (9b) の対比によっても裏づ
けられる．

(8)　John's being {a. eager / b. easy} to please
(9)　John's {a. eagerness / b. *easiness} to please
(10)　John is {a. eager / b. easy} to please.

(11)　To please John is easy.

(9a) の深層構造が (10a) であるのに対して，(9b) の深層構造は (10b) である必要があるが，(10b) は当時の理論では (11) から変形により派生されると考えられていた．この考え方によると，easy は eager と異なり辞書の段階では to please John のような命題しか主語にとることができない．この性質は対応する名詞 easiness によっても共有される．そうすると，(8b) が (11) → (10b) → (8b) のように派生されるのに対して，easiness は辞書や深層構造の段階から一貫してこの形をしており，かつその主語は一貫して命題であるため，(11) → (10b) → (9b) のような派生を経て登場させることは不可能となる．それゆえ (9b) は排除される．

　語彙主義仮説は，(6a) と (6b) が同義でありながら深層構造が異なるとする点で (4) を拒絶しており，eagerness/easiness が深層構造でのみ語彙挿入されるとする点で (2) を拒絶している．こうして生成意味論の Chomsky (1965) 解釈が異端認定され，ポウスタル，マコーレー，ロス，レイコフのカルテットの造反が当人たちの意思に反して決定的となった．しかし実は，Chomsky (1965: 184) は，destruction や refusal のような語はそのまま辞書に登録されているのではなく，名詞化変形により導入されると述べており，この点で，語彙主義仮説はチョムスキー自身による聖典の一部否定を意味していた．また，チョムスキーが語彙主義仮説の擁護にあたって類推の概念を用いていることも注目に値する．語彙主義仮説は (7b) が非文法的であることを前提としているが，実際には (7b) を容認する話者もいる．これに関して Chomsky (1970: 190) は，(7b) はたしかに非文法的であるが，(7a) からの類推によって言語運用の段階で容認されることもある，という趣旨のことを述べる．類推はアメリカ構造主義的な経験主義を彷彿とさせる概念であり，一般に生成文法はこの概念に対して冷淡であった．チョムスキーが自らの聖典を否定してまで，そして「類推」を持ち出してまで擁護したかった語彙主義仮説とは何なのか．ただ生成意味論を潰したいだけではないのか．生成意味論カルテットはチョムスキーとの対話を試みるも不調に終わる．

　こうして，意味表示を生成してそれを統語構造に写像する生成意味論と，統語構造を生成してそれを（音韻表示と）意味表示に写像する解釈意味論 (Jackendoff (1972)) との間で言語学戦争 (Linguistics Wars) が勃発する．両陣営とも相手側の無理解を激しく攻撃し，次第に中傷合戦の様相を呈していった．とくに，チョムスキーに好意的な Searle (1972) をめぐるレイコフとチョ

ムスキーの論戦 (Lakoff (1973b), Chomsky (1973b)) は激烈を極め，両者の関係が修復不可能であることを印象づけた．

　実のところ，名詞化変形をめぐる議論は言語学戦争勃発の原因というよりきっかけにすぎなかった．生成意味論と解釈意味論が決裂した真の原因は両者の言語観の相違に求められる．両陣営は同じ問題の解決法をめぐって対立していたわけではない．そもそも解決したい問題，さらには研究の目標が違っていた．「いや，両陣営ともに言語能力の解明という目標を共有していたのだ」という者は多義性の誤謬を犯している．両陣営にとって「言語（能力）」の指すものが異なる以上 (cf. 福井・辻子 (2013: 403))，目標が共有されていたとはいえない (cf. 戸田山 (2009: 275))．言語学戦争とは「言語学とは何をする学問か」をめぐる争いでもあったのである．

　生成意味論は，意味や文脈から切り離された文法性という概念に心理的基盤はなく，それゆえこの概念は生成文法が掲げるメンタリズムの精神に反すると考えた (McCawley (1979, 1982))．チョムスキーはアメリカ構造主義が音韻論と形態論に集中するあまり統語論を切り捨てたと批判したが，チョムスキーこそ統語論を守るために都合の悪いデータを切り捨て，言語学を科学にみせかけているだけではないか．ちょうどその頃，オースティンやグライスらの影響により，言語哲学の分野において意味論とは別に語用論という分野が確立し，言語表現が特定の文脈中で生じさせる意味が本格的に論じられるようになっていた (Austin (1962), Grice (1975))．生成意味論はしめたとばかりにこの語用論の成果を積極的に取り込んでいく (Sadock (1969), Ross (1970), Gordon and Lakoff (1971), R. Lakoff (1973))．言語学における語用論の代表的な研究書である Gazdar (1979: 15) および Levinson (1983: 36) で述べられているように，語用論の言語学への流入は生成意味論の功績であった．こうして，生成意味論は統語論（syntax）・意味論（semantics）・語用論（pragmatics）の間に明確な境界線を引くことを拒否し，この 3 つを合わせた pragmantax という用語（Georgia Green による）までつくられた (Harris (1993: 294, n37))．言語理論は，それらの間に勝手に境界線を引くのではなく，言語データをまるごと説明しなければならない．

　これに対してチョムスキー率いる解釈意味論は，人間言語にとって可能な文法の諸特性の解明という，Chomsky (1975 [1955]) で示唆された目標に忠実であろうとした（第 3 章参照）．この目標を実現するためには人間の言語をそれ以外のものから区別する制約を突き止める必要がある．生成意味論のような強力な派生 (2) を認めると，当該言語の文でないものはもちろん，人間言語で

ないものまで過剰に生成されてしまう．生成意味論を unrestrictive という
キーワードで批判した解釈意味論 (Harris (1993: 195)) にとって，語彙主義仮
説のような複雑な仮説を理論に持ち込んででも，アスペクト・モデルの生成力
を弱める方向に進むのは自然なことであった．実際，派生に関する一般的な制
約を提示した論文 (Chomsky (1973a)) について，チョムスキーは，来るべき
概念的革命につながる最初の仕事だという手応えがあったと評価している
(Chomsky (1982: 邦訳 121))．反対に，生成意味論については「とても魅力あ
る考え方でした．特に，それを十分理解していない人達にとってはそうでし
た」と否定的に評価し，魅力が見かけ倒しにすぎないのは「ある特定の構造間
を結びつけるための大域的規則 (global rules) (第 6 章参照) とか他にも色々と
強力な仕組みを有していたからです」と述べている (Chomsky (1982: 邦訳
132))．

　チョムスキーは自分の研究に関心をもつものはほとんどいないと考えていた
が (Chomsky (1982: 邦訳 121-122))，結果として言語学戦争に勝利したのは
解釈意味論であった．なぜこの形で終戦を迎えたかははっきりしないが
(Seuren (1998: 7.3.3))，解釈意味論の勝因の 1 つは，近代科学の方法論でアプ
ローチできる問題に対象を限定することにより，生成意味論のように意味や文
脈を取り込んで大風呂敷を広げることを回避したことにある．結局のところ，
アメリカ構造主義と同じく，チョムスキーは意味が運転席に座ることを許さな
かった (Harris (1993: 249))．それゆえ，解釈意味論は生成意味論の説明しよ
うとした広範な現象に関して別の説明を提示したわけではなかった．最後まで
生成意味論が科学的に反証されることはなかったのである (Huck and Gold-
smith (1995: 93)，Seuren (1998: 7.3.3))．

　いずれにせよ，1979 年頃までに生成意味論は歴史の表舞台から姿を消す．
対するチョムスキーは初志を貫徹して GB 理論 (Chomsky (1981)) を打ち立
て，きわめて抽象的な原理の体系としての文法 (言語知識) のモデルが確立さ
れる．第二次認知革命ともよばれるこの大変革を機に，生成文法は具体的な言
語現象の分析から遠ざかっていった．かくして，意味(論)を取り込んだ包括的
な言語理論の構築という夢も潰えたかにみえた．

第 6 章

認知意味論（1）
─アップデートされた生成意味論─

　マコーレーは生成意味論の衰退後もシカゴで Abstract Syntax の研究を続けたが，賞味期限切れの感は拭えず，もはや後進が育つことはなかった．1973 年から 1977 年の間にチョムスキーが 48 人の学生の論文を引用したのに対して，マコーレーが引用したのは 5 人の学生の論文にとどまった（Huck and Goldsmith（1995: 83））．ポウスタルは IBM に勤務して学生をとらず，沈みゆく船から脱出するかのように関係文法（Relational Grammar）の研究に転向する．ロスは MIT でチョムスキーの陰に隠れて精彩を欠き，ついに職を追われる（Newmeyer（1986a: 137），Harris（1993: 246））．レイコフは 1975 年夏に生成意味論をやめ，その後ほぼ 2 年間，何も書かなくなる（Ruiz de Mendoza Ibañez（1997））．当時の論評では，チョムスキーのレイコフ嫌いを追い風に，生成意味論に価値があったとすればそれはポウスタルの功績であり，生成意味論が破滅したのはレイコフのせいであるという論調が目立った（Harris（1993: 243））．

　レイコフはチョムスキーの抑制的な研究姿勢（あるいはパーソナリティ）が最初から性に合わなかった．そうした不満は，一方で，大域的規則（global rule）の提案という形をとった（Lakoff（1970））．大域的規則とは文の派生履歴全体に言及する規則のことで，チョムスキー流の生成文法において，変形が一段階ずつ行われ，その適切性が一段階ずつ（すなわち局所的に）チェックされるのと対照的であった．たとえば，(1) の各文のうち (1a) と (1e) のみが適格であることを説明するためには，（当時の理論的想定を受け入れるならば）「say は that 補文か for-to 補文をとるが，for-to 補文をとるときには，主語繰り上げ変形，受動変形，動作主削除変形を経なければならない」という大域的な

制約が必要となる.

(1) a.　Sam said that John was tall.
　　 b.　*Sam said for John to be tall.
　　 c.　*Sam said John to be tall.
　　 d.　*John was said to be tall by Sam.
　　 e.　John was said to be tall.

　結果としてこうした大域的規則の提案が生成意味論にとって命取りとなり,
「生成意味論が破滅したのはレイコフのせいである」という論評につながった.
　チョムスキーの抑制的な研究姿勢（あるいはパーソナリティ）への反発は,
他方で, 研究対象の拡大という形をとった. 実際に観察される言語現象（E 言
語）の背後にそれを可能にする演算システム（I 言語）が存在する. I 言語に到
達するのを可能にするのはヒトという種に固有の言語機能である. こうした
チョムスキーの主張は簡単に反証できるものではない. 実際チョムスキーも,
このレベルの議論は正しいか誤っているかの問題ではなく, 当人の関心がどこ
にあるかの問題だと述べる（Chomsky（1975 [1955]: 序文））. しかし, I 言語
と言語機能だけが言語学の研究対象だといわれると, つい反抗したくなる. E
言語を可能にするのは I 言語だけではない. 他の認知システムも E 言語の実
現に不可欠であり, そうした認知システムのすべてを対象にする言語学があっ
てもよいではないか. レイコフは公然と「私は言語能力と他の認知能力との関
係に関心がある」（Lakoff（1973b）),「究極的には言語能力が一般的認知能力
の一部である可能性を追究すべきである」(Lakoff（1977）) という趣旨の発言
を行い, とりわけバークレーに移った 1972 年から, 他分野の研究者と協調し
ながら研究対象拡大のためのさまざまな試みを行う. Global grammar, cogni-
tive grammar, fuzzy grammar, experiential linguistics と毎年のように違う名前
の理論を発表するレイコフは, もはや一貫した研究者とはみなされなかった
(Newmeyer（1986a: 138), Harris（1993: 230））.
　そんな中, 哲学者のジョンソンとのメタファー研究 Lakoff and Johnson
(1980) が一躍脚光をあびる. 生成文法では, メタファーは言語運用上の技法
にすぎないと（暗黙のうちに）みなされ, 認知科学としての言語学が問題にす
べき現象とはみなされていなかった. しかし実は, レイコフが最初に生成意味
論を提唱した論文 Lakoff（1976 [1963]）は, 言語学におけるメタファー研究
の萌芽としての側面をもっていた. Lakoff（1976 [1963]）は, go/turn/come の
比喩的用法が, これらの動詞がもつ [＋space] という素性が中和されることに

より生じるものであり，これはアメリカ英語の発音において ladder の /d/ と latter の /t/ が中和されるのと同種の現象であるとした．

(2) a. His face went pale.

  b. The leaves turned yellow.

  c. I came to know that.

ここで Lakoff（1976 [1963]: 55）は，"Words for spatial change regularly come to be used to express change of state" という観察を行っており，まさにこうした観察が Lakoff and Johnson（1980）の出発点となった．

 レイコフとジョンソンは，(2) のような比喩的用法が，一部の言語表現に関してのみ生じる現象ではなく，広範囲にわたって観察されることに着目する．

(3) a. Your claims are *indefensible*.

  b. He *attacked every weak point* in my argument.

  c. His criticisms were *right on target*.

  d. I *demolished* his argument.

  e. I've never *won* an argument with him.

(3a-e) においては，戦争に関する表現が議論について語るために用いられている．この事実に基づき，レイコフとジョンソンは，われわれが議論を戦争として概念化していると主張する．これを概念メタファーとよび，(4) のように書き表す．

(4)　ARGUMENT IS WAR

概念メタファーはたんなる言語使用の記述などではなく，われわれの思考と経験のあり方を明示したものにほかならない．われわれは実際に議論を戦争として思考し，経験している．メタファーとは，よりよく理解された領域（ソース領域）の構造（イメージ・スキーマ）を用いて，他の領域（ターゲット領域）を構造化するための方略なのである．この観点からすると，(2) は (5) の概念メタファーによって支えられた表現であることがわかる（Lakoff and Johnson (1999)）．

(5)　CHANGES ARE MOVEMENTS

(2) において移動動詞が変化を表すために用いられるのは，われわれが概念メタファー (5) によって思考しているからであり，Lakoff（1976 [1963]）の素

性 [＋space] の中和という考え方は，「移動を表す動詞が変化を表すために用いられうる」という事実を追認したものにすぎない．(2) を支える (5) もまた (6) の概念メタファーの上に成り立っている (Lakoff and Johnson (1999))．状態が場所として概念化されるからこそ状態変化が移動（場所変化）として概念化されるのである．(6) はたとえば (7) に反映されている．

 (6) STATES ARE LOCATIONS
 (7) a. I'm *in* love.
   b. She is *out of* her depression.
   c. She is *close to* insanity.
   d. We're *far from* safety.

この考え方に従えば，たとえば空間の前置詞 in や at が時間を表すために用いられるという事実もメタファーによって支えられていることになる．こうした観点から，レイコフとジョンソンはさらに，類似性に基づかない比喩もあるという斬新な主張を行う．(8) を支えるメタファー (9) は，「量が増えること」と「かさが上がること」が日常生活において共起することが多いという経験に根ざしている．

 (8) His income {a. rose / b. fell} last year.
 (9) MORE IS UP; LESS IS DOWN

 われわれの概念体系は本質的にメタファー的である．これこそが，Lakoff and Johnson (1980) の書名 *Metaphors We Live By*（『われわれの生を支えるメタファー』）の意味することにほかならない．メタファーを支えるのは，あるものと別のものとの間に類似性または共起性を見てとる能力である．この能力は言語能力の外側にあると考えられるから，レイコフとジョンソンの研究は，言語が言語能力以外の能力によって支えられていること示している．もちろん，(2) (3) (7) (8) などは慣習化された表現であり，それらがメタファーであることを知らなくても，文の産出・理解に支障はない．反対に，いくらメタファーの能力があったとしても，それだけでは (2) (3) (7) (8) の産出・理解はできず，(2) (3) (7) (8) のような表現はその意味とともに記憶される必要がある．その意味で，メタファーの知識は個々の言語使用者にとって不可欠のものとはいえないかもしれない．しかし，もしも概念メタファーがなければ，言語はいまのような形をしていないにちがいない．生成文法では，演算システムである統語部門と異なり，語彙部門の情報の大半は記憶されるしかないとみ

なされていた．これに対して，概念メタファーの研究が明らかにしたことは
「記憶されなければならない」と「記憶されるしかない」は異なるということで
ある．(2) (3) (7) (8) のような表現は，たしかに記憶されなければならない
が，それらはメタファーとして体系的に理解することができるものであり，
けっして「記憶されるしかない」ようなものではない．むしろ，メタファーを
考慮しない言語形式の研究は大事なものを見落としている．

　同じ頃，やはり生成文法研究者だったフォコニエが，レイコフとジョンソン
のメタファー論に負けじと，メトニミーを軸にすえたメンタル・スペース理論
を完成させる (Fauconnier (1985/1994, 1997))．この理論は，「a と b が語用
論的に結びついているとき，a の記述で b を同定することができる」という，
正しいことが明らかなメトニミー原則 (Nunberg (1978)) を組織的に適用する
ことで，それまで意味解釈上の難問とされていたさまざまな現象を鮮やかに説
明してみせた．

　言語 L には現象 P が広範にみられる．「L マイナス P（P＝メタファーまた
は P＝メトニミー）」などという貧弱なものを言語とよびたければよんでもよ
いが，それだけが言語学の研究対象だというのはあまりにも狭隘な態度ではな
いか．こうしてチョムスキーの抑制的な姿勢をやり玉にあげる戦略は奏功し，
言語現象を言語能力以外によって説明しようとする反チョムスキー的機運が高
まっていく．これが「アップデートされた生成意味論」(Lakoff (1987: 582))
としての認知言語学の始まりである．

第 7 章

認知意味論 (2)

──シンプルからサンプルへ──

　生成意味論末期のレイコフが着せられた「一貫していない」という汚名は認知言語学の始まりを告げる大著 Lakoff (1987) によって返上された．しかし，今度は「レイコフは言語学をやめたようだ」と噂された (Harris (1993: 246-247))．この新たな汚名こそ，新しい言語学が誕生しつつある証であった．認知言語学には単一のリサーチ・プログラムがあるわけではない．そこにはただ，チョムスキー流の狭隘な「言語（学）」の捉え方への反発があった．意味を除外した I 言語の性質を解明しただけで，それのどこが認知科学だろう．この種の反発はときに 1 つのアプローチを形成するのに十分である (Harris (1993: 71))．こうして認知言語学は言語学の外にあったさまざまな認知的概念を次々と取り込んでいく．認知言語学は，公式に「認知」の名を冠することで，「言語学の緑色革命」（当時のベストセラー Reich (1970) に基づく Bruce Fraser のことば）の一翼を担ったのである (Harris (1993: 250))．

　認知言語学の成立により，生成意味論末期のロスの仕事が再評価された．Ross (1972) は，ある表現が名詞であるかどうかは白か黒かの問題ではなく，名詞性階層 (Nouniness Squish) が存在すると主張した．

(1)　that 補文 < for-to 補文 < WH 補文 < 対格＋ing < 所有格＋ing < 活動名詞 < 派生名詞 < 名詞

(1) において右に行くほど名詞性が高くなる．これはたとえば，右に行くほど否定辞 not と共起ししにくくなるという事実によって確かめることができる．

(2) a.　That he does not prepare dinner is good for her health.

  b. For him not to prepare dinner is good for her health.

  c. Why he does not prepare dinner is good for her health.

  d. Him not preparing dinner is good for her health.

  e. ?His not preparing dinner is good for her health.

  f. *His not preparing of dinner is good for her health.

  g.**His not preparation of dinner is good for her health.

　ロスはこのほか，（1）の表現が I was surprised at に後続するとき，（1）の左側では at が削除され，右側では at が義務的であるなど，（1）の階層を示唆する事実を山ほど指摘している．そうした事実に基づき，ロスは連続性を取り入れた文法理論の必要性を示唆するものの，文字どおりの示唆にとどまり，具体的な理論を提示するには至らなかった．ロスは同論文の結論部で，（2）のような現象に目を開かされたのは 1962 年のペンシルヴァニア大学でのゼリグ・ハリス（Zellig Harris）の講義においてであると回想している．ハリスといえばチョムスキーの師にあたるアメリカ構造主義の代表的な研究者である．それに呼応して，Ross（1972）の参考文献欄には言語学の文献ばかりが並んでいる．ロスが具体的な提案に至らなかったのは，（2）のような現象をもっぱら言語学の中で扱おうとしたせいであると考えられる．

　ここでレイコフの一貫性のなさが本領を発揮する．Lakoff（1973）は，（2）のような現象は，心理学者ロッシュの当時未公刊だった論文 Rosch Heider（1973 [1971]）における観察に符合するものだと考えた．ロッシュは，実験参加者にさまざまな鳥らしきものの鳥らしさを判定してもらったところ，（3）の階層を得た．

 （3） bat < penguins, pelicans < chickens, ducks, geese < eagles < robins

人が「鳥になりたい」というときに暗黙のうちに（3）の左側を排除しているという日常的な事実からしても，（3）の階層にはリアリティが感じられる．実際，Lakoff（1973a）は，（3）の階層が述語修飾表現 sort of を含む文の容認可能性という言語事実によって裏づけられるとし，この種の表現をヘッジ（hedge）とよんだ．

 （4） a. A robin is sort of a bird. (False — it is a bird, no question, about it)

  b. A chicken is sort of a bird. (True, or very close to true)

  c. A penguin is sort of a bird. (True, or close to true)

  d. A bat is sort of a bird. (Still pretty close to false)

　　e.　A cow is sort of a bird.　(False)

カテゴリーに中心的メンバー（プロトタイプ）と周辺的メンバーが存在しうる
という知見は Lakoff (1987) においてプロトタイプ意味論として確立され，そ
れ以前に行われていたバーリンとケイの色彩語に関する研究（Berlin and Kay
(1969)）がプロトタイプ意味論の先駆けとして広く知られるようになる（第 9
章参照）．

　　こうしたプロトタイプ意味論と前章で見た Lakoff and Johnson (1980) のメ
タファー論を組み合わせることで，多義語の研究が進展した．レイコフの指導
のもとで書かれた Brugman (1981) は，(5a) が前置詞 over のプロトタイプ的
用法であり，他の用法はそこからの（何段階かにわたる）拡張によって可能に
なると主張した．

　　(5)　a.　He jumped over the fence.
　　　　b.　He walked over the hill.
　　　　c.　He walked over the street.
　　　　d.　The plane flew over the city.
　　　　e.　The lamp hangs over the table.
　　　　f.　He has no authority over me.

(5b) は (5a) と異なり対象どうしが接触し，(5c) は (5b) と異なり経路がアー
チ状ではなく，(5d) は (5c) と異なり対象どうしが接触しておらず，(5e) は
(5d) と異なり対象が静止している．(5f) は以上の空間用法をもとに概念メタ
ファー (6) により可能となる．

　　(6)　HAVING CONTROL IS UP

同様の手法は語義の史的変化の研究にも応用され，ソシュールによって葬り去
られた通時言語学が認知意味論のもとで息を吹き返す（Sweetser (1990)）．

　　こうした研究が示すのは，生成文法初期の Katz and Fodor (1963) や Katz
and Postal (1964) の成分分析（第 4 章参照）では over の意味を記述すること
ができないということである．(5a-f) に共通する over の素性を突き止めたと
ころで，そのようなやせ細った素性は (5a-f) の産出・理解には役立たない．む
しろ，(5a) を出発点として他の用法がそこに連なっていくという捉え方（ネッ
トワークモデル）のほうが実情に即している．意味の記述に必要なのは素性の
ような意味の究極の構成要素（シンプル，原子）ではなく，プロトタイプ（サ

ンプル，見本）なのである（cf. Beaney（2006））．前章で見たメタファーの場合
と同様，over を含む文の産出・理解に必要なのは，(5a-f) のような用法を記憶
することであって，(5a-f) を節点とするネットワークを形成することではない
かもしれない．しかし，そこから「ネットワークモデルは言語の記述に不要で
ある」と結論するのは，またしても「記憶されなければならない」から「記憶
されるしかない」を導く誤謬である（第7章参照）．かくして，還元主義は廃棄
され，非還元主義的観点からの多義研究が開花する（Vandeloise（1986），
Tuggy（1993））．

　この観点に立って振り返ると，認知言語学以前にすでに還元主義的意味論を
退ける研究が行われていたことに気づく．後期ウィトゲンシュタインはドイツ
語の Spiel（遊び，ゲーム）が指すものすべてに共通する属性はないとした
（Wittgenstein（1953: §66-67））．1本の糸の全体を貫く繊維がなくても，何本
もの繊維が互いに縒り合わされていればよいのと同じく，Spiel 全体に共通す
る性質がなくても，A は B と似ていて，B は A とは似ていないが C とは似て
いる，などという具合になっていれば，それらをまとめて Spiel とよぶことに
何の問題もない．家族の成員同士の類似性のあり方に似ていることから，ウィ
トゲンシュタインはこれを家族的類似性（独 Familienähnlichkeiten，英 fami-
ly resemblance）とよんだ．このときウィトゲンシュタインが用いた「考える
な，見よ（[D]enk nicht, sondern shau!）」というスローガンは，すべての用法に
共通する素性を掘り当てようとするのではなく，用法のネットワークを描こう
とする認知言語学の姿勢に通じるものにほかならない．

　ウィトゲンシュタインの議論が語義における必要条件の必要性を否定するも
のだとすれば，ラボフの実験（Labov（1973））は十分条件の必要性を否定する
ものである．ラボフは典型的な cup の開口部直径を徐々に大きくしていき，ど
こから cup でないと判断されるかを調べた．その結果，cup から bowl への移
行は緩慢であり，「ここまでは cup」「ここからは bowl」といえる明確な境界線
は見出せなかった．このことは cup/bowl であるための十分条件が存在しない
ことを示唆している．

　さらにラボフは，同一の容器でもコーヒーが入っているときには cup という
答えが，マッシュポテトが入っているときには bowl という答えが増えるとい
う事実を見出した．これは，語の使用の適格性が「cup にコーヒーは入れるが，
マッシュポテトは入れない」などといった常識（背景情報）によっても左右さ
れること，すなわち語義がわれわれの日常経験に根ざしていることを示唆して
いる．語の使用を支える背景情報はフレーム（Fillmore（1982））または理想認

知モデル（Lakoff（1987））とよばれ，英語の lie（嘘をつく）の分析などにき
わめて効果的に用いられた（Coleman and Kay（1981），Sweetser（1987））.

　こうして「プロトタイプカテゴリー」「非離散的（連続的）カテゴリー」「ネッ
トワークモデル」「非還元主義」「経験基盤主義」が認知言語学全体を貫くキー
ワードとなっていく．このような認知意味論の知見は生成文法研究者の目には
どのように映るだろうか．「それはわれわれの言語学とは別の学問だ」という
声もあるかもしれない．認知意味論の知見はどれもいわれてみればそのとおり
である．たしかに語彙は統語論と違って経験（あるいは文化）に根ざしており
（Deutscher（2010）），語義（の史的変化）を図で示せばネットワークのように
なるだろう．だが，生成文法の関心はそこになく，言語能力の中核としての統
語論にある．その意味で，認知意味論は，生成文法を補完するものでこそあれ，
これと対立するものとはなりえない．認知意味論はチョムスキーへの反発から
始まったが，気分的に反チョムスキーであることと実質的に反チョムスキーで
あることは明確に区別される必要がある．実質的に反チョムスキーであるため
には，やはり統語論で勝負しなければならない．

第 8 章

認知文法（1）
―記号としての文法―

　生成意味論末期のレイコフの一連の研究の中に,「認知文法（cognitive grammar)」の導入を図る論文 Lakoff and Thompson（1975）がある．その中でレイコフとトンプソンは, 生成文法が仮定するような抽象的な文法システムは虚構にすぎないとし, 文法を, 言語記号の形式と認知的意味表示を関係づけて処理するためのメカニズムとして捉え直した. しかし, 生成意味論の敗色が濃厚となる中, 言語能力ではなく言語運用を論じているようにみえたこの論文が文法理論の新たなパラダイムとなる見込みはなかった. その直後の 1976 年春, 生成意味論の比較的周辺的なメンバーであったラネカーが, 同様の問題意識に基づいて space grammar とよばれる理論を構想し始めていた（Langacker（1987: v-vi), Harris（1993: 247, 251)). 周辺的メンバーとはいえ, ラネカーは統語論に統御（command）の概念を導入し,「代名詞は先行詞に先行し, かつそれを統御してはならない」といういわゆる「ラネカーの制約」（Langacker（1969)) を発見するなど, 生成文法の領域でも大きな業績をあげていた. 生成意味論末期からレイコフが「言語学をやめた」といわれるほど「言語(学)」の範囲を拡大していったのに対し, ラネカーは一貫して生成文法にまるごと取って代わる文法理論の構築を企てていた. このラネカーの space grammar が今日「認知文法」の名で知られる理論（Langacker（1987)) に結実していく.
　トーマス・クーンは 1947 年, 科学史の講義の準備のためにアリストテレスの運動論を読み, ことごとく支離滅裂であることに驚く（野家（2008: Ch. 3)). 万学の祖がなぜ … やがてクーンは有名な（しかし誤解の多い）パラダイムという考え方に行き着く（Kuhn（1962)). 言語学者がラネカーを読むという体験もこれに近い. パラダイム転換を予告するように, ラネカーは「認知文法が生

成意味論の継続であるということに大した意味はない」(Langacker (1987: 4)) と述べ,「アップデートされた生成意味論」(Lakoff (1987: 582)) という レイコフの見解と距離を置く. ラネカーが後に自説が誤解されていると嘆くよ うになるのも不思議はなかった (Langacker (2008, 2013)).

　Langacker (1987) の本文冒頭を読んでみよう. ラネカーはまず, 言語とは 意味と音が一体となった記号であるという古典的なソシュールの図式を支持す ると述べ,(1) の図を提示する (Langacker (1987: 11)).

(1)

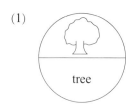

一見したところ何の変哲もない図にみえるが,(1) は Saussure (1916) の原資 料にない木の絵を含んでいる. 言語記号の恣意性の第 2 の側面に基づく「ラン グには差異しかない」というソシュールの思想 (第 1 章参照) を受け入れるな ら,「樹の絵を描くことなどは言語道断であろう」(丸山 (1981: 71)). ラネ カーは図 (1) を示した直後に, stapler (staple + er) などの例をあげて, 言語記 号の恣意性の第 1 の側面への疑問を呈しているが, 図 (1) からはむしろ, ラネ カーが言語記号の恣意性の第 2 の側面を拒否していることが読みとれる. 実 際, Langacker (1987) を読み進めると, 前章でみた「プロトタイプカテゴ リー」「非離散的 (連続的) カテゴリー」「ネットワークモデル」「非還元主義」 「経験基盤主義」という認知意味論の考え方をすべて受け入れ, その上に独自の 文法理論を構築しようとしていることがわかる. それゆえ, 言語体系内での守 備範囲によってのみ語の意味が決まるという構造主義の考え方をラネカーが採 用するはずがないのである (第 1 章および第 9 章参照).

　このように, ラネカーを読むという行為にはかなりの慎重さが要求されるの であるが, 細かいことを別にすれば, ここでラネカーが述べていることは単純 なことのように思われる. すなわち, 水を水素原子と酸素原子に分離してもな お化学の次元にとどまるのに対して, 記号をシニフィアンとシニフィエに分離 したらもはや言語学ではなく, 意味を考慮しない音声研究も, 表現面を無視し た意味論も成立しない (丸山 (1981: 128)) ということである. ところが, 同 じページでラネカーは, 語彙と同じく統語構造も記号であり,(1) の図式は文 法にもそのままあてはまると述べる. だが, 文法が形式と意味とのペアである

というのはすんなりとは理解しがたい．認知文法にとっての文法の全容が明かされるのはその先の Langacker (1987: 53-54) においてである．そこでラネカーは，文法において許される構造は次の 3 つだけであるという内容要件 (content requirement) を提示する．

(2) a. 個々の具体的な表現の意味構造・音韻構造・記号構造（記号構造とは意味構造と音韻構造を組み合わせた構造（Langacker (1987: 76)))

b. a をスキーマ化することにより得られる構造

c. a と b の構造間のカテゴリー化関係（＝包摂関係，拡張関係（Langacker 1987: 2.1)))

驚くべきことに，この理論には統語部門（統語論，統語構造）がない．ここから「ラネカーは文法の存在を否定し，すべてが意味論だと思っている」とか「認知文法では文の意味が文の形式を決定する」とかいった定番の誤解（Langacker (2008: 5-6, 2013: 5-6)) が生じる．しかし，かつて生成文法の領域でもすぐれた業績をあげたラネカーがそんな馬鹿げたことをいうはずがない．ここで，クーンの目に万学の祖たるアリストテレスの力学が支離滅裂に映った理由を振り返る必要がある．「新しいパラダイムの下では，古い用語，概念，実験はお互いに新しい関係を持つ」(Kuhn (1962: 邦訳 168)) ため，「共通のパラダイムを前提とした専門家集団のみが，彼らに向けて書かれた論文を読むことができる」(Kuhn (1962: 邦訳 23))．それゆえ，新しいパラダイムのもとでラネカーの「統語部門（統語論）はないが，文法はある」という主張がいかにして支離滅裂でなく解釈されるかを考えなければならない．

　(2a) と (2b) の内容からして，(2b) ではなく (2a) を出発点とする必要がある．これを用法基盤モデル (usage-based model) とよぶ (Langacker (1987, 1988, 2008, 2013), Tomasello (2003), Taylor (2012))．(2a) の具体的な表現として (3) を考えよう．

(3)　I send you a letter.

(3) をスキーマ化すると，スキーマ化の程度に応じて (4a-d) のようなさまざまな言語単位（形式と意味のペア）が得られる．ここで，(3) と (4a-d) は (2c) のいう包摂関係にある．

(4) a. NP send you a letter.

  b. NP send you NP
  c. NP V you NP
  d. NP V NP NP

(4) の各スキーマのうち (4d) は，一見したところ，(3) を生成するために用いられる生成文法（標準理論）の句構造規則 (5) に似ているが（第 4 章参照），3 つの点で大きく異なる．

 (5) a. S → NP　VP
   b. VP → V　NP　NP

第 1 に，(5) は (3) を生成するための規則であり，ケーキのレシピ（=ケーキをつくるための規則）とケーキが別物であるのと同じく，(5) と (3) は質的に異なるものである．これに対して，(4d) と (3) は抽象度が異なるだけで，どちらも等しく言語単位である．猫のいるところには必ず哺乳類もいるのと同じく，具体的な言語表現 (3) にはスキーマ (4d) が内在している (immanent) のである (Langacker (2008: 56, 2013: 56))．第 2 に，(5) が意味と結びついていないのに対して，(4d) は (3) の形式と意味をともにスキーマ化したものであるから，やはり形式と意味のペアであり，「何かが何かに何かを V する」という抽象度の高い意味をもつ．第 3 に，(5) と異なり，(4d) にはスキーマ化という言語に特化しない一般的認知能力がかかわっている．認知文法に「統語部門がない」というのは (5) のような規則を認めないということであり，認知文法に「文法はある」というのは (4d) のようなスキーマが (3) を含むさまざまな表現を認可するということにほかならない．この見方のもとでは，いかなるスキーマによっても認可されない表現が不適格 (ill-formed) とされることになる．

 (3) の可能なスキーマ化は (4) だけではない．たとえば (3) と (6a)/(7a) の共通部分をスキーマとして取り出せば，それぞれ (6b)/(7b) が得られる．

 (6) a. We send a book to Mary.
   b. ...send...
 (7) a. John brings letters to Mary.
   b. ...letter...

(6b)/(7b) は send/letter の部分が具体的表現で，それ以外が抽象的であるような言語単位（形式と意味のペア）であり，これがふだん語とよばれているもの

に相当する．われわれは語をそれぞれ単独で理解しているわけではなく，語に関する知識にはその使用文脈に関する知識が含まれている．(6b) と (7b) における「...」はそれぞれ send と letter のさまざまな使用文脈（に関する知識）をスキーマ的に表示したものにほかならない．

　言語単位は語と文だけではない．言語は (4a–c) のように「語より大きく文より小さい慣用表現」で満ちており，むしろすべてが新奇である文のほうが珍しい．この点で，生成文法は「言語使用の創造的側面」（第 3 章参照）を強調しすぎている．Langacker (1987: 35) は英語の慣用表現の例として take it for granted that, hold ... responsible for, express an interest in, great idea, tough competitor, turn the page, let the cat out, have great respect for, ready to go, play fair, answer the phone, fundamental requirement, known facts, in actual practice, very rudimentary, a matter of interpretation, preliminary analysis, underlying assumptions などをあげている．こうした中くらいの大きさの慣用表現の知識も当該言語の熟達のために必須であり，ラネカーは「一般的なスキーマ (4d) があれば，(4a–c) を個別に習得する必要はない」といった考え方を「規則／リストの誤謬 (rule/list fallacy)」として退ける．これは，I 言語と E 言語を対立的に捉え，前者のみが言語学の研究対象である（べきだ）という生成文法の考え方（第 3 章参照）と好対照をなす考え方にほかならない．

　かくして，言語（知識）とは抽象度の異なる大小さまざまの無数の言語単位のネットワークとなる．(4d) のようにスキーマ性がきわめて高い言語単位を仮に文法規則とよぶなら，この枠組みでは，語，慣用表現，文，文法規則のすべてが (2) によって記述されることになり，語彙と文法を原理的に区別する動機は失われる．語が形式と意味のペアであるのと同様に，文法規則も形式と意味のペアなのである．

　以上から「用法基盤」「語彙と文法の連続性」「文法の有意味性」というテーゼが導かれる．これこそ，認知文法を新しいパラダイムたらしめる「記号としての文法 (the symbolic view of grammar)」という理念の内実にほかならない．この理念は，いわゆる語より大きな言語単位に意味を認め，それらを言語知識の基本単位とする構文文法（構文理論）の隆盛につながっていく (Lakoff (1977), Fillmore et al. (1988), Goldberg (1995), Croft (2001), Taylor (2012))．

第 9 章

認知文法（2）
―捉え方―

　意味について生成文法から学べることはあまりない．生成意味論は失敗した．そこでラネカーは，意味を取り込んだ文法理論を構想するにあたり，ソシュールまで立ち返る．記号とは形式と意味のペアであるというソシュールの考え方を文法にも適用することで，他の理論でいう「統語構造」（すなわち文法）と意味構造の対応づけという難問をいとも簡単に解決してみせた．語に慣習的意味が本来的に備わっているように，文法にも慣習的意味が本来的に備わっている．この点で，語彙と文法を質的に区別すべき理由はない．

　語はたんに対象を指すだけではなく，その対象にかかわる百科事典的知識へのアクセスのあり方をもコード化する（Haiman (1980)）．たとえば英語のsnail と escargot は同一の対象を指すが，snail が庭にいる生き物としての側面を活性化するのに対して，escargot は料理としての側面を活性化する．そのため，(1) は不自然となる．

(1) *My garden is crawling with escargots.

(Langacker (2008: 49, 2013: 49))

語彙と文法に質的な差がないなら，同様の現象が文法にもみられるはずである．

(2) a.　I sent a book to the library.
　　b.　I sent the library a book.

生成意味論（あるいは Abstract Syntax）の時代であれば，(2a) と (2b) を同義とみなしてこれらを同一の意味表示（あるいは深層構造）から派生しただろう

（第 4 章参照）．これに対して認知文法では，あらゆる言語表現を（表層の）形
式と意味のペアと捉えるため，派生という手段に訴えることはできず，(2a) と
(2b) の形式の違いはそのまま受け入れるべきものとなる．そこでラネカーは，
snail と escargot とで同一の対象の捉え方が異なるのと同様に，(2a) と (2b)
に (3) のような意味の違いを見出す (Langacker (1987: 51))．

 (3) a. NP1 V NP2 to NP3: NP2 の着点 NP3 への移動を焦点化する．
  b. NP1 V NP3 NP2: NP3 が NP2 を所有するようになるという結果
   を焦点化する．

すなわち，(2a) では図書館がたんなる場所として捉えられているのに対して，
(2b) では組織体として捉えられている．(2a) と (2b) は同一事態に対する捉
え方 (Langacker (1987) の用語では imagery または image，現在の用語では
construal) が異なるのである．一般に，2 つの形式が一見同義であるようにみ
えても，形式の異なりに応じて事態の捉え方が異なる．こうして，「用法基盤」
「語彙と文法の連続性」「文法の有意味性」に加えて「捉え方の重視」が認知文
法の重要な特徴となる．これにより，「形式が異なれば意味が異なる」という
テーゼを例証した Bolinger (1977) が認知文法の先駆けとして再評価され，か
つて同義とみなされた (4) のような複数の文形式が，捉え方の違いによる構文
交替現象として分析されるようになる (Goldberg (1995))．

 (4) a. Pat sprayed paint onto the statue.
  b. Pat sprayed the statue with paint.

「捉え方の重視」は対照研究にも変革をもたらした．生成意味論（あるいは
Abstract Syntax）では意味表示（あるいは深層構造）が深くなるほどすべての
言語が似た形になり，究極的には同一になると考えられていた（第 5 章参照）．
だが，ここでもやはり，認知文法ではあらゆる言語表現を（表層の）形式と意
味のペアと捉えるため，深層構造に類するものを仮定することはできず，ある
言語の文と別の言語の文の表層の統語構造の違いは，意味構造の違いの反映で
あると考える (Langacker (1976))．この考え方のもとでは，たとえば (5a-c)
は，同一の経験を記述しながらも，その経験の捉え方が互いに異なっているこ
とになる．

 (5) a. 英: I am cold.
  b. 独: Es ist mir kalt. / Mir ist kalt. (Lit.: It is cold to me.)

　　c.　仏: J'ai froid.（Lit.: I have cold.）

ラネカーはかつて「捉え方」を考慮しなかったために，(5a-c) にみられるよう
な意味の違いに気づかず，誤って意味構造の普遍主義を唱えてしまったと告白
している (Langacker (1987: 47))．ラネカーが生成文法の研究者だった 1960
年代は，チョムスキーの権威が確立した時期であり，「各言語は際限なく予測不
可能な形で異なりうる」(Joos (1957: 57)) といった言語の形式面の多様性の
強調は，アメリカ構造主義的蒙昧とみなされ（第 2 章参照），哀れみと嘲笑の対
象とされた．認知文法による意味構造の普遍性の否定は，言語の多様性に関す
る研究の部分的復権につながった (Harris (1993: 251))．これと前章でみた用
法基盤モデルをあわせると，生成文法の旗印である「合理主義」「心（メンタリ
ズム）」「普遍主義」（第 3 章参照）のうち，認知文法は合理主義と普遍主義を
（少なくとも一部）棄却したものと解釈することができる．

　もちろん，認知文法は普遍主義を全面的に棄却するわけではない．この点
で，「ソシュールの古典的図式の精神を支持する」という Langacker (1987:
11) の発言は慎重に解釈される必要がある（第 8 章参照）．ソシュールの構造
主義（第 1 章参照）によると，世界のどのような側面を切り出してくるかは各
言語の自由であり（恣意性の第 2 の側面），かつそれにどのような形式を対応
させるかも自由である（恣意性の第 1 の側面）．後者はともかく，前者を額面
どおり受け止めるなら，各言語は互いに翻訳不可能なほどに異なるという強い
言語相対主義にいたる（山口 (2005: Ch. 3)）．しかし，そのような強い相対主
義は成り立たないことがバーリンとケイの色彩語の研究により示された (Ber-
lin and Kay (1969))．それまで，色彩語は連続的スペクトルを各言語が勝手に
切りとって名前をつけたもののように思われ，実際に言語間のばらつきが大き
いため，言語記号の恣意性を例証する現象だとみなされていた (Taylor
(2003), Deutscher (2010))．バーリンとケイの実験により示されたのは，色
彩語の指す範囲は，言語によって，あるいは個人によってばらつきあるが，焦
点色（たとえば赤らしい赤 (good red)）についてはばらつきが小さいというこ
とであった．赤らしい赤はわれわれの日常経験において認知的に際立ってい
る．そうした認知的際立ちをもつものがプロトタイプとなり，それを中心とし
てカテゴリーが形成される．カテゴリーのメンバーのうちプロトタイプには高
い普遍性がみられるのである．

　これと同じことが文法についても成り立つ．

　(6)　John opened the door（with the key）.

(6) が表す事態においては，John → the key → the door とエネルギーが伝達され，その結果 the door が開くという変化が生じている．ラネカーはこのような作用連鎖としての世界の捉え方をビリヤードボール・モデルと名づけた (Langacker (1991: 13))．どの言語においても，(6) のような事態を表す際，行為者を主語に，変化が生じる対象を目的語に配置するのが典型的な他動詞構文となる．(7) は日本語の例である．

　　(7)　ジョンが（鍵で）ドアを開けた．

(6) が (7) に直訳できるのは，(6)，(7) が表すような作用連鎖が日常的に経験され，認知的に際立っていることの反映であると考えられる．これは（典型的な）「赤」の直訳にあたる語がどの言語にも存在するのと同様である．(6)，(7) のような経験を通じて，われわれは典型的な行為者がどのようなものであるかを学んでいく．典型的な行為者とは，(6)，(7) の John のように，「自らのエネルギーを，意図的に，自らの責任において用いることによって，対象（の状態ないし位置）になんらかの変化を生じさせる人間」にほかならない（西村 (1998: 125))．ここで重要なことは，典型的な行為者を [＋意図，＋責任，＋変化，＋人間] のような素性の集合（第 4 章参照）に還元することはできないということである（西村 (1998: 126-129))．なぜなら，子どもはまず「意図」や「責任」がどんなものであるかを理解し，それらを組み合わせて「行為者」という概念を理解しているわけではないからである．そうではなく，(6)，(7) が表すような作用連鎖を経験することによって，典型的な行為者という概念を取り出し，それを通じて「意図」や「責任」といった概念を理解していくのである．ここには「非還元主義」「経験基盤主義」という認知言語学の考え方が如実に反映されている．
　以上のことをふまえると，なぜ (8a-10a) を日本語に直訳した (8b-10b) が不自然であるかが（説明とはいわないまでも）理解できるようになる（西村 (1998, 2000))．

　(8) a.　This medicine will make you feel better.
　　　b.　この薬はあなたの気分をよくするでしょう．
　　　c.　この薬を飲めば気分がよくなりますよ．
　(9) a.　I (can) see a bus over there.
　　　b.　私はバスをみている．
　　　c.　バスがみえる．

(10) a.　I have a son.　(cf. 池上 (1981: 70))

　　　b.　私は息子をもっている.

　　　c.　私には息子がいる.

(8a) が表す事態において行為者にあたるのは this medicine であるが，薬は意図をもたず，人間でもないので，上で定義された典型的な行為者ではない. 非焦点色を表す語が言語間でばらつきやすいのと同じく，非典型的行為者をあくまでも行為者として捉えて主語で表す言語もあれば，行為者以外のものとして捉えて主語以外で表す言語もある. (9a), (10a) が表す事態においては，(6) が表す事態にみられたようなエネルギーの伝達と対象の変化がない. 典型的な他動詞構文 (6) がもつ意味構造との乖離が大きいため，これを作用連鎖として捉えることが困難になり，言語によっては他動詞文以外で表されることになる.

　以上のように，プロトタイプおよび捉え方という道具立てを用いると，色彩「語」と他動詞「構文」を同列に扱うことができる. これこそ，認知文法の主張する「語彙と文法の連続性」を鮮やかに例証するものにほかならない. ラネカーは，意味を取り込んだ文法理論を構想するにあたってソシュール説への支持を表明した. しかし，「記号としての文法」を標榜する認知文法にとっての「意味」とは，前章冒頭でみたソシュールの図式では表しきれないほど豊かなものなのである.

　この豊かな意味観を武器に，認知文法は多様な観点からの対照研究と言語類型論を駆動していった (Matsumoto (1996a, b), Talmy (2000), 本多 (2005), 池上 (2006)).

第 10 章

おわりに

いまでは知らない人が多いかもしれないが，1970 年代初頭までは生成意味論が圧倒的に優勢だった．当時の社会情勢にも後押しされ，言語学内外に多数の熱狂的な支持者を集め，チョムスキー派解釈意味論は過去の遺物と思われた (Chomsky (1982: 邦訳 132)，Newmeyer (1986a: 117, 1986b: 88)，Harris (1993: 196-197)，Seuren (1998: 513)，福井 (2013: 394-395))．実のところ，レイコフの勝利宣言にもかかわらず，過去の遺物となったのは生成意味論のほうだった．記号論理学の式と同型の意味表示，束縛変項としての代名詞，語彙分解などなど，生成意味論が残した遺産はいまなお理論言語学で当たり前のように用いられているが (Newmeyer (1986a: 138))，もはや言語学の教科書でその名を目にすることはほとんどない．

生成意味論の崩壊から 10 年かけて，認知言語学が徐々に形づくられていった．ラネカーの著作を紐解くと，独特の絵が並んでいる．お絵描き職人としての才能にも疑いはない．だが，このお絵描きは学問なのか？いや，そんなことをいわれる筋合いはない．生成意味論の図だって独特だった．いろいろ複雑になるのは意味と格闘する理論の宿命なのだ (Harris (1993: 113)，Langacker (2008: 11, 2013: 11))．人間がもつ一般的知識を人工知能に入力するプロジェクトが 30 年経っても終わらないという現実（松尾 (2015: 91)）を考えてみてほしい．それとも，滅びるのも意味と格闘する理論の宿命だというのか．生成意味論の二の舞になるまいと，認知言語学は制度化を急いだ．Lakoff (1987) と Langacker (1987) という 2 つの聖典がほぼ同時に世に出た．生成文法の旧約聖書と新約聖書（第 4 章参照）を 2 つ重ねても，分厚さでは認知言語学の聖典 1 つにすらかなわない．それから間もない 1990 年には国際認知言

語学会が設立された．定番といえる教科書もたくさん書かれた．それもこれ
も，生成意味論とは違う．認知言語学が制度的に滅びることはないだろう．あ
とは，内容的に存続できるかどうかだ．

　レイコフは，1986-87 年のジョン・ゴールドスミス（シカゴ大学）とのイン
タビューで，生成意味論の敗因を分析している（Huck and Goldsmith（1995:
107-119））．言語学者は各自の信条に従って研究を行っているが，そうした信
条には優先順位がある．

> (1) a. 認知的コミットメント（Cognitive Commitment）: 言語の研究は認
>   知科学の他の分野の知見と整合するものでなければならない．
>   b. 一般化・全範囲コミットメント（Generalization/Full Range Com-
>   mitment）: あらゆる言語データに基づいて，最大限の一般化を行わ
>   なければならない．
>   c. フレーゲ的コミットメント（Fregean Commitment）: 意味論は形式
>   論理学の道具立てで記述されなければならない．
>   d. 形式的記号システムコミットメント（Formal Symbol System
>   Commitment）: 言語とは形式的な演算システムである．

レイコフによると，生成意味論カルテットは (2) のような優先順位をもってい
た．（マコーレーの信条は複雑だが，ここでは詳細には立ち入らない．）

> (2) a. レイコフ: (1a) > (1b) > (1c) > (1d)
>   b. ロス: (1b) > (1d) > (1a) >>> (1c)
>   c. ポウスタル: (1b) ［ただし意味論と語用論は除く］> (1d) >>> (1c)
>   ［(1a) は皆無］
>   d. マコーレー: (1a) - (1d) だけでは記述しきれない複雑なコミット
>   メントのあり方．盤石基盤コミットメント（Solid Ground Com-
>   mitment）> (1b) > (1c) の一部 > (1d) の一部 > (1c) の残り >
>   (1a)

これは当時からわかっていたことではないが，いまこうしてみると，4 人が同
じ生成意味論を先導しながら，それが崩壊した後に別々の道を歩んだ理由がよ
くわかる．レイコフは (1a) を最優先したため，認知言語学を旗揚げした．ロ
スは (1b) を最優先したため，名詞性階層（Ross (1972)）のような混沌とした
データへの傾斜を強めた（第 7 章参照）．しかし，(1a) の順位が高くなかった
ため，認知言語学には合流しなかった．ポウスタルは統語論に関してのみ

(1b) のコミットメントをもっていたため，純粋な統語理論である関係文法に
転向し，以降，意味論と語用論にはほとんど関心を示さなかった（第 6 章参
照）．それに加えて，(1a) のコミットメントが皆無であったため，なおさら認
知言語学には合流しなかった．マコーレーは，1999 年に急逝するまで，独自路
線を歩み続けた（第 6 章参照）．

　こうした個性の違いはあるものの，(2) から，生成意味論とは，生成文法の
内部にいながら (1d) より (1b) を優先しようとした運動であることがわかる．
そして，このデータ重視の姿勢が解釈意味論陣営から unrestrictive として非難
された原因であると推察される（第 5 章参照）．レイコフによると，チョムス
キーは (3) の信条をもっていた．

(3) a.　Chomsky (1957) のチョムスキー：(1d) ＞ (1b)
　　 b.　言語学戦争以降のチョムスキー：(1d)

レイコフらは「L の文法的列をすべて生成し，それ以外を一切生成しない装置」
（第 3 章参照）としての文法の研究という (3a) の考え方に惹かれて生成文法の
門を叩いた．しかし，チョムスキーが「人間言語にとって可能な文法」の諸特
性の研究（第 5 章参照）に傾斜していくにつれ，(1b) のコミットメントは失わ
れていった．(1b) を捨てて (1d) のみを受け入れるということは，限られた
データに基づいて，意味論から自律したシステムとしての統語演算をひたすら
研究するということにほかならない．その結果，たとえば英語という言語を厳
密に記述したいという動機から生成文法を学んでいた人たちは，Chomsky
(1973a) あたりからの生成文法には「ついていけない」と感じる可能性がある
(cf. 福井・辻子 (2011: 398–399)，安井 (2011: 125))．しかし，チョムスキー
はもともとの最優先事項だった (1d) の考え方を徹底したにすぎない．チョム
スキーが変節したのではなく，周囲がチョムスキーを誤解していただけであ
る．生成意味論の信条は，最初からチョムスキーの信条とすれ違っていたの
だ．

　レイコフは，(1a) と (1b) さえ保たれれば，理論の形はどうでもよいと思っ
ていた．理論とは，(1a) と (1b) に迫るための，すなわちあらゆる言語現象を
認知的に説明するための顕微鏡にすぎない．もっとよい顕微鏡があればそちら
を使うだろう．生成意味論末期のレイコフに対する「一貫性を欠いている」と
いう評価はこの点を見落としたものにほかならない．レイコフが変節したので
はなく，周囲がレイコフを誤解していただけである．レイコフは明確に述べて
いないが，認知言語学はもっぱらこの (1a) と (1b) を重視する姿勢のみによっ

て定義されるといってよい．認知言語学が単一のリサーチ・プログラムにまとまらない（西村（2000））理由もそこに求められるだろう．

　「認知言語学者はすべて（1a）と（1b）を重視する」が成り立つのに対して，その逆「（1a）と（1b）を重視する者はすべて認知言語学者である」は成り立つだろうか．答えはノーであるように思われる．問題は，認知言語学が依拠する用法基盤モデル（第 8 章参照）にある．それによると，まず具体的な言語表現が使用され，使用が繰り返されるうちにスキーマが抽出される．文法規則（構文）とよばれるものはそうして抽出されたスキーマにほかならない．たしかに，パロールがラングに先行するというシナリオにはそれなりの説得力がある．だが，このシナリオには穴がないか．(i) ある表現が使用される．(ii) スキーマ化が起きる．(iii) 文法規則（構文）ができる．このうち (ii) と (iii) は一般化とルーチーン化の能力があれば実現でき，チョムスキーのいうような言語に特化した認知能力（言語能力）は必要ないかもしれない（Tomasello (2003)）．ここまでは生成文法ととくに対立するところはない．一般的認知能力のみによって言語を習得することはできないという生成文法のテーゼから，一般的認知能力なしに言語を習得することができるということは帰結しない（McCawley (1980)）．その証拠に，チョムスキーですら言語現象の説明に類推の概念を用いている（第 5 章参照）．生成文法は (ii)–(iii) を主たる研究対象とはしないというだけのことだ．

　問題は (i) である．表現の使用，それもスキーマが抽出されるほど高頻度の使用はいったい何によって可能になるのか．「表現を使いたいという動機があったからだ」などという目的論は科学では通用しない（藤田（2016: 310））．あの高いところにある木の実を食べたいと願っても，シマウマはキリンにはなれないし，あの猫と話したいと願っても，私は猫語が話せるようにはならない．用法基盤モデルだけではそもそも言語現象が始まらず，それゆえ言語現象のすべてを説明することはできない（藤田（2016: 311））．(1b) を貫徹するためには，認知言語学では足りないのである．

　バートランド・ラッセルは，世界の究極の構造を明らかにしようとした前期ウィトゲンシュタイン（Wittgenstein (1922)）を絶賛し，世界の雑多な事実をありのまま受け入れた後期ウィトゲンシュタイン（Wittgenstein (1953)）を酷評した（Russell (1959)）．目にみえない秩序こそが雑多な事実を支えている．そうした秩序を理解しなければ，雑多な事実を真に理解したことにならない．(1b) を貫徹するためには，生成文法を受け入れる必要がある．しかしそれは，あれほど遠ざけたはずの (1d) を受け入れることに等しい．このジレンマの中

にこそ認知言語学の難しさがある.

　「(1b) は貫徹したいが,(1d) は拒否する」という態度を貫徹することは可能だろうか. 音楽学と詩学の才にも恵まれたニコラ・リュヴェは,Ruwet (1967) でフランスに生成文法を紹介し,Ruwet (1972) で生成文法によるフランス語研究を行い,Ruwet (1982) で生成文法と距離を置き,Ruwet (1991a) で生成文法を,Ruwet (1991b) で英語圏の理論言語学を斬り捨てた. (1b) を追い求め,(1d) とも (1a) とも袂を分かったのである. チョムスキーのみならずレイコフやラネカーらの浅学をも流麗な文体で容赦なく暴いたこの碩学はしかし,その後二度と言語学の表舞台に立つことはなかった.

　生成文法という悪者が暴れているところに認知言語学という英雄が登場して悪者を成敗した. うんざりするほどたくさん語られてきたこの勧善懲悪の英雄物語は,つまらないだけでなく,まちがっている. さもなければ,この悪者は成敗された後 30 年も生き延びていることになる. 悪者が強すぎるのか,英雄が弱すぎるのか,それとも … ホイッグ史観を超克するストーリーの探求は読者に任せよう. ただし,現時点で 1 つだけはっきりしていることがある. それは,奇しくも認知言語学が国際的に制度化された 1990 年,ウンベルト・エーコがフランスのテレビ番組で語ったように,「人々は単純なストーリーに飽き飽きしている」ということである.

第 IV 部

形式意味論

藏藤健雄

第 1 章

はじめに

　ここで紹介する形式意味論とよばれるアプローチには，(i) 構成性の原理 (the Principle of Compositionality) を遵守し，(ii) モデル理論 (Model Theory) に基づく真理条件的意味論 (Truth-Conditional Semantics) を採用しているという特徴がある．構成性の原理とは，「全体の意味は，各部分の意味から予測可能な方法で計算される」というもので，フレーゲの原則 (Frege's Principle) ともよばれる．真理条件的意味論では，「命題の意味がわかるということは，その命題がどのような条件のもとで真になるかがわかる」と考える．命題の真偽がわかるためには，命題を構成する各要素の指示対象がわからなければならない．たとえば，Every student is from China の場合，student に該当する個体はどれで，どの個体が is from China を満たすかがわからなければならない．これを規定したものがモデルである．あらかじめモデルを決めておいて，そのモデルに照らして，命題の真偽が判断される．意味の研究には多様な見解や分析があるが，(i) と (ii) を備えていれば，形式意味論的アプローチとみなしてよいであろう．

　形式意味論の始まりは，19 世紀末の言語哲学・論理学の分野である．現在でも，哲学の背景をもつ形式意味論研究者は多い．言語学の学生向けの形式意味論の授業でも，フレーゲの "On Sense and Reference" (Frege (1892) の英訳) やラッセルの "On Denoting" (Russell (1905)) が，リーディングリストの冒頭にあがっていることがよくある．いうまでもなく，フレーゲもラッセルも，言語学者ではなく，数理論理学者である．

　では，フレーゲやラッセルが形式意味論の祖であるかというと，言語学内での一般的認識はやや異なる．言語学者に受け継がれている形式意味論の源流の

中心は，哲学者・数理論理学者のリチャード・モンタギュー（Richard Montague 1930–1971）である．彼の論考は，死後に刊行された論文集 *Formal Philosophy*（Montague (1974)）に収められた 11 本の論文（共著を含む）にみることができる．その中でも "Universal Grammar"（1970b: UG）と "The Proper Treatment of Quantification of Ordinary English"（1973: PTQ，初出は1970 年）は最重要論文である．まず，UG で，数学や論理学で用いられる言語と同じように，自然言語を厳密に形式化する方法が与えられ，PTQ でその具体的な例が示された．彼のこのプロジェクトは，論理学の歴史から考えると大胆な挑戦であった．なぜなら，自然言語は曖昧性を含んでいたり，使用者の意図に左右されたりするので，数学的・論理学的な形式化には馴染まないとみなされ，分析対象とされてこなかったからである．

　彼の企ては，アメリカおよび数理論理学の伝統があるドイツやオランダで主に受け継がれてきた．1970 年代には，言語哲学者や論理学者の間だけでなく，言語学者の間にも浸透し始め，Partee (1973, 1975) のように，変形文法の視点を取り入れてモンタギュー文法を拡張する提案もなされるようになってきた．

　言語哲学や論理学の方法論に従ってはいるが，言語学としての形式意味論研究の主たる関心事は，自然言語で観察される現象とその説明である．個別言語特有に見える現象でも，その背後にある規則を形式化し，そこから自然言語とはいかなるものかを解明しようとする．また，言語習得や言語解析のような心理学的な視点からも議論される．このような研究姿勢は，モンタギューのプロジェクトの単なる修正・拡大ではなく，チョムスキーの提唱する言語研究のあり方とも重なる．チョムスキー自身は形式意味論に対して懐疑的もしくは消極的な姿勢を一貫してとっているが，現在では多くの生成統語論研究者が形式意味論を用いて研究を進めている．また，生成統語論の洞察や研究成果を取り入れている形式意味論研究も少なくない．

　次節以降，UG/PTQ を出発点として，どのような言語事実に基づき，何が，どのように議論されてきたのかを概観する．ただし，たとえば，チョムスキーの文法理論のように，理論自体が大きく変化したというようなことは，形式意味論では起こっていない．むしろ，現象ごとに，さまざまな分析が提案され発展してきた．ここでは，PTQ を修正し発展したもの（第 3 章，第 4 章，第 5章）と，PTQ には含まれていなかったが，その後，発展したもの（第 6 章，第7 章，第 8 章，第 9 章）を紹介する．もちろん，ここで取り上げるテーマは，形式意味論がカバーする領域のごく一部にすぎないことをあらかじめお断りしておく．

第 2 章

自然言語の形式化
──モンタギューの企て──

　形式意味論研究者は，対象としている言語表現の意味解釈を，述語論理を用いて「これが，この文の真理条件，すなわち意味です」と主張する．なぜ，わざわざ述語論理で当該文の意味を書き下すのだろうか．また，そもそも，なぜ，そうすることで意味を記したことになるのだろうか．

2.1　形式化とは

　モンタギューは，数学や論理学の言語と同じように，自然言語を形式化することを目指した．UG でその一般的な方法論が厳密な形で示され，PTQ でその具体例が与えられた．まずは，UG の企ての大まかなイメージをみていく．
　最初に，数学や論理学の言語の形式化をみる．ここで言う形式化とは，代数 (algebra) として体系化することである．代数は (1) のように定義される．

(1)　代数 A は集合 A と n 個の演算 f_n からなる．$A = \langle A, f_1, ..., f_n \rangle$
(2)　代数 $A = \langle A, f_1, ..., f_n \rangle$ と代数 $B = \langle B, g_1, ..., g_n \rangle$ の間に以下が成立すれば，関数 h は代数 A から代数 B への準同型写像である：
　(i)　$f_1, ..., f_n$ と $g_1, ..., g_n$ の間に 1 対 1 対応がある，
　(ii)　各 f_i は g_i と同じ数の項をもつ，
　(iii)　A のどの f_i に対しても，$h(f_i(a_1, ...a_n)) = g_i(h(a_1), ...h(a_n))$ が成立する．

準同型については，Halvorsen and Ladusaw (1979) が用いている 10 進法と 2 進法の例がわかりやすい．10 進法の足し算は，代数 $F = \langle \{0_{10}, 1_{10}, 2_{10}, 3_{10},$

$4_{10}, 5_{10},...\}, +_{10}>$, 2 進法の足し算は, 代数 $G = <\{0_2, 1_2, 10_2, 11_2, 100_2,$
$101_2, ...\}, +_2>$ として表すことができる. 下付き文字の 10 と 2 はそれぞれ,
10 進法, 2 進法で用いられる数字および加算演算であることを示している. F
の $\{0_{10}, 1_{10}, 2_{10}, ...\}$ と G の $\{0_2, 1_2, 10_2, ...\}$ の間には, $h(0_{10}) = 0_2, h(1_{10})$
$= 1_2, h(2_{10}) = 10_2, ...$ のように, 10 進法の数を 2 進法の数に写像する関数 h
が存在する. この h を用いると, (2iii) の式でたとえば, $h(+_{10}(3_{10}, 5_{10}))$
$= +_2 (h(3_{10}), h(5_{10}))$ が成立する (左辺:$h(+_{10}(3_{10}, 5_{10})) = h(8_{10})$
$= 1000_2$;右辺:$h(3_{10}) = 11_2, h(5_{10}) = 101_2, +_2(11_2, 101_2) = 1000_2$). した
がって, h は F から G へ準同型写像である.

　代数化すると, 2 つの体系が似ているかどうか (準同型かどうか) をみるこ
とができるようになる. 準同型であれば, 一方の代数系で成り立つことを他方
の代数系でも用いることができる. 上の例では, 2 進法の足し算で成り立つこ
とが, 10 進法の足し算でも成り立つことが保証される. (自然言語を対象とし
ない) 論理学の言語は, モデル理論的に解釈することができる. もし, 自然言
語を代数として定義し, それが, 論理学の言語に準同型として翻訳できれば,
自然言語をモデル理論的に解釈することができるようになる. 極めて大雑把で
あるが, これがモンタギューの企てである. UG では, まず, 言語を代数的に
定義し, つぎに統語論を代数的に定義し, そして, 翻訳するということを代数
の点から定義し, …と数学的定義が続く. ここでは, それらを読み解いていく
ことはしないが, このような手順を経て, 自然言語が他の人工的な言語と同じ
ように形式化されるのである (詳しくは Halvorsen and Ladusaw (1979) を参
照).

　本章冒頭の問いかけに対する答えも今述べたことと同じである. 述語論理
(UG/PTQ では内包論理) で用いられる言語はモデル理論的に意味を与えるこ
とができる. 自然言語を準同型として述語論理／内包論理に翻訳できれば. そ
れはモデル理論的に解釈される. したがって, 述語論理／内包論理を使って,
当該文の意味を書き下すことで, 意味がわかったことになるのである.

　ただし, Halvorsen and Ladusaw (1979: 219) が述べているとおり, UG で
示されたプロジェクトにとって, 自然言語を述語論理／内包論理にいったん翻
訳することは必須ではない. 自然言語を直接モデル理論的に解釈しても構わな
い. その実装例は, Montague (1970a) "English as Formal Language" で示さ
れている.

2.2 PTQ の概要

　では，PTQ で示された文法体系をみてみよう．ここでは，正確に再現するよりも，単純な例を用いて，全体の構成を大まかに把握することを目指す．内包性と量化は無視する（それぞれ第 3 章，第 5 章を参照）．PTQ では，まず，統語論の規定として，(3) のような範疇が与えられ，(4) のように基本表現 (basic expression) の範疇が決められる．Bα は範疇 α の基本表現のことである．

> (3)　IV（$=t/e$，VP に相当），T（$=t/$IV，DP に相当），
> 　　　TV（$=$IV/T，他動詞に相当），...
> (4)　B_{IV} = {run, walk,...}，B_T = {John, Mary, he_{44}, he_{55}...}，
> 　　　B_{TV} = {love, ...}，...

(3) の A/B の表記は，範疇文法に倣ったもので，「B をとって A がつくられる」範疇である．e は個体表現の範疇，t は命題表現の範疇である（同じ文字が用いられるが，意味的タイプではない点に注意）．

　つぎに統語規則が定義される．PTQ では S1 から S17 までの 17 の統語規則が与えられている．各規則には，語順（および語形）を決定する統語演算 F_n が含まれ，たとえば，(5) のように定義されている．

> (5)　S4:　α が $t/$IV，δ が IV なら，$F_4(α, δ)$ は t である．ただし，$F_4(α, δ)$
> 　　　　　$= αδ'$ で，$δ'$ は δ の最初の動詞を 3 人称単数現在の形にしたものである．
> 　　　S5:　α が IV/T，δ が T なら，$F_5(α, δ)$ は IV である．δ が he_n でなければ $F_5(α, δ) = αδ$ で，もし，δ が he_n ならば，$F_5(α, δ) = α$ him_n である．

以上の基本表現および統語規則から，たとえば，(6) が得られる．これは分析樹 (analysis tree) とよばれ，統語規則適用の履歴を示したものである．分析樹中の F_5, F_4 はそれぞれ，S5, S4 で与えられた統語演算で，たとえば，John と love Mary が F_4 によって John loves Mary になったことを示している．

(6)
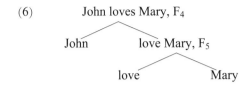

ここまでが，PTQ の統語論である．つぎに意味論が規定される．PTQ では意味論として，内包論理のタイプ，有意味表現 (meaning expression)，およびモデル理論的解釈の定義が与えられる．具体的には，おなじみのラムダ演算子や，モデル M と割り当て関数 g に基づく意味解釈 $[\![\ ]\!]^{M, g}$ などが定義される．ここでは省略する（具体例は第 7 章，第 8 章でみる）．

最後に基本表現と統語演算で得られた値が，意味論側で「きちんと読み取れる」ようにするための翻訳規則が与えられる．まず，統語範疇と意味タイプを対応付ける関数 f が定義される．意味タイプ（または単にタイプ）とは，意味分野での品詞のようなもので，基本的には「個体／もの」が e，「命題／こと」が t である．タイプ a からタイプ b への関数のタイプは <a, b> である（(7c) は，本来，f(A/B) = <<s, f(B)>, f(A)> となる．s に関しては第 3 章でみる）．

(7) a.　f(e) = e,　　b.　f(t) = t,　　c.　f(A/B) = <f(B), f(A)>

翻訳規則は，統語規則に対応していて，T1〜T17 からなる．(5) の S4, S5 に対応する翻訳規則は (8) の T4, T5 である．

(8)　T4:　δ の統語範疇が t/IV，β の統語範疇が IV，それぞれが δ′, β′ に翻訳されるなら，F_4(δ, β) は δ′(β′) に翻訳される．
　　　T5:　δ の統語範疇が IV/T，β の統語範疇が T，それぞれが δ′, β′ に翻訳されるなら，F_5(δ, β) は δ′(β′) に翻訳される．

T4, T5 で触れられている F_4, F_5 は，S4, S5 で用いられた統語演算である．したがって，S4 が用いられると，必ず連動して T4 が用いられることになる．

通常の述語論理では，John loves Mary は love'(m)(j)(= love' (j, m)) と表される．しかし，PTQ では，直接的にはこの表示は得られない．たとえば，Mary の範疇は，(3) で定めたとおり，T(= t/IV) で，(7) の範疇とタイプの関係に従うと，T に対応するタイプは <<e, t>, t> である．そして，翻訳規則 T1 という規則で λP[P(m)] に翻訳される．これは，Mary の属性の集合を表している．他動詞 love も (4) で定めた通り，1 つの e をとって IV を返すのではなく，T の範疇をとって IV を返す．これにより，love Mary は love' (x, λP

[P(m)]) となる．この論理式の直訳は「x は Mary の属性の集合を愛している」となる．そこで，PTQ では，(9) のような補足的な規則を定めている．δ が love' で，P が λP[P(m)] に対応する．下付き ∗ はタイプが異なる同等表現であることを示している．

(9)　いかなる x についても，つぎが成り立つ：δ(x, P) ↔ P[λy[δ∗(x, y)]]

(9) により，love'(x, λP[P(m)]) から，love'∗(x, m) が得られ，最終的に love'∗(j, m) が得られる（λP[P(m)] と m の関係については，第 4 章参照）．ここまでくれば，あとは，モデル理論的に解釈できるので，モデルに照らして真偽が決定される．

2.3　まとめ

以上みてきたように，PTQ では，統語論と意味論が明確に対応付けられている．統語論は，基本表現とそれを項とする統語演算からなり，意味論は，翻訳規則で得られた表現と，それを項とする意味論的演算からなっている．つまり，統語論も意味論も代数であり，統語論から意味論へは準同型写像が成り立つ．言い方を換えると，モンタギューは，意味論との準同型写像が成り立つように統語論をつくったのである．こうして，(代数化するという意味での) 自然言語の形式化が可能になったのである．

第 3 章

可能世界意味論
──「いま，ここ」以外の世界──

「〜は必然か偶然か」という問いは哲学的に重要である．「〜」の箇所に「私の存在」や「人間が戦争をすること」などを当てはめれば，重要性を認識できるであろう．このような問題に答えるためには，「必然」や「偶然」がどういうことかが明確に定義されなければならない．20 世紀初頭から始まる様相論理学では，必然性や偶然性が形式的に体系化された．1940 年代に入ると，哲学者であるカルナップやクリプキが可能世界 (possible world) という道具を用いて様相論理を飛躍的に推し進めた．PTQ でも可能世界を用いた様相論理が使われている．

3.1 可能世界と内包性

可能世界を理解するために，まず，つぎのような命題を考えてみよう．

 (1) ブラジルの首都はリオデジャネイロである．
 (2) 台風は反時計回りに回転する．

(1) は現実世界では偽であるが，(1) が真であるような，現実世界とは異なる別の世界があっても不思議ではない．実際，1960 年以前であれば真である．また，(2) は，北半球では真であるが，南半球では偽である．このように，命題の真偽は，「いつ，どこで」判断されるかによって異なる．このような命題の真偽が決定される状況が可能世界である．現実世界も可能世界の 1 つである．

 (1) の命題を p，現時点の現実世界を w_0，1959 年の世界を w_1，1960 年に首都移転が行われておらず，現在もブラジルの首都がリオデジャネイロのまま

である世界を w_2 とする．p は w_0 で評価されると偽，w_1，w_2 では真となる．この命題と真理値の関係は（3）のようになる．つまり，命題 p は可能世界をとって真理値を返す関数とみなすことができ，（4）のように，命題 p はそれが真となる可能世界の集合として定義される．

(3)　$p(w_0) = 0$，$p(w_1) = 1$，$p(w_2) = 1$

(4)　$p = \{w \mid p(w) = 1\}$

可能世界の集合 W が，w_0, w_1, w_2 の 3 つの可能世界のみを含むとすると，(1) の命題 p は $p = \{w_1, w_2\}$ となる．

(4) のように定義される p は，命題の内包 (intension) とよばれる．$p(w)$ の表記が示すように，内包命題 p は言わば w の「述語」である．たとえば (1) の場合，p は「『ブラジルの首都がリオデジャネイロであること』性」を表し，各可能世界がこの性質をもつかどうかをチェックして真偽が決まる．内包の対義概念は外延 (extension) で，内包命題の外延は 1, 0 の真理値である．

内包と外延の関係は，命題以外にも当てはまる．たとえば，「世界最速の男」が指し示す個体が，「いつ，どこで」，つまりどの可能世界で述べられるかによって変わってくるのは明らかである．指示対象が決定される可能世界を捨象したのが個体の内包で，個体概念 (individual concept) とよばれる．個体概念の外延は個体である．

3.2　PTQ でのタイプと内包

では，PTQ で内包がどのように定義されるかみてみよう．PTQ では，タイプは (5) のように定義される．

(5) a.　*e* および *t* はタイプである．

　　b.　a, b がタイプなら，<a, b> はタイプである．

　　c.　a がタイプなら，<*s*, a> はタイプである．

(5a, b) はこれまでも出てきた定義である．(5c) は可能世界から a のタイプへの関数を表す．a が命題なら，内包命題のタイプは<*s, t*>，a が個体なら，個体概念のタイプは <*s, e*> である．*s* はフレーゲの sense (Sinn) からきている．ここで注意すべきは，(5) の定義では，*s* 単独ではタイプではないという点である．これについては，次節で触れる．

内包と外延の関係は，PTQ では以下のように定義されている．$[\alpha]^{w, g}$ は，

可能世界 w において，割り当て関数 g を用いて α を解釈した場合の意味を表す（割り当て関数に関しては第 7 章参照）.

(6) a. α のタイプが a ならば，$[\![{}^{\wedge}\alpha]\!]^{w,g}$ はすべての可能世界 w′ から α への関数 h である.（$h(w') = [\![\alpha]\!]^{w',g}$）

　　b. α のタイプが$<s, a>$ならば，$[\![{}^{\vee}\alpha]\!]^{w,g} = h(w)$.

　　c. $[\![{}^{\vee\wedge}\alpha]\!]^{w,g} = h(w) = [\![{}^{\wedge}\alpha]\!]^{w,g}(w) = [\![\alpha]\!]^{w,g}$

(6a) のように，内包は $^{\wedge}$ で表される. α が命題の場合，内包命題 $^{\wedge}\alpha$ の w での意味は，可能世界から命題への関数 h である. たとえば，$[\![{}^{\wedge}\alpha]\!]^{w,g}(w_2)\,(= h(w_2)) = [\![\alpha]\!]^{w_2,g}$ となる. 外延は (6b) の $^{\vee}$ で表され，タイプが$<s, a>$のものを a にする. α が$<s, t>$なら，$^{\vee}\alpha$ は t である. これは，内包命題 α に w を入れると真理値が返ってくるということである. α が$<s, e>$なら，個体概念に w を入れると，w での指示対象が返ってくる. 同様に，すべての $<a, b>$ のタイプの表現に対しても，$^{\wedge}$ が付くと $<s, <a, b>>$ が得られる. そして，いかなるタイプの表現 α に対しても，(6c) のように「α の内包（$^{\wedge}\alpha$）の外延（$^{\vee\wedge}\alpha$）は α である」が成り立つ.

3.3　二分類タイプ理論

　PTQ では，可能世界には (5a) から (5c) で示した 3 タイプがある. s は $<s, \cdots>$ の形で用いられるが，それ単独ではタイプではない. PTQ とは異なり，可能世界 s もタイプとして扱う論理体系が Gallin (1975) によって提案された. 具体的には，(5a) の定義に s を加えて，(5c) を消去するだけである.（5a) と (5b) の 2 とおりの定義なので，二分類タイプ理論（Two-Sorted Type Theory: Ty2）とよばれている. Ty2 では，s もタイプなので，このタイプの変項が導入できる. タイプ s の変項を w とすると，命題 p の内包は極めてシンプルに λw[p(w)] と表示され，$^{\vee}$ や $^{\wedge}$ は不必要となる.

　また，冒頭でふれた「必然」，「偶然」の意味も Ty2 では簡略化される. 一般的な様相論理や PTQ では「p は必然である／必然的に p」は□p のように表示され，「すべての可能世界において p が真」と定義される.「p は偶然である／たまたま p」は◇p のように表され，「p が真である可能世界が少なくとも 1 つある」と定義される. 一方 Ty2 では，□や◇を用いず，「必然」「偶然」はそれぞれ，$\forall w[p(w)]$，$\exists w[p(w)]$ と表示される.

　では，そもそもモンタギューは，なぜ s をタイプとしなかったのだろうか.

これについて，Gallin（1975: 58）では，「自然言語では可能世界に明示的に言及することがないからである」という旨が述べられている．つまり，可能世界を直接意味するような表現が自然言語に存在しないから，s を独立のタイプとしないということである．したがって，PTQ では，可能世界は意味解釈をする上でのパラメータ（〚 〛の右上につくもの）の 1 つにすぎない．これに対し，Ty2 では，可能世界変項 w は述語によって導入され論理式のなかに含まれる．たとえば，（1a）の述語である同値の意味の「である」は，2 つの個体と 1 つの可能世界をとり，$\lambda x \lambda y \lambda w[\text{BE}(x, y)(w)]$ のように定義される．この定義を使うと，（1a）の内包命題は $\lambda w[\text{BE}(\text{the-capital-of}(b, rj)(w)]$ となる．現実世界を w_0 とすると，w_0 が w の位置に導入され，全体の真偽が決定する．

3.4　可能世界変項に対する「束縛理論」

　Gallin（1975）は純粋な論理学の研究なので，Ty2 を支持する言語学的な証拠が挙げられているわけでなない．しかし，可能世界変項は，その「使い勝手のよさ」から，しばしば自然言語の意味論に用いられてきた．たとえば，疑問文の意味論を考える際に大変便利である（第 6 章参照）．ここでは Percus（2000）が指摘する可能世界変項の「束縛理論」を紹介する．まず，一般的に，（7a）のような信念文の真理条件は（7b）のように表される．

(7) a.　Mary believes that S.

　　b.　$\llbracket (7a) \rrbracket^g = \lambda w[\forall w'[w'$ is compatible with Mary's belief in w

$$\rightarrow [S]^g(w')]]$$

命題「メアリーが補文 S を信じている」は，「w におけるメアリーの信念と矛盾しないどの可能世界 w′ をとってみても，その世界で S が真である」と分析される．やや大雑把にいうと，「メアリーが信じていることが成り立つどの世界でも S が成り立つ場合に，メアリーは S を信じている」ということである．この信念文の分析を念頭において，（8）を見てよう．

(8)　Mary thinks that my brother is Canadian.

（8）には 2 つの解釈がある．（i）「メアリーは，ある人物（その人は実際に話者の弟）がカナダ人であると思っている（メアリーはその人物が話者の弟であることを知らないかもしれない）」（ii）「メアリーは，話者にはカナダ人の弟がいると思っている（メアリーが心に思い浮かべている人物は，話者の弟でないか

もしれないし，話者には弟はいないかもしれない）」．'my bother is Canadian'
というメアリーの心の中にある命題を，可能世界の集合として表すと，(i), (ii)
は，それぞれ (9a), (9b) のようになる ((8) 全体が評価される現実世界を w_0
とする).

(9) a.   {w | my brother in w_0 is Canadian in w}

  b.   {w | my brother in w is Canadian in w}

前節で可能世界変項は述語によって導入されると述べた．ここでは，さらに，
可能世界変項は，単に論理表示上示されるのではなく，統語構造に導入される
と仮定しよう．そうすると，(10) のような構造が得られる．

(10)

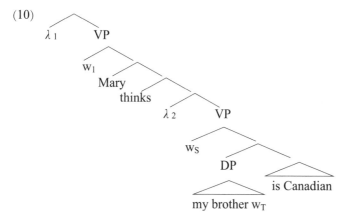

主節の動詞 think が導入する可能世界変項は，主節 VP のすぐ下に生成される
と仮定する．同様に，補文述語 is Canadian が導入する可能世界変項は，補文
VP のすぐ下に生成されると仮定する．さらに，my brother も独自の可能世界
変項をもち，DP 内部にあると仮定する．これらの変項の値は，指標をもった
ラムダ演算子によって構造的に束縛される．主節の可能世界変項は主節の λ_1
によって束縛されているので指標 1 をもつ．補文にも，可能世界変項を束縛す
るラムダ演算子 λ_2 が導入される．ここで，補文 VP の w_S と DP 内の w_T が
どちらのラムダ演算子によって束縛されるかによって解釈が変わってくる．
w_S が λ_2 に束縛され，w_T が λ_1 に束縛されると (9a) の解釈が得られ，w_S,
w_T ともに λ_2 によって束縛されると (9b) の解釈になる．なお，その時，それ
ぞれの真理条件は (11a, b) のようになる（最終的に，どちらの場合も，ラムダ
変換によって w_2 は w' に置き換わる）．

(11) a. $\lambda w_1[\forall w'[w'$ is compatible with Mary's belief in $w_1 \rightarrow$
　　　　$\lambda w_2[$the person who is my brother in w_1 is Canadian in $w_2](w')]$

　　b. $\lambda w_1[\forall w'[w'$ is compatible with Mary's belief in $w_1 \rightarrow$
　　　　$\lambda w_2[$the person who is my brother in w_2 is Canadian in $w_2](w')]$

　ここで，Percus は興味深い問題を投げかけている．(10) の構造で，w_S が λ_1 に束縛され，w_T が λ_2 に束縛されるとどうなるか．この場合，(iii)「メアリーが話者の弟だと思っているカナダ人が実際に存在する（この人物は，実際は話者の弟ではないかもしれないし，メアリーはこの人物の国籍については何も知らないかもしれない）」のような解釈が得られる．この解釈自体はまったく自然である（ちなみに，w_S, w_T がともに λ_1 に束縛されると，λ_2 が束縛するものがなくなり空束縛（vacuous binding）違反となる）．しかし，(8) は (iii) の解釈をもたない．そこで，Percus は (12) のような可能世界変項の「束縛理論」を提案している．

(12)　動詞が選択する可能世界変項は，それより上の最も近い λ と同一指標をもたなければならない．　　　　　　　(Percus (2000: 201))

可能世界変項の束縛を，単に意味論上の操作として行う限り，(iii) のような解釈を排除することはできない．しかし，実際に可能世界変項が統語的に存在しているのであれば，(12) のような構造に基づいた定義によって，不可能な解釈を正しく排除できる．さらに，Percus の分析が正しければ，自然言語は可能世界変項を実際にもっていることになり，モンタギューの内包論理よりも Ty2 のほうが経験的に優れていることになる．

第 4 章

タイプ変換
——形式意味論での「変形」——

　モンタギューが提示した PTQ での「はなれワザ」の 1 つは，第 2 章でみた，固有名詞，代名詞の扱いである．John, Mary, he_2 は j, m, x_2 のような個体（範疇 e, タイプ e）ではなく，$\lambda P[P(j)]$, $\lambda P[P(m)]$, $\lambda P[P(x_2)]$ のように属性の集合（範疇 $t/t/e$, タイプ $<<e, t>, t>$）に翻訳される．この分析では，自動詞が固有名詞主語を項としてとるのではなく，固有名詞主語が自動詞を項としてとる．このアイデアは，固有名詞と数量詞表現を同じように扱えるという点で美しい．しかし，「John や Mary は個体である」というほうが直観には合う．さらに，PTQ では，個体（範疇 e, タイプ e）の基本表現は存在しない．では，そもそも個体とは何かという疑問が浮かぶ．それでも，1970 年代は，多くの研究者が PTQ の考え方に追従していた．1980 年代になると，モンタギューのアイデアを活かしつつ，言語表現とタイプの関係は柔軟に関係付けられ，さまざまな言語現象が説明されるようになった．

4.1　等位接続とタイプ上昇

　まず，固有名詞 Mary を $\lambda P[P(m)]$ に翻訳する意味的理由から見てみよう．Mary は，たとえば，$woman'(m) = 1$, $professor'(m) = 1$, $mathematician'(m) = 1$, … のように，属性の項になる．ここで変化しているのは属性のほうなので，m が関数で，属性をその項とみなすことができる．属性の部分を空きスロットにするために，ラムダ演算子で束縛すると，$\lambda P[P(m)]$ が得られる．これは，属性をとって真理値 t を返すので，タイプは $<<e, t>, t>$ である．

　つぎに，この翻訳の経験的証拠を考えよう．PTQ では，言語学的議論はなさ

れていないが，Rooth and Partee（1982），Partee and Rooth（1983）（以下，両
論文まとめて P&R と略記する）が指摘するように，等位接続から，この分析は
支持される．

    (1)　Mary and every boy came in.

数量詞句は述語をとって真理値を返す（数量詞句が目的語の位置にある場合に
関しては，第 5 章参照）．every boy は $\lambda P[\forall x[boy'(x) \to P(x)]]$ と翻訳され，
タイプは $<<e, t>, t>>$ である．そうすると，Mary も every boy も $\lambda P[\cdots]$ で始
まるタイプ $<<e, t>, t>>$ の表現なので，等位接続可能となり，$\lambda P[P(m) \land \forall x$
$[girl'(x) \to P(x)]]$ となる．この後，P が come-in' にとって代わられ，come-in'
$(m) \land \forall x[girl'(x) \to come\text{-}in'(x)]$ が得られる．

  ただし，P&R は (1) のような例を用いて，PTQ での固有名詞の分析を支持
しようとしたのではない．彼らの議論の中心は，他動詞が等位接続されたケー
スである．第 2 章でみたように，PTQ ではすべての他動詞は第 1 項として，
個体ではなく属性の集合（タイプは $<<e, t>, t>$）をとる．この仮定に従うと，
2 つの他動詞が等位接続された場合は (2a) のようになる（P は属性集合の変
項）．

    (2)　a.　$\lambda P \lambda x[TV_1(x, P) \land TV_2(x, P)]$
        b.　$\lambda y \lambda x[TV_1(x, y) \land TV_2(x, y)]$
    (3)　a.　John wants and needs two secretaries.
        b.　John hugged and kissed two secretaries.
        c.　John needed and bought a new coat.

(2a) で，第 1 項として，P の位置に two secretaries のような不定名詞句が入る
と，TV_1 と TV_2 とで異なる 2 人の秘書である解釈が生じることを予測する．
実際，(3a) のように，内包動詞とよばれる want と need が等位接続された場
合にはこの予測通りになる．(3a) は John wants two secretaries and needs two
secretaries. と同義である．一方，外延動詞とよばれる hug と kiss が等位接続
された場合，(2a) は誤った結果をもたらす．(3b) に John hugged two secre-
taries and kissed two secretaries. の解釈はないからである．外延動詞の場合
は，第 2 章 (9) の規則により，(2b) が得られ，この翻訳を用いて適切な解釈
（2 人の秘書が存在し，そのどちらに対してもジョンは抱きつきキスをした）が
得られる．では，(3c) のように，内包動詞と外延動詞が等位接続されるとどう
なるのだろうか．事実は，(3a) 同様，John needed a new coat and bought a

new coat. の解釈が可能である.

　(3) の観察から, P&R は, 他動詞のタイプは, (2b) のような, 個体を2つ
とる単純なタイプが基本であり, 必要な場合に限り, (2a) のような, 属性の集
合と個体をとるタイプに上昇するという分析を提案している. 単純なタイプか
らスタートし, 必要な場合に限り, 複雑なタイプに上昇するのは, 固有名詞の
場合にも当てはまる. 固有名詞のタイプは, 基本的には e で, (1) のような場
合には, $<<e, t>, t>$ に上昇する. P&R は, このように, より単純なタイプから
スタートし, 必要な時にのみ,「最後の手段」としてタイプ上昇すると考えるほ
うが, 言語解析や言語習得の点からも望ましいと主張している. 生成文法では
お馴染みのこのような視点を形式意味論に持ち込んだのは, おそらく P&R が
最初である.

　つぎに定名詞句表現についてみる. PTQ では, the boy はラッセル流の (4a)
の定義が与えられている. これにより, The boy came in. は (4b) に翻訳され
る.

　　(4) a.　$\lambda Q \exists x [\forall y [\text{boy}'(y) \leftrightarrow x = y] \wedge Q(x)]$
　　　　b.　$\exists x [\forall y [\text{boy}'(y) \leftrightarrow x = y] \wedge \text{come-in}'(x)]$

(4a) は「入ってきた x が存在し, かつ, どの y をとっても, もし y が少年な
ら, y は x に等しい」, つまり「入ってきた男の子 x が唯一1人存在する」こと
を述べている. この分析では, the boy のタイプは, 数量詞句と同じ $<<e, t>,$
$t>>$ である.

　これに対して, 定名詞句は (5a) のようにイオタ演算子 ι を用いて表される
こともある. この分析では, the boy は「男の子である唯一の個体 d」を意味
し, タイプは e である. (5a) の g は変項に値を付与する割り当て関数で,
g(x) の値は文脈で決定される. (5a) の「ただし」以降の g[x/d] は「x を d に
置き換える」という意味で g[x/d](x) = d となり, boy'(d) となる. つまり, the
boy は, boy'(d) = 1 となる唯一の個体 d を意味する (割り当て関数に関するよ
り詳しい議論は第7章参照). この分析を用いると, The boy came in の真理条
件は (5b) のように表される.

　　(5) a.　$[\![\iota x [\text{boy}'(x)]]\!]^g =$ 唯一の個体 d : ただし, $[\![\text{boy}'(x)]\!]^{g[x/d]} = 1$.
　　　　　　そのような個体が存在しなければ, 定義不能.
　　　　b.　$\text{come-in}'(\iota x [\text{boy}'(x)])$

確認するまでもなく, 定名詞句は固有名詞とも数量詞句とも等位接続可能で

ある．したがって，そのタイプは e でもあるし，<<e, t>, t>> でもある．つまり，(4a) と (5a) はどちらも正しい定名詞句の意味である．P&R に従うと，the boy の基本的な翻訳は (5a) で，必要に応じて (4a) に上昇することになる．

4.2　タイプ変換

　Partee (1987) では，単なるタイプの上昇ではなく，(6) のような，より柔軟なタイプ同士の関係が示されている．ここでは定名詞句 the boy が個体 e，属性 <e, t>，属性の集合 <<e, t>, t> のいずれにもなりうることを表している．

(6)

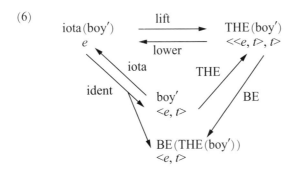

左上の iota (boy′) が，(5a) で定義された the boy に対応する．中段 boy′（= λx[boy′(x)]）の変項をイオタ演算子で束縛する操作が iota である．右上の THE(boy′) は，(4a) で定義される the boy の意味である．boy′ に対してラッセル流の量化をするのが THE である．lift は固有名詞 Mary の翻訳 m を λP[P(m)] にする操作で，lift(m) = λP[P(m)] となる．lower はその逆で lower(λP[P(m)]) = m となる．定名詞句 the boy の場合は，少年がただ 1 人存在することが保証されていれば，lift(iota(boy′)) = THE(boy′)，lower(THE(boy′)) = iota(boy′) が成り立つ．右上から下に向かう矢印は BE という関数で，量化表現を述語として使う際に用いられる．述語は個体の集合なので，具体的には，少年がただ 1 人存在している場合に限り定義可能な，唯一の少年だけからなる単一要素集合 {the boy} を意味することになる．これは，at most one boy「いたとしても，せいぜい 1 人の少年（＝もし存在するならば，唯一の少年）」と同じことである．Partee は，これに関して (7) のような事実を指摘している．

　(7) a.　John is {the president/president}.

b.　John is {the teacher/*teacher}.

彼女によると，president のような名詞は意味的に「いたとしても，せいぜい 1人」と解釈されうる．そうすると，the president が述部で用いられた場合，the の意味（＝BE（THE(…)）の意味）が余剰となる．したがって，省略しても at most one の意味は語彙的に保持される（ただし，これは英語特有の現象）．一方，teacher のような名詞は語彙的に at most one の解釈をもたないので，(7b) のように，the を省略できない．BE（THE(boy′)）には，iota(boy′) からも ident という単一要素集合をつくる操作で到達することができる．このようにして，名詞表現がもちうる 3 つのタイプは相互に変換可能となる．

4.3　意味論における名詞化

個体 e と属性（個体の集合）$<e,t>$ の関係を示すもう 1 つの例として，英語の裸複数名詞の解釈がある．(8a) は「犬は賢い（動物だ）」と解釈され，主語の dogs は種を指している．一方，(8b) は「複数の犬が病気だ」という意味で，この文が真となるためには，発話時に具体的に何匹かの犬が存在していなければならない．

(8) a.　Dogs are intelligent.

b.　Dogs are sick.

Carlson (1977) は (8a), (8b) の 2 つの dogs の用法を統一的に説明している．まず，dogs は種を指す個体 e として扱われる．intelligent のような種／個体の恒久的性質を表す述語（個体レベル述語（individual-level predicate））は種を指す e を項としてとり，(9a) のように表示される．上付き文字の k は種を指すことを表している．一方，sick のような時空間で変わりうるような性質の述語（ステージレベル述語（stage-level predicate））の場合は (9b) のように表す．これは，「『犬種』の具現形（R は realization）であり，かつ，病気であるような x が複数存在する」ということを意味している．

(9) a.　$intelligent'(d^k)$　　　　b.　$\exists x[R(x, d^k) \wedge sick'(x)]$

Chierchia (1984, 1998a, b) では，Carlson のアイデアをタイプ変換によって捉え直している．まず，dogs の基本タイプは $<e,t>$ だが複数性の個体 dogs′ に変換される．「複数性個体」とは，a, b が単数性個体の時，a＋b で表される個

体である（具体例は下）．つぎに，(10) のように定義される $^\cap$ 演算子によって
種を指す表現が得られる．

(10)　いかなる属性 P と可能世界 w に対しても，
　　　 $^\cap P = \lambda w[\iota P_w]$，ただし，$\lambda w[\iota P_w]$ は種の集合 K の要素である．
　　　それ以外は定義不能．　　　　　　　　　　　　　　　(Chierchia (1998a: 351))

P_w は w における P の外延である（第 3 章参照：ここでは，Chierchia の表記
に従い w を下付きで示す）．たとえば，可能世界 w_1 に存在する犬は，ポチ，シ
ロ，ハチの 3 匹だけとしよう．そうすると，dogs'_{w_1} は w_1 における複数性個体
の犬の集合 {ポチ＋シロ，ポチ＋ハチ，シロ＋ハチ，ポチ＋シロ＋ハチ} である
（この集合には，単数性個体，ポチ，シロ，ハチは含まれない点に注意）．ここ
でのイオタ演算子は唯一／最大のものを要求すると定義されるので，dogs'_{w_1}
は w_1 における最大の複数性個体の犬，「ポチ＋シロ＋ハチ」を指すことにな
る．「種」という抽象的な概念は，具体的な可能世界を捨象することによって得
られると考えられるので，(10) のように w をラムダ演算子で束縛することに
よって，種が定義される．$^\cap$ 演算子は，述語を項に変換しているので，意味論に
おける名詞化といえる．
　名詞化によって派生した種を指す名詞句が，ステージレベル述語の項として
用いられた場合には，さらに述語になる．これは派生的種述語（Derived Kind
Predication: DKP）とよばれ，(11) のように定義される．

(11)　派生的種述語（DKP）
　　　 P が通常の個体に対する述語で，k が種を指している場合，
　　　 $P(k) = \exists x[^\cup k(x) \wedge P(x)]$
(12)　d が種を指す場合，いかなる可能世界 w に対しても，
　　　 d_w が定義可能ならば，$^\cup d = \lambda x[x \leq d_w]$．
　　　ただし，d_w は d が指す種を構成するすべての単数性個体からなる複
　　　数性個体である．
　　　それ以外は定義不能．

　　　　　　　　　　　　　　　　　　　　　　　　　　(Chierchia (1998a: 350))

DKP を適用すると，(8b) は $\exists x[^{\cup\cap}\mathrm{dogs}'(x) \wedge \mathrm{sick}'(x)]$ となる．タイプ変
換からみた $^\cup$ と $^\cap$ の関係は，$<s, <e, t>> \rightarrow ^\cap \rightarrow <s, e> \rightarrow ^\cup \rightarrow <e, t>$ とな
り，$^\cap$ の操作のところではタイプは下降している．

4.4　タイプ変換の制限

　4.1 節の P&R も前節の Chierchia (1998a, b) も，タイプ変換は必要な場合にのみ生じる操作であると主張している．4.2 節でみた Partee (1987) では，タイプ変換の適応理由は述べられていない．三者の重要な違いは，変換の方向性である．P&R はタイプ上昇しか認めないが，他の 2 つでは，タイプの上昇と下降の両方が認められている．

　この点に関して，Bittner (1994, 1998, 1999) は，タイプ下降を仮定する必要は見当たらないとして，タイプ上昇のみを認めている．そして，可能なタイプ上昇の群を規定し，統語論での移動との概念的類似性を指摘している．移動もタイプ上昇も，元のままでは不都合が生じるところに操作を加え，一定の局所性に従う共通性がある．移動が無制限に遠距離に適用されることがないのと同様に，単純なタイプが一足飛びに非常に複雑なタイプに変換されることはない．さらに，Bittner の枠組みでは，タイプ上昇が適用する際に，語彙項目以外の意味が導入される．たとえば，(13a) のような結果構文をみてみよう．<e, t> である自動詞 bark と，t である小節 me awake を合成する際にタイプが合致しない．そこで，(13b) のタイプ上昇規則 ⇑ が適用される．これは <e, t> を <t, <e, t>> に変換する．そして，その際，CAUSE の意味が導入される．(13b) は簡略版であり，詳しい説明は省略する．

　(13) a.　The dog [$_{VP}$ barked [$_{AP}$ me awake]]

　　　b.　⇑: $\lambda P \lambda q \lambda x[P(x) \wedge BECOME(q) \wedge it_1 \, CAUSE \, it_2]$

　　　c.　$\lambda x[bark'(x) \wedge BECOME(awake'(\text{the-speaker})) \wedge it_1 \, CAUSE \, it_2]$,

　　　　　　　　　　　　　　　　　　　　　　　　　　　　　　　　$<e, t>$

　　　　　$\lambda x[bark'(x)], <e, t>, ⇑$　　　　$awake'(\text{the-speaker}), t$

Bittner のアプローチでは，CAUSE 以外にも，存在量化子や分配演算子もタイプミスマッチによるタイプ上昇の際に導入される．こうすることで，不可視の演算子の分布が適切に制限される．

　タイプ上昇・下降の両方を認めるか，上昇のみを認めるかは，経験的な問題であると同時に，形式理論に対する見解の違いでもある．タイプの変換は，関数として定義されるので，「A を B に写像する関数が存在するのであれば，B を A に写像する関数も存在するはずだ，存在したほうが理論的に美しい」という発想は，形式理論としては自然かもしれない．一方で，言語理論の観点から考えると，余剰性は排除されなければならないし，規則の適用は適切に制限さ

れるべきである．また，Jacobson (2014: 193) のように，タイプの上昇は，文法内の操作としての「最後の手段」ではなく，言語処理の問題とみなす立場をとる研究者もいる．どの方向性が正しいのかは，簡単に決まる問題ではない．

第 5 章

数量詞の作用域
―構造と解釈のミスマッチ―

　論理学や数学の言語と異なり，自然言語には多義性 (ambiguity) がある．有名な (1) の例文には (2a, b) で示された 2 通りの解釈が可能である．(2a) は「少なくとも 1 人の男の子が存在し，その子がすべての女の子を愛している」，(2b) は「どの女の子をとってみても，その子は，少なくとも 1 人の男の子に愛されている」という解釈である．

(1)　A boy loves every girl.
(2)　a.　$\exists x[boy'(x) \wedge \forall y[girl'(y) \rightarrow love'(x, y)]]$
　　 b.　$\forall y[girl'(y) \rightarrow \exists x[boy'(x) \wedge love'(x, y)]]$

1960 年代，生成文法の分野で勃発した生成意味論と解釈意味論の対立でも，(1) のような数量詞の作用域の多義性は重要な論点であった．モンタギューはこの論争とは一定の距離を置いていたが，本章でみるように，PTQ でのアイデアは生成意味論のアプローチに似ている．そして生成意味論の企てが頓挫したのと同じように，PTQ で提案された分析は，形式意味論の分野では受け継がれず，多くの代案が出されることになった．

5.1　割り込み量化のアプローチ

　PTQ では，(1) の多義性は，概略，以下のように分析される（ここでは内包論理は用いず，簡略化して説明する．Partee (1973) も参照）．(3a, b) の分析樹は，それぞれ (2a, b) の解釈に対応している（(3) の F_4, F_5 に関しては第 2 章参照）．

(3) a. a boy loves every girl, $F_{10, 44}$　　　　b. a boy loves every girl, $F_{10, 55}$

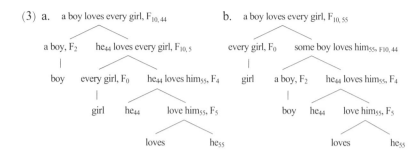

(3) で用いられている every や a は基本表現ではなく，統語規則 S2 の F_0, F_2 という演算で導入される．[a boy]，[every girl] が枝分かれしていないのはこのためである．数量詞は，(4) の統語規則 S14 と翻訳規則 T14 で処理される．

(4) S14:　α が t/IV，φ が t なら，$F_{10, n}(α, φ)$ は t である．
　　　　　ただし，φ の最初の he_n または him_n を α で置き換えたものである．
　　T14:　α が t/IV，φ が t，それぞれが α′，φ′ に翻訳されるなら，
　　　　　$F_{10, n}(α, φ)$ は α′$(λx_n[φ′])$ に翻訳される．

たとえば，(3a) で α が [every girl]，φ が [he_{44} loves him_{55}] なら，$F_{10, 55}$ によって，him_{55} が every girl と置き換えられる．語順は loves every girl になり，T14 により every girl′$(λx_{55}[love′(x_{44}, x_{55})])$ に翻訳される．これは述語論理表示 $∀y[girl′(y) → love′(x_{44}, y)]]$ となる．その後，[a boy] が $F_{10, 44}$ によって he_{44} と置き変わり，a boy が広い作用域をとる (2a) の解釈となる．$F_{10, 44}$ と $F_{10, 55}$ の適用順序が逆になると，(3b) の分析樹になり，(2b) の解釈となる．このように，PTQ では，数量詞が文中に割り込むので「割り込み量化 (quantifying-in)」とよばれる．

　割り込み量化は，生成意味論での数量詞繰り下げ変形 (quantifier lowering) とよく似ている．生成意味論では，(3a)–(3b) に似た構造から，数量詞繰り下げ変形により (1) の表層構造が生成される．しかし，両者には基本的な違いがある．Szabolcsi (2010: 12) が指摘するように，PTQ のボトムアップでの構造構築／計算は，トップダウンで統語構造が生成されていた 1960 年代においては異色であった．生成意味論でも，(3) のような構造そのものは句構造規則によってトップダウンで生成された．一方，PTQ では，統語規則とそれに対応する翻訳規則によって節点ごとに構造とその意味が同時にボトムアップで計算さ

れる．PTQ の分析樹は，独立した統語構造ではなく，計算履歴を示しているだけであり，生成文法的な意味での文構造・句構造とは本質的に異なる．したがって，割り込み量化と数量詞繰り下げは本質的に異なる．

5.2　数量詞保管のアプローチ

1970 年代に入ると，生成文法の統語論と形式意味論を融合させる試みが現れた．Cooper（1975, 1983）は生成統語論で提案された句構造規則に基づいて意味解釈を行う方策を提案した．とくに，保管（storage）とよばれるテクニックを用いて，(1) の多義性を解決している．

まず，(1) は (5) の構造をもつ．この構造は生成文法での句構造規則で生成されるが，各枝分かれ節点は，PTQ 同様ボトムアップで計算される．丸数字は各節点での翻訳を示している．

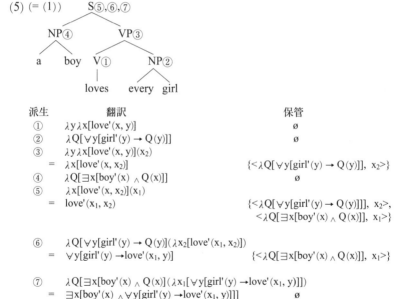

(5) (= (1))

派生　　　翻訳　　　　　　　　　　　　　　　　　　　　　　保管
① $\lambda y \lambda x[\text{love}'(x, y)]$　　　　　　　　　　　∅
② $\lambda Q[\forall y[\text{girl}'(y) \rightarrow Q(y)]]$　　　　∅
③ $\lambda y \lambda x[\text{love}'(x, y)](x_2)$
= $\lambda x[\text{love}'(x, x_2)]$　　　　　　　$\{<\lambda Q[\forall y[\text{girl}'(y) \rightarrow Q(y)]], x_2>\}$
④ $\lambda Q[\exists x[\text{boy}'(x) \wedge Q(x)]]$　　　　∅
⑤ $\lambda x[\text{love}'(x, x_2)](x_1)$
= $\text{love}'(x_1, x_2)$　　　　　　　　$\{<\lambda Q[\forall y[\text{girl}'(y) \rightarrow Q(y)]]], x_2>,$
　　　　　　　　　　　　　　　　　　　　　　　　$<\lambda Q[\exists x[\text{boy}'(x) \wedge Q(x)]], x_1>\}$

⑥ $\lambda Q[\forall y[\text{girl}'(y) \rightarrow Q(y)](\lambda x_2[\text{love}'(x_1, x_2)])$
= $\forall y[\text{girl}'(y) \rightarrow \text{love}'(x_1, y)]$　　　$\{<\lambda Q[\exists x[\text{boy}'(x) \wedge Q(x)]], x_1>\}$

⑦ $\lambda Q[\exists x[\text{boy}'(x) \wedge Q(x)](\lambda x_1[\forall y[\text{girl}'(y) \rightarrow \text{love}'(x_1, y)]])$
= $\exists x[\text{boy}'(x) \wedge \forall y[\text{girl}'(y) \rightarrow \text{love}'(x_1, y)]]]$　　∅

通常であれば，③で，$\lambda y \lambda x[\text{love}'(x, y)]$ の y の位置と every girl が結びつけられるが，ここではそうせず，いったん y のところに x_2 を入れておく．そして，使わなかった every girl を「保管庫」へ入れる．保管状況は各派生の右端に集合として明記される．③の場合，本来の位置を示す x_2 と every girl がペアで

保管される．⑤でも同様に，使わなかった a boy を x_1 とペアにして保管庫に入れる．⑥以降で，保管庫にあるどちらの数量詞を先に使うかで（2a）の解釈になるか（2b）の解釈になるかが決まる．（5）の⑥では，every girl が先に保管庫から取り出されている．この場合，every girl のペアの相手である x_2 がラムダ演算子によって束縛され，ラムダ変換の結果，$\forall y[\text{girl}'(y) \rightarrow \text{love}'(x_1, y)]$ が得られる．この段階では，まだ <a boy, x_1> は保管庫の中にある．⑦では x_1 がラムダ演算子によって束縛され，a boy が全体と結びつく．最終的に保管庫に何も残っていなければ計算終了である．このようにして，PTQ で仮定された不自然な割り込み量化を用いることなく，（1）の多義性が説明される．

5.3　タイプ変換のアプローチ

　上で紹介した 2 つのアプローチのどちらも，厳密な意味で，統語構造から直接意味を計算してはいない．たしかに，生成文法のように移動変形を用いているわけではないが，動詞の項の位置を変項で「仮押さえ」しておいてから，数量詞を導入するので，実質，数量詞を移動させているのを同じである．これに対して，他動詞のタイプを変換することで，統語構造を，文字通り，直接解釈するアプローチがある．Hendriks（1993）は他動詞 $\lambda y \lambda x[P(x, y)]$ に対して，(6a, b) の 2 つの翻訳を与えている．

(6) a.　$\lambda B \lambda A[A(\lambda y[B(\lambda x[P(x, y)])])]$　　　主語数量詞が広い作用域
　　b.　$\lambda B \lambda A[B(\lambda x[A(\lambda y[P(x, y)])])]$　　　目的語数量詞が広い作用域

(6a, b) ともに λB が一番左にあるので，B が他動詞の目的語位置にくる数量詞である．A は主語数量詞に対応する．ポイントは，$\lambda B \lambda A[\cdots]$ の $[\cdots]$ 内の A と B の順番である．(6a) では A のほうが外にあるので広い作用域をとる．一方，(6b) では B が外にあるので B の広い作用域が得られる．このアプローチでは，（1）の多義性は，構造的な多義性でなはく，他動詞のタイプの違いから導かれることになる．

5.4　現在の状況

　現在では，多くの研究者が LF での数量詞の移動を仮定している．これには，チョムスキー流の統語論を意識した形式意味論の教科書である，Chierchia and McConnell-Ginet（2000）や Heim and Kratzer（1998）の影響も大き

いであろう．一方で，統語構造と意味解釈の一体性／直接性を重視する研究者
は，タイプを変換させるアプローチをとっている．たとえば，組み合わせ範疇
文法（Combinatory Categorial Grammar, Steedman (2012) 参照）や無変項
意味論（Variable-Free Semantics, Jacobson (2014) 参照）では，Hendriks
(1993) の分析とは異なるが，タイプ変換によって数量詞の作用域の多義性を
説明している．とくに，Jacobson (2014) は LF 移動分析の問題点を指摘して
いて興味深い．

第 6 章

疑問文の意味論
―返答の形式化―

　疑問文の意味は真理条件を用いて表すことができるのだろうか．ある疑問文が真か偽かと問われても答えることはできない．疑問文の意味論を考えるにあたっては，返答文がカギとなる．Who came? に対して，John came. と John.の 2 とおりの返答が可能である．ここでは，前者のような文（命題）の返答にもとづいた分析がどのように発展してきたかを概観する．

6.1　可能な返答の集合としての疑問文

　Hamblin（1973）は，疑問文の意味を可能な返答の集合として定義することを提案した．たとえば，(1) を問われた人が，Andy was born in Miami. や It's going to rain. と答えたら，その人は (1) の意味がわかっていないことになるだろう．逆に，(1) に対して適切な返答する人は，(1) の意味がわかっている人である．(1) に対して，Andy came と答えても Billy came と答えても，間違っているかもしれないが，適切である．(1) の意味を概略 (2) のような可能な返答の集合と考えることは直観的にわかりやすい．

　(1)　Who came?
　(2)　{Andy came, Billy came, Charlie came, …}

Hamblin（1973）の功績の 1 つとして，(2) のような命題の集合のつくり方を明示したことがあげられる．たとえば，$[\![who]\!]^{w,g}$ は可能世界 w における個体の集合 $\{x \mid human'_w(x)\}$（ $= \{a, b, c, …\}$ ）に翻訳される（可能世界変項 w は下付きで示す）．$[\![come]\!]^{w,g}$ は 1 つの属性からなる単一要素集合 $\{\lambda x \lambda w'[come'_{w'}(x)]\}$

に翻訳される．この 2 つの集合の各要素が，(3) に示されるように逐点関数適用 (point-wise function application) を受け，最終的に命題の集合が得られる．

$$
\begin{aligned}
(3) \quad [\![\text{come}]\!]^{w,g}([\![\text{who}]\!]^{w,g}) &= \{f(x)\mid f \in [\![\text{come}]\!]^{w,g},\ x \in [\![\text{who}]\!]^{w,g}\} \\
&= \{\lambda x \lambda w'[\text{come}'_{w'}(x)]\}(\{x|\text{human}'_w(x)\}) \\
&= \{\lambda w'[\text{come}'_{w'}(a)],\ \lambda w'[\text{come}'_{w'}(b)], \\
&\qquad \lambda w'[\text{come}'_{w'}(c)],\ \cdots\} \\
&= \lambda p \exists x[\text{human}'_w(x) \wedge p = \lambda w'[\text{come}'_{w'}(x)]]
\end{aligned}
$$

6.2　真の返答の集合としての疑問文

Karttunen (1977) は (4a) や (4b) のような埋め込み疑問文（間接疑問文）に焦点をあて，疑問文の意味を真である返答の集合と分析している．

(4) a.　Who is elected depends on who is running.
　　b.　John told Mary who passed the exam.
　　c.　John told Mary that Bill and Susan passed the exam.

たとえば，(4a) の主語の解釈として「当選しない人」は考慮外である．つまり，who is elected が意味する命題の集合の中には，返答として真になる命題しか入っていない．また，(4c) のように tell の補文 that 節の内容は，偽であっても構わない．つまり，John が言ったことが嘘であるという解釈も可能である．しかし，(4b) のように，tell が関節疑問文をとった場合には，John が Mary に対して試験に受からなかった人の名前を伝えるという解釈はない．つまり，who passed the exam は真の返答となる命題のみを含む集合ということになる．このような観察から，(1) が埋め込まれた (5a) は，(5b) のように表される．

(5) a.　John knows who came.
　　b.　John knows$_{w_0}$ $\lambda p \exists x[\text{human}'_{w_0}(x) \wedge p = \lambda w[\text{come}'_w(x)] \wedge p(w_0)]$

(5a) が評価される世界を w_0 とすると，(5b) 全体は，概略，つぎのようになる：John が w_0 において知っているのは「x がきた」が真となる可能世界の集合の集合（命題の集合）で，x には，w_0 で人間である個体が該当し，かつ，w_0 において p は真である．w_0 で a だけが「x がきた」に該当するとしよう．もし，「w_0 において p は真である」の条件がなければ，p は Hamblin の (2)/(3)

と同一になる．しかし，この条件が課せられているので，(2)/(3) の中から，w_0 において真になる命題 come$'$(a) だけが選ばれる．

6.3　可能世界の集合の分割としての疑問文

　Groenendijk and Stokhof（1984）（以下，GS）は Karttunen の分析の問題点をいくつか指摘している．ここでは総記性（exhaustivity）に関するものを紹介する．まず，(6a) と (6b) が与えられた状況で，(6c) は真と判断できる．

(6) a.　John believes that Andy and Billy came.

  b.　Only Andy came.

  c.　John doesn't know who came.

しかし，Karttunen の意味論ではこの事実が捉えられない．なぜなら，(5b) は「誰がこなかったか」を John が知っているかどうかについては何も述べていないからである．(6) の推論が成り立つということは，'know who came' であるためには「誰がきて，誰がこなかったか」をもれなく知っていなければならないということを示している．この点で Karttunen の意味論は，総記性が弱いのである．

　このような問題を解決するために，GS は，(5a) に対して (7) のような論理式を与えている．

(7)　John knows$_{w_0}$ $\lambda w [\lambda x [\text{human}'_w (x) \wedge \text{come}'_w (x)] = \lambda x [\text{human}'_{w_0} (x)$
$\wedge \text{come}'_{w_0} (x)]]$

彼らの分析では，疑問文は命題の集合ではなく，命題（＝可能世界の集合）である．(7) の場合は，w においてきた人の集合が w_0 においてきた人の集合と一致するような w の集合である．このような条件を満たす w の集合を John が知っている場合に，John knows who came が真となる．では，(6) を確認しよう．(6b) より，$\lambda x [\text{human}'_{w_0} (x) \wedge \text{come}'_{w_0} (x)] = \{a\}$ である．仮に，$\lambda x [\text{human}'_{w_1}(x) \wedge \text{come}'_{w_1}(x)] = \{b\}$，$\lambda x[\text{human}'_{w_2}(x) \wedge \text{come}'_{w_2}(x)] = \{a, b\}$ としよう．そうすると，w_1 できた人の集合も，w_2 できた人の集合も，w_0 できた人の集合と同値ではない．一方で，(6a) より，John が知っている（と誤って思っている）命題（＝可能世界の集合）は $\{w_2\}$ である．したがって，John は誰がきたかを知っていることにはならない．ポイントは w_0 できた人の集合と同値になるためには，誰がこなかったかも正しく知っている必要があるという

点である.

　(7) では know の wh 補文の意味表示が与えられているが, (7) の w_0 が (8) のようにラムダ演算子 $\lambda w'$ によって抽象化されると, 主節 wh 疑問文 Who came? の意味となる.

$$(8)\quad \lambda w'\lambda w[\lambda x[\text{human}'_w(x) \wedge \text{come}'_w(x)]$$
$$= \lambda x[\text{human}'_{w'}(x) \wedge \text{come}'_{w'}(x)]]$$

(8) を説明するために, 登場人物を Andy と Billy の 2 人だけに限定し, 可能世界の集合 W には w_1 から w_{12} の可能世界のみが含まれると仮定する.

　(9)

w_1	w_2	w_3	w_4
w_5	w_6	w_7	w_8
w_9	w_{10}	w_{11}	w_{12}

Andy came が真となる可能世界を $w_5, w_6, w_7, w_8, w_9, w_{10}, w_{11}, w_{12}$. Billy came が真となる可能世界を $w_3, w_4, w_7, w_8, w_{11}, w_{12}$ とする. これは (9) のように示される. (9) の重要な点は, 'no one came' 'Andy came and Billy didn't come' 'Billy came and Andy didn't come' 'Andy and Billy came' がそれぞれ真となる可能世界の集合が重複なしに区分されているという点である. (8) 全体は可能世界 w' から可能世界の集合への関数である. たとえば, (8) の w' に w_5 を入れると, w_5 できた人は Andy だけなので, 等号の右の式は {a} になる. 等号の左の x に a を入れると, 全体は $\lambda w[\lambda x[\text{human}'_w(a) \wedge \text{come}'_w(a)] = \{a\}]$ となる. $\lambda x[\text{human}'_w(a) \wedge \text{come}'_w(a)] = \{a\}$ を満たす w の集合は, $\{w_5, w_6, w_9, w_{10}\}$ なので, (8) に w_5 を入れると, $\{w_5, w_6, w_9, w_{10}\}$ が返ってくることになる. これは, $\lambda w[\text{Andy came}_w \text{ and Billy didn't come}_w]$ に等しい. 同様に, w' に w_7 を入れると, (8) 全体は $\{w_7, w_8, w_{11}, w_{12}\}$ $(= \lambda w[\text{Andy and Billy came}_w])$ となる. このように (8) を用いると, 疑問文を「真であり, かつ, 完全な返答 (命題)」とみなすことになる.

　登場人物が 3 人であれば, $2^3 = 8$ 通りの答えが可能となり, 可能世界の集合 W は 8 つに分割される. このように, GS が提案した強い総記性をもつ疑問文の意味論は, 可能世界の集合 W を過不足も重複もなく分割 (partition) するので,「分割アプローチ」とよばれる.

6.4　分割アプローチ以降

　ここまでの説明だと GS の分析が優れているように思われるかもしれない.
しかし, GS のいう強い総記性は know のような動詞の補文で典型的に観察さ
れるのであって, たとえば, surprise や agree の wh 補文では強い総記性は見
られない.

(10) a.　John was surprised at who came.
　　　b.　John agreed with Mary on who came.

(10a) では, John がくると予測していた人が実際きた場合には, John は驚か
ない. つまり, (10a) の wh 補文の意味を正しく解釈するにあたって, 誰がき
て, 誰がこなかったのかをもれなく述べる必要はない. (10b) は, そもそも,
誰がきたかについて John と Mary が偽の信念を共有していても構わない
(Beck and Rullmann (1999) 参照). このように, wh 補文をとる動詞の性質に
よって, wh 疑問文の解釈は変化する.

　総記性の強弱以外にも, この分野での未解決の問題は多い. より詳しくは,
Lahiri (2004), Krifka (2011), Uegaki (2015) などを参照されたい.

第 7 章

談話意味論（1）
―文を超えた照応―

　意味は統語構造に基づいて計算される．統語構造の最大単位は文なので，意味計算の到着点は文の意味ということになる．しかし，自然言語には，照応や削除，前提投射（presupposition projection）など，文境界を超えた談話レベルの興味深い現象が多く存在する．これらの現象を形式的に捉えるために，1980年前後から後に談話意味論（あるいは，形式語用論，動的意味論）とよばれるようになる談話レベルの意味論が構築されるようになり，20 世紀の最後の 20年で大きな進展をみせた．

7.1　数量詞の作用域と代名詞の解釈

　まずは，基本的な事実から確認する．(1a, b) は，それぞれ「どの男の子も自分が勇敢だと思っている」,「自分を勇敢だと思っている男の子が（少なくとも）1 人存在する」という解釈で，いずれも代名詞の値が先行する数量詞の値によって変化している．このような解釈を束縛解釈とよぶ．

(1) a.　Every boy$_2$ thinks that he$_2$ is brave.
　　b.　A boy$_3$ thinks that he$_3$ is brave.

第 4 章でみたように，基本的には，代名詞は個体変項として扱われる．ここでは，he$_2$ = x$_2$ のように翻訳されると仮定する．(1a, b) はそれぞれ (2a, b) の述語論理表示が与えられる．

(2) a.　$\forall x_2[\text{boy}'(x_2) \rightarrow \text{think}'(x_2, x_2 \text{ is brave})]$

    b.　$\exists x_3[\text{boy}'(x_3) \land \text{think}'(x_3, x_3 \text{ is brave})]$

つぎに述語論理がモデル M と割り当て関数 g のもとで解釈される. $[\![\phi]\!]^{M,g}$ は, ϕ が M と g で解釈されることを表している.

  (3) a.　$[\![\forall x_2[\text{boy}'(x_2) \to \text{think}'(x_2, x_2 \text{ is brave})]]\!]^{M,g}$
      b.　$[\![\exists x_3[\text{boy}'(x_3) \land \text{think}'(x_3, x_3 \text{ is brave})]]\!]^{M,g}$

変項は割り当て関数 g によって解釈される. たとえば, $g(x_2) = \text{John}$ のように変項に対して値が与えられる. 全称量化子 $\forall$ と存在量化子 $\exists$ ではじまる式は以下のように定義される.

  (4) a.　$[\![\forall x_n[\phi]]\!]^{M,\,g} = 1$ の必要十分条件：M の個体集合 A のすべての要素 d に対して, $[\![\phi]\!]^{M,\,g[x_n/d]} = 1$ が成り立つ.
      b.　$[\![\exists x_n[\phi]]\!]^{M,\,g} = 1$ の必要十分条件：M の個体集合 A の少なくとも 1 つの要素 d に対して, $[\![\phi]\!]^{M,\,g[x_n/d]} = 1$ が成り立つ.

ここで, 割り当て関数 $g[x_n/d]$ は, ϕ の中の x_n を d で置き換える以外は g とおなじ割り当て関数である. (3a) の x_2 は, $\forall x_2$ ではじまる式に含まれていなければ, g によって値が決まるが, ここでは含まれているので, $g[x_2/d](x_2)$ = d となる. A のすべての要素について, $\text{boy}'(d) \to \text{think}'(d, d \text{ is brave})$ が真なら (つまり, $\text{boy}'(a) \to \text{think}'(a, a \text{ is brave})$, $\text{boy}'(b) \to \text{think}'(b, b \text{ is brave})$, ... のすべてが真なら) (3a) 全体は真となる. 同様に, $\text{boy}'(d) \land \text{think}'(d, d \text{ is brave})$ が真となる d が少なくとも 1 つあれば, (3b) は真となる.
　つぎに (5) のような文の連鎖を考えよう.

  (5) a.　Every boy$_1$ came in. *He$_1$ sat down.
      b.　A boy$_1$ came in. He$_1$ sat down.

まず, (5a) の第 1 文は (6a) のように, そして第 2 文は (6b) のように翻訳される.

  (6) a.　$[\![\forall x_1[\text{boy}'(x_1) \to \text{come-in}'(x_1)]]\!]^{M,g}$
      b.　$[\![\text{sit-down}'(x_1)]\!]^{M,g}$

(6a, b) では, ともに x_1 という変項が用いられているが, 前者は (4a) で示したとおり, 個体集合 A の要素 d に置き換えられるが, 後者では割り当て関数 g によって解釈され, $g(x_1)$ となり, 特定の個体が割り当てられる. したがって,

(5a) では代名詞の束縛解釈は不可能であることが説明される．しかし，この説明の仕方だと (5b) が問題となる．たとえば，Bill が個体集合 A の要素で，boy であり，かつ，come-in したとしよう．そうすると (5b) の第 1 文は真となる．しかし，第 2 文で g (x$_1$) = Bill となる保証はどこにもない．この問題に対して，これまで大きく分けて，E 型アプローチと動的アプローチの 2 つが提案されてきた．以下，これらのアプローチを概観する．

7.2　E 型アプローチ

E 型アプローチとよばれる分析では，(5b) の第 2 文の he のように，文境界を超えて数量詞を先行詞にもつ代名詞（E 型代名詞）を，単なる個体タイプの変項ではなく，the man who came in のような定表現のように扱う (Evans (1980), Cooper (1979), Heim (1990), Heim and Kratzer (1998) など)．定表現そのものをどのように分析するかによって，E 型代名詞の翻訳は異なる．Cooper (1979) はラッセル流の定名詞句分析（第 4 章 (4) 参照）に従い，(7) を提案している．Π は文脈で与えられる属性を指す．(5b) の場合，Π の値は λy[boy′(y) ∧ come-in′ (y)] で，(5b) 全体は (8) のようになり，「やってきた唯一の男の子 x が座った」ことを表している．

(7)　$\lambda Q \exists x[\forall y[\Pi(y) \leftrightarrow x = y] \wedge Q(x)]$
(8)　$\exists x[\forall y[boy'(y) \wedge come\text{-}in'(y) \leftrightarrow x = y] \wedge sit\text{-}down'(x)]$

第 4 章の (5a) でみたように，定名詞句はイオタ演算子 ι を用いて表すこともできる．この定義を用いると，E 型代名詞は (9) のように翻訳され，(5b) の第 2 文の論理表示は (10) のようになる．

(9)　$\iota x[\Pi(x)]$
(10)　$sit\text{-}down'(\iota x[boy'(x) \wedge come\text{-}in'(x)])$

Elbourne (2001) は，Postal (1969) の分析を現代に甦らせ，統語的分析をしている．この分析では，代名詞と定冠詞は等価（[[he]] = [[the]]）で，常に NP 補部をとり，この NP は音声的に省略される．(5b) の第 2 文は (11) の構造をもつ．

(11)　[$_{DP}$ he [$_{NP}$ ~~man who came in~~] sat down

7.3　動的アプローチ

　代名詞を E 型とせず，常に変項に翻訳される考えると，(5b) の文連鎖の真理条件として (12) が考えれらる.

(12)　$\exists x_1[\text{boy}'(x_1) \wedge \text{come-in}'(x_1) \wedge \text{sit-down}'(x_1)]$

(12) では，(5b) の第 2 文の翻訳である sit-down$'$(x_3) の x_3 が，第 1 文の a man$_1$ の存在量化子 $\exists x_1$ によって束縛されており，代名詞 he$_1$ の束縛解釈が正しく表されている. このような真理条件を得るためには，論理表示への翻訳が文境界を超えて行われなければならない. では，具体的にどのようにするのであろうか. 以下では，3 つの動的アプローチを紹介する.

7.3.1　表示による理論

　最初に，表示による理論を紹介する. 表示理論の代表的なものとしては，Kamp (1981) の談話表示理論 (Discourse Representation Theory: DRT) が取り上げられることが多いが，ここでは Heim (1982: Chapter 2) による LF 表示と LF 解釈規則を用いた，より生成統語論的なアプローチを紹介する. 両者は，見た目は異なるが，基本的な考え方の多くを共有している. とくに，a (n) NP，some NP などの不定名詞句を $\exists x[...x...]$ に翻訳せず，単に変項とその条件（述語）を導入するだけのものとして扱っている点が共通している. 興味深いことに，Heim (1982: Chapter 2) のあと，Heim (1982: Chapter 3, 1983) では LF 表示にあまり依存しないアプローチが提案され (7.3.2 節)，さらに，前節で言及したように，Heim (1990) では E 型アプローチが採用されている. つまり，ここで紹介する理論は，提案者がすでに放棄した理論である. しかし，チョムスキー流の LF と形式意味論／語用論の融合を試みた最初のアプローチなので，研究史的に重要である.

　では，Heim (1982: Chapter 2) の理論をみてみよう. この理論では，LF 表示は (13) の LF 規則により派生し，(5b) の文連鎖は (14) のように表示される.

(13) a.　数量詞移動 (QR)　b.　数量詞解釈 (QC)　c.　テキスト形成 (TF)
　　　d.　存在量化閉包 (EC)　　e.　数量詞指標付与 (QI)

(14)

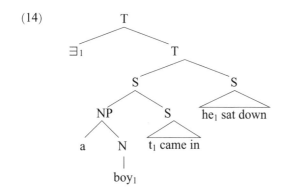

　まず，a boy が（定義上，数量詞ではないが）QR により S に付加する．(13b)
の QC は [s [every [book]]₁ [s ...t₁...]] のような構造を [s [every] [book]₁
[s ...t₁...]] に再分析する規則である．(14) には every のような数量詞は用い
られていないので QC の適用はない．(5b) の 2 文は TF により 1 つの構成素
T になる．その T に対して，EC により存在量化子 ∃ が付加する．(13e) の
QI は，概略，「不定名詞句の指標を，もっとも近い量化子に付与せよ」というも
のである．これにより，∃ に a boy の指標 1 が与えられる．その結果，a boy
を束縛する存在量化子によって，he₁ も束縛される表示が得られる．
　つぎに，(14) のような LF 表示は，(15) の充足関係（satisfaction relation）
に基づいて解釈される．ここで用いられる列（sequence）とは，指標から個体
への割り当て関数のことで，<a₁, a₂, ...aₙ> のような順序組として表される．
たとえば，<a₁, a₂, ...aₙ>(1) = a₁ のように，変項の指標に対して値を与える．
Ext (β) は，たとえば，Ext (boy) なら少年の集合，Ext (hit) なら {<John,
Bill>, <Mary, Tom>,...} のような叩く人と叩かれる人のペアの集合を表す．

(15)　充足関係：「列 <a₁, ..., aₙ> が p を充足する」の定義
　　　a. p が n 項述語 β と変項 x₁, ...xₙ から成っている場合：
　　　　　　<a₁, ..., aₙ> ∈ Ext (β) の場合，そしてその場合に限り，
　　　　　　<a₁, ..., aₙ> は p を充足する
　　　b. p が直接 p₁, ..., pₙ から成っている場合：
　　　　　　<a₁, ..., aₙ> が p₁ を充足し，...，かつ <a₁, ..., aₙ> が pₙ を充足し
　　　　　　た場合，そしてその場合に限り，<a₁, ..., aₙ> は p を充足する．

(15) を用いると，(14) は (16) のように解釈される（(14) では変項は 1 つ
しか登場しないので，<a₁>(1) = a₁ である）．

(16)　<a₁> が（14）を充足する

　　⇔<a₁> が [ₛ [a [boy₁]] t₁ came in] を充足し，かつ，<a₁> が [ₛ he₁
　　sat down] を充足する

　　⇔a₁ ∈ Ext（boy）かつ a₁ ∈ Ext（come-in）かつ a₁ ∈ Ext（sit-
　　down）

（16）は,「個体 a₁ が boy であり，come-in し，sit-down した場合,そしてその
場合に限り，列 <a₁> は（14）を充足する」ことを述べている．言い換えると,
列 <a₁> が変項 t₁ と he₁ に対して，boy であり，come-in し，sit-down するよ
うな個体 a₁ を与えることができる場合に限り（14）が意味をなすということ
である．これは（12）と同じことである.

7.3.2　ファイル変化意味論

　7.3.1 節で紹介した Heim の LF 解釈規則に基づくアプローチでは,（14）の
ような LF 表示を生成することが重要な役割を担っている．これに対し,
Heim（1982: Chapter 3, 1983）は,文と文を連結させるような LF 表示生成に
あまり重きを置かず，ファイルに情報を書き込んでいく比喩を用いて,文ごと
に情報をアップデートする方策を提案している．これはファイル変化意味論
(File Change Semantics: FCS) とよばれる．FCS では,1 つの文が 1 つのファ
イルに相当し，各ファイルには，該当する文に登場する個体についてのファイ
ルカードが入っている．たとえば,（17a）では，少年である個体と犬である個
体が導入されている．それぞれ 1 と 2 の指標が付いているとすると,指標 1 の
個体のファイルカードには，少年であり，かつ，指標 2 の個体を連れてきたこ
とが書き込まれている．同様に，指標 2 の個体のファイルカードには，犬であ
り，かつ，指標 1 の個体に連れてこられたことが書き込まれている．この 2 枚
のファイルカードがファイル F1 の中身である．（17b, c）と談話が進むと,
（18）の F2 と F3 のように順次内容が書き加えられていく.

(17) a.　A boy₁ brought a dog₂.　　　　　　b.　He₁ hit it₂ with a stick₃.

　　 c.　It₂ barked.

(18)　F1：

1	2
_ is a boy	_ is a dog
_ brought 2	_ was brought by 1

　　　F2：

1	2	3
_ is a boy	_ is a dog	_ is a stick
_ brought 2	_ was brought by 1	_ is used by 1 to hit 2
_ hit 2 with 3	_ was hit by 1 with 3	

　　　F3：

1	2	3
_ is a boy	_ is a dog	_ is a stick
_ brought 2	_ was brought by 1	_ is used by 1 to hit 2
_ hit 2 with 3	_ was hit by 1 with 3	
	_ barked	

F2 では，新たに指標番号 3 のカードが加えられている．これは，(17b) で不定名詞句 a stick が用いられているからである．F3 では新たな個体は導入されていないので，カードの枚数は F2 と同じであるが，指標 2 のカードに新しい情報が書き加えられている．

　(15) の充足関係の定義における命題 p をファイル F に置き換えて考えると，(17a) は (19) のように捉えられる．

(19)　<a₁, a₂> は F1 を充足する⇔a₁ is a boy, a₂ is a dog, and a₁ brought a₂.

ファイル F を充足する列の集合を充足集合 Sat（F）とよぶことにすると，Sat（F）は (20) のように定義される．(20) の a_N は <a₁>, <a₁, a₂>, <a₁, a₂, a₃>, ... の略記である．

(20)　Sat(F) =_def {a_N: a_N は F を充足する}

ファイルの真偽は，充足集合を用いて，(21) のように定義される．

(21)　F が真であるための必要十分条件：Sat(F) ≠ ø

(18) における F1 → F2 → F3 のアップデートは，情報を更新する演算子 +
を用いると，(22) のようになる．

(22) a.　F1 + he$_1$ hit it$_2$ with a stick$_3$ = F2
　　 b.　F2 + it$_2$ barked = F3

ファイルのアップデートは充足集合を用いて (23) のように形式化され，たと
えば，(22a) は (24) のようになる．

(23)　F をファイル，φ を命題，φ の n 項述語を β，β の n 組の変項の指標を
　　　i$_1$, ...i$_n$ とすると，Sat(F + φ) = {a$_N$: Sat(F) and <ai1, ..., a in> ∈ Ext
　　　(β)}

(24)　Sat(F1 + he$_1$ hit it$_2$ with a stick$_3$)
　　　= {<a$_1$, a$_2$, a$_3$>: a$_1$ ∈ Ext(boy), a$_2$ ∈ Ext(dog),
　　　　　　　　　　<a$_1$, a$_2$> ∈ Ext(bring),
　　　　　　　　　　a$_3$ ∈ Ext(stick), and <a$_1$, a$_2$, a$_3$> ∈ Ext(hit-by)}
　　　= Sat(F2)

　不定名詞句は談話にはじめて登場する個体を表し，既に談話に登場している
個体は代名詞や定名詞句で表される．FCS を用いていると，この基本的な事
実をエレガントに捉えることが可能となる．(25) のように，ファイル F の領
域を，F に含まれるカードの指標番号の集合で定義すると，たとえば，(18) の
F1 の領域は，Dom(F1) = {1, 2}，F2 の領域は，Dom(F2) = {1, 2, 3} となる．
このファイルの領域を用いると，指標の新規性と既存性が (26) のように定義
できる．

(25)　Dom(F) = $_{def}$ {n ∈ N: n は F に含まれるカードの指標番号}

(26)　新規性・既存性条件 (Novelty/Familiarity Condition)
　　　F をファイル，p を文 (命題) とする．p に含まれるあらゆる名詞句の
　　　指標 i が以下の条件を満たす場合に限り，p は F に対して適切な命題
　　　である．
　　　(i)　NP$_i$ が定名詞句ならば，i ∈ Dom (F) である．
　　　(ii)　NP$_i$ が不定名詞句ならば，i ∉ Dom (F) である．

たとえば，(17b) が (26) の p の場合，p には he$_1$, it$_2$, a stick$_3$ の 3 つの名詞
句が含まれているが，F1 の領域 {1, 2} に，定名詞句である he と it の指標は
含まれているが，不定名詞句である a stick の指標は含まれていない．した

がって，(17b) は F1（＝(17a)）に対して適切な命題である．

7.3.3　動的述語論理

7.3.1 節，7.3.2 節でみたアプローチは，(i) 不定名詞句は単に変項とその条件を導入するだけで，存在量化子に束縛されているのではない（a boy => boy′(x)），(ii) 個体の存在は，存在量化子ではなく充足関係によって保障される，というアイデアに基づいている．

これに対し，Groenendijk and Stokhof (1990) の動的述語論理 (Dynamic Predicate Logic: DPL) では，この問題を従来の述語論理を修正・拡大することで解決している．基本的な考え方は以下のとおりである．7.1 節でみたとおり，通常の述語論理では，(27) の文連鎖は，(28a, b) のように翻訳され，解釈される．

(27)　A boy came in.　He sat down.

(28)　a.　$⟦∃x_1[boy′(x_1) ∧ come\text{-}in′(x_1)]⟧^{M, g}$

　　　b.　$⟦sit\text{-}down′(x_1)⟧^{M, g}$

(28a) の変項 x_1 は，g[x/d] によって解釈されるが，(28b) の変項 x_1 は g によって解釈される．よって，後者が前者と同一であるとは限らないということが問題であった．素朴に考えると，(27) の第 2 文が，g ではなく第 1 文で用いられた g[x/d] で解釈されれば，両者の同一性は保障される．DPL は，この素朴な直観に基づき，入力となる割り当て関数と出力となる割り当て関数のペアで文を解釈する．つまり，(28a) では g が入力，g[x/d] が出力，(28b) では (28a) の出力であった g[x/d] が今度は入力となって，変項を解釈する．具体的には以下のように定義される．

(29)　モデル M と割り当て関数 g に対して，式 φ が真である場合の必要十分条件：$∃h: ⟨g, h⟩ ∈ ⟦φ⟧^M$．

(30)　$⟦R(t_1 ...t_n)⟧ = \{⟨g, h⟩ \mid h = g\ \&\ ⟨⟦t_1⟧^h, ..., ⟦t_n⟧^h⟩ ∈ F(R)\}$

(31)　$⟦φ ∧ ψ⟧ = \{⟨g, h⟩ \mid ∃k: ⟨g, k⟩ ∈ ⟦φ⟧\ \&\ ⟨k, h⟩ ∈ ⟦ψ⟧\}$

(32)　$⟦∃x[φ]⟧ = \{⟨g, h⟩ \mid ∃k: k[x]g\ \&\ ⟨k, h⟩ ∈ ⟦φ⟧\}$

DPL では，$⟨g, h⟩ ∈ ⟦φ⟧$ のように，式 φ を割り当て関数のペアの集合と定義する．g が入力，h が出力となる割り当て関数である．(29) は，入力となる割り当て関数 g に対して，適切な出力 h が存在する場合，φ が真であることを述べている．通常の n 項述語からなる式は (30) のように定義される．ここでも

式 R（t_1 ...t_n）は <g, h> の集合として定義されているが，h = g なので，静的な述語論理と実質的には変わらない．入力・出力のペアが効果を発揮するのが (31) の連言のケースである．[φ ∧ ψ] 全体は g が入力，h が出力となるような式として定義されるが，第 1 式 φ の入出力のペアは <g, k>，第 2 式 ψ の入出力のペアは <k, h> である．この 2 つの式をとりもつ適切な割り当て関数 k が存在する場合，[φ ∧ ψ] 全体は <g, h> の集合と定義される．式自体が存在量化子ではじまっている場合は (32) のように定義される．φ の中にある存在量化子に束縛された変項 x の値は，割り当て関数 k で解釈される．k[x]g は「割り当て関数 k と割り当て関数 g は，変項 x に対する割り当て以外はすべて同一である」ことを意味する．これは，7.1 節でみた g と g[x/d] の関係と同じである．

　(27) のような文連鎖は，通常の述語論理の規則にしたがって，∃x[P(x)] ∧ Q(x) のように表される．ここでは省略するが，簡単な展開で，(30)–(32) を用いて (33) が得られる．

(33)　〚∃x[P(x)] ∧ Q(x)〛 = {<g, h> | h[x]g & h(x) ∈ F(P) & h(x) ∈ F(Q)}

(33) では，P (x) の x も Q (x) の x もどちらも同一の割り当て関数 h で解釈されている．したがって，DPL では (34) が成立し，(27) の文連鎖には (35) の真理条件が与えられる．

(34)　∃x[P(x)] ∧ Q(x) = ∃x[P(x) ∧ Q(x)]
(35)　∃x[boy′(x) ∧ come-in′(x) ∧ sit-down′(x)]

以上のように，DPL は，割り当て関数の入出力のペアを用いることで，文境界を超えた不定名詞句の束縛を説明する．LF 表示理論や FCS（および DRT）との重要な違いは，従来通り存在量化子を用いて不定名詞句が翻訳される点である．

第 8 章

談話意味論（2）
──「ロバ文」を巡る攻防──

　前章では談話意味論の第一歩をみた．この理論の発展には，(1) のような通称「ロバ文」をどうにかしたいという研究者たちの思いがあった（ロバ文の初出は Geach (1962: 143) の Any man who owns a donkey beats it といわれている）．

(1) a.　Every farmer$_1$ who owns a donkey$_2$ beats it$_2$.
    b.　If John$_1$ owns a donkey$_2$, he$_1$ beats it$_2$.

(1a, b) をそのまま述語論理で表すと，(2a, b) になる（(2b) の he$_1$ は，割り当て関数 g によって g(x$_1$) = John と解釈されると仮定する）．

(2) a.　$\forall x_1[farmer'(x_1) \wedge \exists x_2[donkey'(x_2) \wedge own'(x_1, x_2)]$
$$\rightarrow beat'(x_1, x_2)]$$
    b.　$\exists x_2[donkey'(x_2) \wedge own'(john, x_2)] \rightarrow beat'(g(x_1), x_2)]$

ここで，存在量化子 $\exists x_2$ の作用域は $[donkey'(x_2) \wedge own'(x_1/john, x_2)]$ なので，→ の右の x$_2$ が無束縛のままである．ロバ文分析の出発点は，このような，通常の述語論理では捉えられない束縛関係をどのように捉えるのかということである．さらに，(1a, b) の自然な解釈は，それぞれ「ロバを所有しているどの農夫も，自分が所有するすべてのロバを叩く」「ジョンがロバを所有しているなら，彼は自分が所有するロバをすべて叩く」である．つまり，存在量化されている a donkey$_2$ と it$_2$ が関連付けられているにもかかわらず，全称量化の解釈（所有しているすべてのロバを叩く）が自然である．これまでロバ文に関してさまざまな分析が提案され，また，それにともなって，これらの問題に止まら

ない，数多くの興味深い事実が発掘されてきた．現在でも，照応現象について
新たな提案を行う際には，「ロバ文を適切に扱うことができるのか」ということ
が 1 つの試金石になっている．

8.1　動的アプローチによる解決案

　前章で紹介した，Heim（1982: Chapter 2）や Kamp（1981）の談話表示理論
（DRT），Heim（1982: Chapter 3, 1983）のファイル変化意味論（FCS）では，
不定名詞句はそれ自体存在量化されていないので，（1a, b）の自然な解釈を説
明するのに都合がよい．たとえば，7.3.1 節で紹介した Heim のアプローチで
は，（1a）は（3）のような LF 構造になる．every が NP の外へ移動しているの
は，前章（13b）の数量詞解釈規則による．

(3)

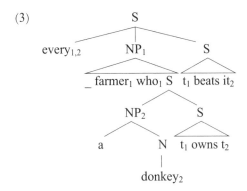

ポイントは，every が [$_{NP}$ farmer who owns a donkey]$_1$ だけでなく，[a don-
key]$_2$ も量化している点である．これは，前章（13e）の指標付与規則「不定名
詞句の指標をもっとも近い量化子に付与せよ」によって生じる．詳細は省略す
るが，この LF 表示から（4）のような真理条件が得られる．（4）は概略「所有
／被所有の関係にあるどの農夫とどのロバをとってみても，前者が後者を叩く
という関係が成り立つ」ことを述べている．

(4)　$\forall x_1, x_2 [\text{farmer}'(x_1) \wedge \text{donkey}'(x_2) \wedge \text{own}'(x_1, x_2) \rightarrow \text{beat}'(x_1, x_2)]$

（3）のように，派生的に与えられた指標による束縛は無差別束縛（unselective
binding）とよばれる．Kamp（1981）の DRT でも，実質（3）と等価の表示が
与えられ，（4）が得られる．

一方，動的述語論理（DPL）では，全称量化文および条件文を (5a, b) のように定義することでロバ文を説明する．どちらも h = g となっているので，$\forall$ x[ϕ] や $\phi \rightarrow \psi$ 全体は静的な述語論理と同じである（7.3.3 節参照）．しかし，ϕ や ψ の内部は動的に解釈される．

(5) a. $[\![\forall x[\phi]]\!] = \{<g, h> \mid h = g \;\&\; \forall k: k[x]h \Rightarrow \exists j: <k, j> \in [\![\phi]\!]\}$

   b. $[\![\phi \rightarrow \psi]\!] = \{<g, h> \mid h = g \;\&\; \forall k: <h, k> \in [\![\phi]\!]$
$$\Rightarrow \exists j: <k, j> \in [\![\psi]\!]\}$$

(2a, b) を (5a, b) に当てはめると，展開が多少複雑ではあるが，最終的にそれぞれ (6a, b) のようになる．

(6) a. $[\![\forall x[\text{farmer}'(x) \land \exists y[\text{donkey}'(y) \land \text{own}'(x, y)] \rightarrow \text{beat}'(x, y)]]\!]$
$= \{<g, h> \mid h = g \;\&\; \forall k: k[x, y]g \;\&\; k(x) \in F(\text{farmer}')$
$\&\; k(y) \in F(\text{donkey}') \;\&\; <k(x), k(y)> \in F(\text{own}')$
$\Rightarrow <k(x), k(y)> \in F(\text{beat}')\}$

   b. $[\![\exists x[\text{donkey}'(x) \land \text{own}'(\text{john}, x)] \rightarrow \text{beat}'(g(x_1), x)]]\!]$
$= \{<g, h> \mid h = g \;\&\; \forall k: k[x]g \;\&\; k(x) \in F(\text{donkey}') \;\&\;$
$\&\; <\text{john}, k(x)> \in F(\text{own}')$
$\Rightarrow <\text{john}, k(x)> \in F(\text{beat}')\}$

(6a) は (4) と同値で（(6a) では，全称量化されている k が，x と y の両方に対して値を与えている点に注意），(6b) は every donkey that is owned by John is beaten by him と同じである．

8.2 E 型アプローチによる解決案

7.2 節で紹介した E 型アプローチでは，(1a, b) のロバ文は (7a, b) のようにパラフレーズされる．

(7) a. Every farmer$_1$ who owns a donkey$_2$ beats [the donkey he owns]$_2$.

   b. If John$_1$ owns a donkey$_2$, he$_1$ beats [the donkey he owns]$_2$.

定表現 [the NP] は NP に該当する個体が唯一存在する場合にのみ用いることができる．(7a) では各農夫が，(7b) では John が，ロバを一頭だけ所有しているのであれば，(7a, b) は意味をなす．しかし，ロバ文では，所有しているロバすべてを叩くという解釈が可能なので，定表現を用いた分析は適切ではないよ

うにみえる.

　そこで, Heim (1990), Elbourne (2001) 等では, Berman (1991) になら
い, ロバ文で量化されているのは個体ではなく状況であるという分析を採用し
ている (Kratzer (1989) の状況意味論 (Situation Semantics) も参照). 大まか
なアイデアはつぎのとおりである. (7a) のモデルとして, 農夫 f1 がロバ d1
を飼っていて, 農夫 f2 がロバ d2 と d3 を飼っているとする. まず, 最小状況
(minimal situation) という概念を導入する. 最小状況 s1 では, f1 と d1 のみ
が存在し, own′(f1, d2) の関係のみが成り立つ. その他の個体や関係は存在し
ない. 同様に, 最小状況 s2 では, f2 と d2 だけが存在し, own′(f1, d2) のみが
成立する. s3 では, f2 と d3 だけ存在し, own′(f2, d3) のみ成立する. 次に,
各最小状況より少しだけ大きい状況を考える. s1 より少しだけ大きい状況 s1′
では, beat′ の関係が含まれる. ここで, 新たな個体は導入されていないので,
beat′ の関係は f1 と d1 の間の関係である. s2, s3 でも同様である. 図で示す
と (8) のようになる.

(8)

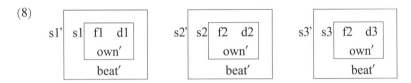

そうすると, (7a) の真理条件を, 概略,「唯一の農夫が唯一のロバを所有する
どの最小状況をとっても, その農夫がそのロバを叩く少し大きな状況が存在す
る」と記述することができる. (8) はこの条件を満たす状況である. 形式的に
は (7a, b) はそれぞれ (9a, b) のように定義される. *S1* は状況変項の指標を表
す. [*S1*/s1] は, [x/d] とおなじで,「*S1* を s1 に置き換える」ということであ
る.

(9) a.　$[\![[[\text{every }\alpha_{S1}]\ \beta_{S1'}]]\!]^{g}$ が真となる必要十分条件:
　　　　$x \in [\![\alpha]\!]^{g[S1/s1]}$ となる, すべての個体 x と最小状況 s1 に対して,
　　　　$s1 \le s1'$ かつ $x \in [\![\beta]\!]^{g[S1/s1,\ S1'/s1']}$ となる状況 s1′ が少なくとも 1
　　　　つ存在する.

　　b.　$[\![[[(\text{always})\,\text{if }\alpha_{S1}]\ \beta_{S1'}]]\!]^{g}$ が真となる必要十分条件:
　　　　$[\![\alpha]\!]^{g[S1/s1]}$ が真となる, すべての最小状況 s1 に対して, $s1 \le s1'$ か
　　　　つ
　　　　$[\![\beta]\!]^{g[S1/s1,\ S1'/s1']}$ が真となる状況 s1′ が少なくとも 1 つ存在する.

(9a, b) で,「すべての最小状況に対して」と定義しているように, 状況を量化
するのが状況意味論の特徴である. (8) のどの最小状況でも, 少し拡大した状
況で, α の農夫が β の集合の要素 (β =「s1' で the donkey をたたいた農夫の集
合」) になっているので, (7a) は真となる. とくに重要な点は, s1' でもロバは
1 頭なので, the donkey/it の唯一性が満たされているというところである. 農
夫 f2 の場合, d2 を所有している状況と, d3 を所有している状況は異なる状況
であると見なされる点に注意が必要である. このようにして, E 型アプローチ
では, 定表現の唯一性を遵守しつつ, ロバ文でみられる全称量化的解釈を説明
する.

8.3　その他のロバ文解釈

(1) の a donkey/it は, 全称量化的に解釈されるのが自然だと述べたが, 文脈
さえ整えば, 存在量化的な解釈も可能である. Chierchia (1995) で指摘されて
いるように, たとえば「この町の農夫たちは, 強いストレスを抱えていた. そ
こで, 精神科医は, ストレスを解消するためにロバを叩くことを勧めた」のよ
うな文脈では, ストレス発散が目的なので, 所有しているロバをすべて叩く必
要はない. また, つぎの例では, 特別な文脈なしでも, 存在量化解釈が自然で
ある.

(10) a.　Every farmer who owns a donkey will ride it to town tomorrow.

b.　If I have a quarter in my pocket, I will put it in the parking meter.

ここでは説明する余裕はないが, 動的アプローチも E 型アプローチも, ロバ文
の全称解釈と存在解釈の両方を説明するには, 多少の補助仮説が必要になる.
Chierchia (1995) は, 両方のアプローチが相補的関係にあると主張している.
どの主張が正しいか, 結論はまだ出ていない.

第 9 章

英語以外の言語からの貢献
─形式化の普遍性を求めて─

　生成文法では，1980 年代の GB 理論あたりから，英語以外の言語の観察／
分析に基づいて重要な原理が提案されてきた．一方，形式意味論では，主に英
語の分析を通じて得られた理論を用いて，英語以外の言語を分析するという研
究が長く続いている．しかし，英語以外の言語の研究から，理論の発展に貢献
する研究も 90 年代から増えてきた．これは，言語哲学や論理学の分野では見
られない，言語学ならでは成果であろう．

9.1　作用域マーキング

　英語を見ているだけでは，複数ある理論のうちどれが妥当であるか決められ
ない場合がある．たとえば，第 6 章でみたように，疑問文の意味は，Hamblin
(1973) では可能な返答の集合，Karttunen (1977) では真の返答の集合，
Groenendijk and Stokhof (1984) では可能世界の集合の分割として分析され
た．これらの分析は，know のような動詞の補文疑問文を考えると経験的な差
が生じるが，このタイプの補文は意味的には疑問文ではない．純粋な疑問文の
意味を探るには，主文疑問文（または，wonder の補文疑問文）を考察しなけれ
ばならない．しかし，英語だけを見ていたのでは，この 3 つのアプローチに差
を見い出しにくい．
　この問題に対して，ヒンディー語やドイツ語で用いられる作用域マーキング
という方略をともなう wh 疑問文が興味深い示唆を与えていくれる．(1) は
Dayal (1996) で議論されているヒンディー語の例である．(1) の訳は，ヒン
ディー語の構造を反映したものであり，意味としては英語の Who does John

think Mary will talk to? にほぼ対応する（PR は現在時制，F は未来時制，INS は具格を表す）.

(1)　jaun kyaa soctaa hai ki　merii kis-se　　baat karegii
　　　John what think-PR that Mary who-INS talk do-F
　　　'What does John think, who will Mary talk to?'

この構文の特徴は，主節にも ki 節（that 節）にも wh 語がある点である．ヒンディー語では可視的な wh 移動は存在しないので，2 つの wh 語はそれぞれ soctaa 'think' と baat 'talk' の目的語の位置にある．したがって，ki 節は soctaa の補部にあるのではない．Dayal (1996) の分析では ki 節は主節 CP に付加している．wh 語が LF で文頭に移動すると仮定すると，(1) は (2) のような LF 構造をもつ.

(2)　$[_{CP}$ what$_i$ $[_{IP}$ John thinks t$_i$]] $[_{CP_i}$ who$_i$ that Mary talks to t$_i$]

Dayal は Hamblin の意味論を採用し，主文疑問文を (3a)，付加節疑問文を (3b) のように分析している．これらは最終的に合成されひとつの疑問文となる.

(3) a.　$\lambda p \exists q[p = \lambda w[\text{think}'_w(j, q)]]$
　　 b.　$\lambda p' \exists x[p' = \lambda w[\text{will-talk}'_w(m, x)]]$

技術的には，作用域マーカーである主節の kyaa 'what' が $\lambda Q \exists q[T_i(q) \wedge Q(q)]$ と定義される．この定義にある指標付き変項 T_i は，いわば話題のようなもので，(2) では付加節 CP_i と同一指標が与えられている．この T_i が CP_i にとって代わられ，最終的に (4) の意味が得られる.

(4)　$\lambda p \exists q[\exists x[q = \lambda w[\text{will-talk}'_w(m, x)]] \wedge p = \lambda w[\text{think}'_w(j, q)]]]$

これは，概略「メアリーが話しかけるのは誰かということに関して（q が話題），ジョンは何を思いますか」というような意味である.
　Karttunen の意味論を採用すると，(3a, b) ともに真の命題の集合となるので，(1) は (5) のように，q (w_0) と p (w_0) が条件として加えられている（w_0 は (1) が評価される世界を表す).

(5)　$\lambda p \exists q[\exists x[q(w_0) \wedge q = \lambda w[\text{will-talk}'_w(m, x)]] \wedge p(w_0)$
　　　　　　　　　　　　　　　　　　　　　　$\wedge p = \lambda w[\text{think}'_w(j, q)]]]$

(5) は ki 節 CP$_i$ 疑問文で表される疑問文の返答が w$_0$ で真となるもののみを要求する．しかし，(1) の返答は，ジョンの思考の中で真となればよいので，(5) は (1) の意味を的確に捉えていない．Groenendijk and Stokhof (1984) では，そもそも疑問文は命題の集合ではないので，Dayal の分析をそのまま当てはめることはできない．しかし，作用域マーカー構文を (2) のように分析する限り，ki 節 CP$_i$ 疑問文は w$_0$ で評価されるので，Karttunen の意味論と同じ問題に直面する．結論として，ヒンディー語の作用域マーカー構文によって Hamblin の分析が経験的に支持されることになる．

9.2　数量詞のタイプ

英語の分析から得られた「定説」を覆すような提案が，英語以外の言語の研究からなされることもある．形式意味論では（PTQ 以前から），数量詞は 2 つの属性（個体の集合）をとって命題を返す関数 $<<e, t>, <<e, t>, t>>$ とみなされている．(6) のように，数量詞の第 1 項は必ず個体の集合 $<e, t>$ で，Barwise and Cooper (1981: 179) では，この数量詞の特徴を「限定詞普遍性 (Determiner Universal)」とよび，すべての言語に共通であると仮定している．

(6)

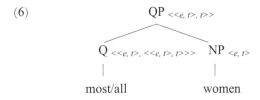

これに対して，Matthewson (2001) は，カナダのブリティシュコロンビア州の原住民の言語であるスチャチェムハチ語（St'át'imcets [ˈstɬʼætɬʼemxəʧ]）の分析を通じて代案を提出している．この言語の名詞表現は，(7a) のように項として用いられる場合には必ず i... -a ではさまれるが，(7b) のように述語として用いられる場合は裸のままである．Matthewson は，i... -a を（定／不定の）冠詞とみなし，この冠詞がつくことによって裸の述語 $<e, t>$ が個体表現 e となると分析している．そして，(8) のように数量詞は i... -a ではさまれた名詞に対してのみ用いられる．したがって，数量詞は，個体 e をとって属性の集合 $<<e, t>, t>$ を返す関数と分析できる．

(7) a. **i**　smúlhats-**a**　　　b.　smúlhats

　　　　det　woman-det　　　　　　woman

　　　　'the/a woman（argument）'　　'the/a woman（predicate）'

(8)

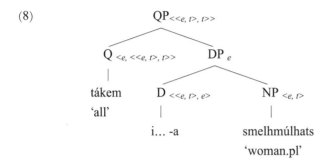

興味深いことに，Matthewson（2001）は，言語によって数量詞のタイプが異なるとは主張していない．むしろ，大胆に，英語の数量詞もスチャチェムハチ語と同じように分析すべきだと主張している．たとえば，部分詞構文（partitive construction）とよばれる most/all（of）the women のような表現では，（of を意味論的に空と仮定すると）most や all は第 1 項として個体 the women（タイプは e）をとっている．また，部分詞構文でない most/all women のような場合，第 1 項は必ず複数形になるが，これは「女性」という種を表していると分析できる．第 4 章でみたように，種は，∩ 演算子により，属性を個体にタイプ変換することで得られる．つまり，(9) のように most/all は e をとっているのである．

(9)

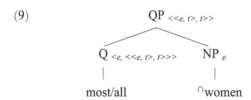

このように，英語をスチャチェムハチ語と同じように分析することには十分な根拠がある．単数名詞をとる every の場合には，(9) のような分析はできないが，これに対し Matthewson は，*every of the women, *the of the women のように every と the が部分詞構文に関して同じように振る舞うことを指摘し，every に the と同じ $<<e, t>, e>$ のタイプを与えている．つまり，every は通常の意味での数量詞ではないということになる．every が the と同じタイプであ

るということは，英語固有の語彙の問題であり，英語話者は実際の言語データ
（肯定証拠）に基づいて習得可能であろう．一方，数量詞が常に個体を第 1 項
としてとるという事実は，習得すべき対象ではなく，どの言語にも普遍的に見
られる原理である，というのが Matthewson の立場である．

　Matthewson のこの提案は，現在のところ，広く受け入れられているという
状況にはない．今後，さまざまな言語の量化表現の研究を通じて，その是非が
検討されていくことになるであろう．

9.3　意味論のパラメータ

　チョムスキーのいう意味でのパラメータは意味論には存在しないと考えられ
る．なぜなら，意味は「見えない」ので，パラメータが存在しても，その値を
決定できないからである．実際，GB 理論以降，LF でのパラメータは仮定され
てこなかった．形式意味論の分野でも積極的にパラメータについて論じられる
ことはほとんどない．そんな中で，Chierchia（1998a, b）で提案された（10）
の名詞写像パラメータ（nominal mapping parameter: NMP）は重要である．

(10)　名詞写像パラメータ（NMP）
　　　a.　[＋arg, －pred] 言語（日本語，中国語など）：N ⇒ e
　　　b.　[－arg, ＋pred] 言語（フランス語など）：N ⇒ $<e, t>$
　　　c.　[＋arg, ＋pred] 言語（英語など）：N ⇒ e または $<e, t>$

(10a) の [＋arg, －pred] 言語の名詞 N は，裸名詞のまま項として用いること
ができ，可算／物質名詞の区別（単数／複数の形態的区別）がないという特徴
がある．一方，(10b) の [－arg, ＋pred] 言語では，N を項として用いる場合に
は冠詞が必要で，可算／物質名詞の区別（単数／複数の形態的区別）がある．
英語のように，この両タイプの特徴を併せもつ言語もある．

　これらの特徴は，NMP によって統語範疇 N が特定の意味タイプへ写像され
た結果，自動的に導かれる．(10a) で，N が e に写像されるということは，当
該言語の N は種を指すということである．種は，第 4 章 4.3 節でみたように，
可能世界を捨象した，最大の複数個体とみなすことができる．つまり，種は意
味論的には複数である．したがって，内在的に既に複数なので，形態的に複数
にできないのである．[＋arg, －pred] 言語の N が述語として用いられる場合
は，同じく 4.3 節でみた DKP が適用し，$^{\cup}$演算子により $<e, t>$ に変換される．
(10b) の [－arg, ＋pred] 言語の場合は自明であろう．実際フランス語では，種

を表す場合には，定冠詞＋複数名詞が用いられる．一方，英語の場合は，e にも $<e, t>$ に写像されるのでやや複雑であるが，$^\cap$演算子と $^\cup$演算子によって文法的な出力が得られる（第 4 章参照）．

　ここで思い出していただきたいのが，第 2 章 2.2 節の (7) でみた，PTQ での統語範疇と意味タイプの関係である．PTQ では，統語範疇は関数 f によって，一義的にタイプが与えられていた．具体的には，DP 構造を仮定した場合の NP（$= t/e$）は，f (NP) $= <<s, e>, t>$ である．仮に，PTQ でのこの分析を採用すると，日本語や中国語では，項位置の名詞表現は必ず音声的に空の D が備わっていることになる．一方，NMP のもとでは，空の D を仮定する必要はない．どちらが正しいのかは今後の研究に委ねられている．

第 10 章

おわりに

　ここまで，PTQ 以降の形式意味論の変遷を振り返った．言語学分野での形式意味論の出発点は PTQ であったが，そこで示された技術的な部分は，現在ではほとんど継承されていない．第 3 章と第 6 章でみたように，Ty2 システムを用いることで命題態度動詞の文や疑問文の分析が可能となったが，これらは PTQ の枠組みでは分析困難であった．また第 4 章と第 9 章（9.3 節）でみたように，自然言語における統語範疇とタイプの関係は，当初 PTQ で仮定されていたよりはるかに多様で柔軟であることが明らかになってきた．また，第 5 章で，数量詞の作用域がどのように与えられるかをみたが，現在の主流は，LF での数量詞上昇か，動詞のタイプ変換である．PTQ の割り込み量化を用いて分析する研究は管見では存在しない．このように，PTQ で特徴的であった分析方法はほとんど否定されている．しかし，PTQ の技術的細部が却下されたからといって，PTQ の価値が失われたわけではない．第 1 章でみたように，モンタギューは自然言語を形式化する方法を PTQ で示した．そして，その方法論は，現在でも踏襲されている．

　今後の展開として，語用論への拡大をあげておきたい．モンタギューは，Mongatue（1968）"Pragmatics" の中で，「語用論は，まずは意味論の先導に従ったほうがよい．意味論は解釈に対して真理概念を問題にするので，語用論も真理を問題にすべきである．そして，それは解釈に対してだけでなく，文脈（context）に対してもなされるべきである」と述べている（1974 年版 p. 94）．第 7 章，第 8 章でみたように，1980 年代の談話意味論（形式語用論，動的意味論）の登場によって，形式意味論の手法は語用論の領域に広げられた．ここでとりあげた量化と照応の問題のほかに，前提投射などが談話意味論で盛んに議

論されている．また，近年では，推意 (implicature) や表意表現 (expressives) の形式化も進んでいる (Potts (2005), Chierchia (2013), McCready (2015) など参照)．モンタギューのプロジェクトは着実に進行している．

第 V 部

生物言語学

尾島司郎

第1章

はじめに[*]

　あらゆる生き物の設計図である DNA は，A，C，G，T というたった 4 つの離散的な要素を組み合わせることで，無限にも思えるパターンを生み出し，親から子へ複雑な情報を継承していく．地球に生物が誕生してから数十億年の間，生物学的情報がこの方法で縦方向に（つまり世代間で）伝わってきた．人間言語は，DNA 同様に離散的要素を組み合わせることで，無限の文を生成することができる．進化の過程で人間がこの能力を獲得したおかげで，横方向にも，つまり血縁関係はないが同じ共同体にいる誰かに対しても，多様な情報を伝えることができるようになった．

　地球の環境を変えるほどの今日の文化的繁栄が言語なしに可能だったとは考えにくく，この意味で人間言語の誕生は，生物史において DNA に次ぐ情報革命だったともいえる．地球上の生物の進化の過程において，言語の誕生がこのような重要性をもつ以上，言語の研究はおのずと生物学的性質ももつのである．

　言語が自然にもつ生物学的重要性を考えると，すべての言語学が生物言語学だと考えることもできる．しかし，あえて「生物」言語学とよぶ場合は他との区別を意識しているので，言語学における生物言語学の範囲を下の (1) とするのが，社会的な運用においては妥当である．一方で，脳機能計測などの生物学的な手法を用いて行われる研究にも言語に関連するものがあり，(2) も生物言語学といえる．

---

　[*] 草稿に目を通していただいた藤田耕司氏に感謝申し上げます．

（1）　生成文法など，生物学的意識をもつ言語学が生物言語学である．
（2）　言語に関連して行われる生物学的研究が生物言語学である．

（2）は「言語の生物学（biology of language）」とよぶこともできようが，生物言語学の元になっているのは ‘biological linguistics’ ではなく ‘biolinguistics’ であり，こちらは語の成り立ちからいって biology and linguistics（生物学と言語学）と解釈することができる．[1]

　本書では，（1）に関連して生成文法の生物学的意義は別のチャプター（とくに第 II 部）で十分詳しく扱われているので，このチャプターでは（2）を中心に扱うことにし，具体的なテーマを進化，脳，動物，発達，遺伝などにする．これらはそれぞれ独立した研究領域として成り立っており，決して生物言語学という名のもとに 1 つにまとまっているわけではない．生物言語学の歴史とは創成期から今日まで一貫して一本の大河だったわけではなく，いくつかの川が平行して流れるように複数の研究領域が独立に発展した時期もありながら，ようやく最近になって異なる分野間の統合が，生物言語学の名のもとに進みはじめたといえる．1 つの分野として生物言語学がまとまってなかった時期の研究は，傑出した少数の個人によってなされていた．生物言語学のこれまでの歴史の多くは，そうした個人の歴史でもある．

---

[1]　英語では，「X 的な Y」ではなく，「X と Y」という風に並列的に X と Y をつなげて 1 つの単語にしたい場合，意味のない /o/ という音を挿入することがある．脳の領域を表す occipital（後頭の）と temporal（側頭の）をこれに従ってつなげると，occipitotemporal となる．Bio の場合，ちょうど o で終わっているために，新たに o を追加することなく，linguistics とつなげられたと考えることができる．Biolinguistics と語形成的に同じであると考えられる ‘psycholinguistics’ についても，psychology と linguistics の意味的な包含関係は中立であると指摘されている（柴谷ら（1989: 185））．Psycholinguistics と psychology of language が交替形として用いられるのと同様に（Fodor et al.（1974）），biolinguistics も biology of language と言い換えられることがある（Jenkins（2000））．したがって，生物言語学（biolinguistics, biology and linguistics）は，生成文法流の生物言語学と，より直接的に生物学的な生物言語学の両方を含むと解釈できる．

第 2 章

生物言語学の誕生
――進化論，失語症，生成文法，統合――

2.1　進化論の誕生

　チャールズ・ダーウィン (1809-1882) は，今日の生物言語学に対していくつか重要な貢献をしている．1 つ目は「自然選択 (natural selection)」による生物進化論の提唱である (Darwin (1859))．生物は，同じ種の中であっても，さまざまな変異がとくに目的もなく突然生じうる．こうした変異の中には親から子への遺伝が可能なものもある．そのような変異の中で，その生物が生きている自然環境で生き残っていくのにたまたま適していた変異が，集団の中で徐々に広まっていく，つまり，自然がある特定の変異を選択し，生物の進化に方向を与えるというのが，自然選択である．言語は人間という種に備わっている生物学的な能力であり，進化における言語能力の発生を考える時に，進化に関する標準的な学説を無視するわけにはいかない．ダーウィン流の自然選択による進化論は，20 世紀以降，さまざまな修正が加えられてきたとはいえ，その中核的な考えは現代でも重要性を失ってなく，言語の進化（系統発生）を論じる際に今でも出発点になっている（第 4 章参照）．

　ダーウィンが生物言語学に対して行った 2 つ目の大きな貢献は，言語そのものに関して，今日の理論言語学・進化言語学にも通じる洞察を残したことである．「人間の由来」(Darwin (1871)) の中ですでに，「人間は言語を話す本能的傾向」をもっているとし，現在の「言語本能」（第 4 章参照）の考えを先取りしている．実はダーウィンには，言語進化に真正面から取り組まなければならない理由があった．それは，先に出版していた「種の起源」(Darwin (1859)) に対する激しい批判に人間の言語能力に関するものが含まれていたことである．

これに答えざるをえなくなったダーウィンは，「人間の由来」で以下のような言語進化論を展開している．まず，人間の進化の過程で知能や思考能力に一般的な高まりが生じた．つぎに，高度な発声能力を活かして魅力的に「歌える」個体が異性によって選択されるという「性選択」のプロセスが，さらに発声器官の高度化を促した．最後に，歌や音声に意味が付与されることで，音を思考の道具として用いることが可能になり，思考能力の発達がさらに促されていった．音と意味を操作できる個体の生存確率が高まったというわけである．「言語の歌起源説」は現代でも著名な研究者に継承されている．また，人間の歌能力と共通性をもつ動物としてダーウィンが着目した鳥やテナガザルは，現代の生物言語学研究でも重要な位置を占める（第 7 章参照）．

　ダーウィンが現代の進化言語学にも通じる重要な貢献をした一方で，同じ時期にパリ言語学会が会則で言語起源に関する研究を受け付けないと決めてしまうという出来事もあった（渡部 (1973)）．その後，ロンドンの言語学会も同様の決定をした．こうした逆風にもめげずに続けられた言語起源研究もあるが，理論言語学者も巻き込んで言語進化研究が盛り上がるのは，それから 100 年以上後のことになる（第 4 章参照）．

2.2　古典的失語症研究

　失語症とは，脳内の出血，血管の詰まり，脳に対する外的な衝撃などにより，もともともっていたはずの言語能力の一部に機能低下が起こる症状である．ポール・ブローカ (1824-1880) は，何を聞かれても「タン」としか発話できなかった失語症患者が，大脳左半球の前頭葉下部を含む広範囲に損傷を受けていたことを，死後の解剖で発見した（Broca (1861)）．左半球の前頭葉下部にある「弁蓋部」と「三角部」からなる「ブローカ野」は，今では脳の言語中枢の主要な一部と考えられている．

　ブローカは失語症患者の研究をもとに，人間の大脳は，全体が一様に種々の機能に関与しているのではなく，特定の領域がそれぞれ少しずつ異なる機能に関与しているとする「脳機能局在論」を提唱した．この考えの源流は「骨相学」という誤った学説にあるが，ブローカは死後解剖した失語症患者の脳という証拠により，脳機能局在論の正しさを物質的に示したのである．脳機能局在は言語に限った話ではなく，脳がはたす種々の機能に当てはまる一般的な仮説である．1950 年代から生成文法は，言語から人間の認知に迫る研究を開始するが，その遥か前に，ブローカは言語から脳全般に関する仮説を構築していたのであ

る.

　大脳左半球の前頭野下部に位置するブローカ野は，当初，患者の症状から，言語の産出を司る脳領域だと考えられた．ブローカ野と同様に言語に不可欠な脳領域だと考えられているのがウェルニッケ野である．大脳左半球の側頭葉にある側頭平面に位置し，損傷を受けた場合，患者は質問に対して意味不明な発話を流暢に行うため，言語の理解に必要な領域だと考えられた（Wernicke (1874)）．ブローカ野とウェルニッケ野は，大脳の表面を見た場合，場所的に離れているが，脳の内側では「弓状束（Arcuate Fasciculus）」とよばれる神経線維の太い束により密接な結合をもっている．この弓状束に損傷が起こると，ブローカ野とウェルニッケ野の間の連絡が損なわれて，聞いたことばをそのままオウム返しにしていう「反復」という行為に障害が出る（Geschwind (1965)）．古典的な失語症研究では，脳の損傷領域と，産出・理解・反復などの言語行為との関連を探り，今日行われている非侵襲的脳機能計測を用いた脳機能マッピング研究（第 5.2 節参照）の基礎を築いた.

2.3　生成文法の誕生

　Biolinguistics という用語は少なくとも 1950 年には使われており（Meader & Muysken (1950)），これ以前から言語を人間の生物学的特徴の 1 つと考える立場があったことがうかがえる．しかし，言語学が言語そのものの研究から，言語を人間の認知能力の重要な一部とし，言語能力から人間の認知能力，ひいては人間性を探求していく学問へと変貌したのは，ノーム・チョムスキー（Noam Chomsky）によるところが大きい．チョムスキーが創始した生成文法（generative grammar）は母語話者（ネイティブスピーカー）の頭の中にあり，英語や日本語の文を生み出すことのできる生成能力を研究対象とした（Chomsky (1957, 1965)）．つまり，生成文法の研究対象は，本や文法書の中にある客体としての言語ではなく，私たちに内的に備わっている文を生み出す脳機能ということになる．これを一般に言語機構（Faculty of Language）とよぶ.

　言語機構を初期の生成文法研究では，文法的な文を無限に生成できる有限個の規則の集合と捉えた．どの言語の母語話者もそうした規則の集合を脳に備えており，異なる言語の間でこの集合が多少異なっていたとしても，言語能力が人間という種に備わっている以上，規則の集合にはある程度の普遍性が期待される．あらゆる言語の母語話者がもつ文生成規則に共通して含まれる法則を普

遍文法（Universal Grammar）という．また，言語機構の初期状態を指して普
遍文法という場合もある．

　チョムスキーが登場する以前に最も科学的だと考えられていた構造言語学で
は，言語間の違いは無限で予測もできないとされていたが，人間言語に普遍的
な文法があるとする生成文法の主張は，これを真っ向から否定した．言語を人
間という種に備わった生物学的形質の 1 つとして研究する生成文法は，言語学
に革命的変化をもたらしたといえる．このチョムスキー革命により，言語学は
認知科学としての性格を強めるとともに，言語学の生物学的な意義がより明確
になった（生成文法の歴史については，本書の第 I 部・第 II 部を参照された
い）．

　このことを象徴的に示すのが，脳の初期状態に関するチョムスキーの主張で
ある．当時，スキナー（B. F. Skinner）を中心として，動物の行動を研究対象と
する行動主義心理学が発展していた．スキナーは，動物に学習を引き起こすこ
とができるオペラント条件付けを，人間の言語習得にまで適用し，生まれた時
の赤ちゃんの脳は言語に関してタブラ・ラサ（tabula rasa: 完全な白紙の状態）
であるとした（Skinner（1957））．これは言語のすべての側面は環境からの刺
激で獲得できるとする理論である．これに対してチョムスキーは，実際に人間
の子どもが環境から得ている限られた言語刺激では，言語の創造的な側面を獲
得することは不可能であり，生まれてくる赤ちゃんの脳はタブラ・ラサではな
く，何らかの言語知識がすでに備わっているとした（Chomsky（1959））．赤
ちゃんが生まれた時点ですでに脳に何らかの知識や能力が備わっているという
のは，生物学的にも極めて興味深い主張であり，生成文法と生物学の関連をよ
く物語っている．

　生成文法学者の間では，この時に言語習得に関する行動主義心理学の主張
が，チョムスキーによって論破されたとみなすのが普通であるが，この見方は
心理学者や動物行動学者にその後共有されたとは言い難い（Elman et al.
（1996））．この一件の後，数十年に渡って，言語学者と心理学者・動物研究者の
間に，実り多い共同研究関係はそれほどみられなかった．生物の中でも人間に
比較的近い脊椎動物をシステムとして研究する動物研究者と人的交流がないと
いうのは，生成文法の誕生によって言語学が生物学に接近したのは理論的なレ
ベルにおけるものだったことを示唆する．

2.4　はじめての統合

　チョムスキーが理論言語学に生物学的意義を付与しはじめたころ，彼の友人の1人であったエリック・レネバーグ（1921-1975）が，言語学的な意識をもちながらも，より生物学的といえる研究を行った（Lenneberg (1967)）．レネバーグの著作では，未来の生物言語学を予知するかのように，今日にも通じる重要なテーマ（たとえば，言語の生得性，子どもの母語獲得研究の重要性，母語獲得における臨界期の存在，脳損傷による言語機能障害とその回復，世代間で継承される言語障害と遺伝子の役割，人間進化における言語の突然発生など）が取り上げられている．

　レネバーグの説はチョムスキーと共通するところが多く，言語の習得は人間に生得的に備わっている潜在構造（latent structure）が，環境からの言語入力を受けて具現化（realize）する過程だとしている．池に住む生物にとって，池の水は成長するのに不可欠な環境であるが，成長を決定づけるのはその生物自身の遺伝子であるように，言語においても生得的な潜在構造こそが発達を決定づけている．人類共通の潜在構造がある限り，子どもが生まれてからの言語発達には共通性が見られるはずである．その意味でさまざまな環境で育つ子どもの言語発達データを取得し，共通性の有無を検証することが必要である．

　チョムスキーの用語では，潜在構造は普遍文法に，具現化した構造（realized structure）は個別文法に相当するが，レネバーグの用語のほうが生物学的な意味合いが強い．具現化した構造は脳内に基盤をもち，脳に損傷を受けると言語能力に障害が出る．この失語症からの回復は，損傷を受けた時の年齢によって異なり，損傷時の年齢が若いほど完全な機能回復が期待できる．このことから母語の獲得は，生まれてからある一定の期間にのみ可能だとする臨界期の主張が生まれる．潜在構造は人間に備わっている生物学的な特徴なので，人間進化のどこかの時点で発生したはずである．ある集団の中で潜在構造に変異が起こった場合の影響を検討すると，人間の生物進化の過程で潜在構造は一気に突然発生したと考えるのが妥当である．

　こうした多くの説がレネバーグという1人の人間の頭の中で統合されていたことは驚きである．第3章で見ていくように，彼の研究はその後，複数の研究領域において主要な流れをつくり，半世紀ほど経った今でも重要性は色あせてない．早すぎる死によって本人の著作は途絶えてしまったが，歴史上，生物言語学を最も包括的に体現した個人といっても過言ではない．

第 3 章

言語獲得の生物学的条件
──臨界期──

3.1 子どもの母語獲得

　レネバーグは，言語に生物学的な基盤があり，それをもとに子どもが母語を
獲得していくならば，母語獲得過程にはこの基盤の影響が個人によらず一様に
見られるはずだと考えた．彼はこの考えに基づき，子どもの母語獲得のデータ
を分析し，たしかに規則性があることを報告している（Lenneberg（1967））.

　運動能力など言語以外の子どもの成長では，さまざまな能力の発現が決まっ
た順番でおおよそ決まった月齢で起こる．言語発達もこれと同じで，言語的・
社会的な環境の変化ではなく子ども自身の内的な要因により決定されている.
およそ 18 か月頃には数個から数十個の単語を覚えているが，単語をつなげる
ことは難しい（一語期）. 24 か月頃には二語文をつくることができる. 30 か
月頃には 3-5 個の単語をつないで創造的に文をつくることができ，3 歳頃には
1000 個ほどの単語を覚え，大人の日常会話にひけをとらない複雑な文を使う
こともできる．これらの発達段階がどの月齢で出現するかには個人差がある
が，個人間で同じ発達段階が同じ順番で見られるという共通性はある.

　この内的要因による共通性は，レネバーグ以降の母語獲得研究でも繰り返し
確認されている．英語を母語とする子どもの追跡調査では，複数形の s などの
形態素や冠詞などの機能語がどのような順番で獲得されていくのかが調べられ
た（Brown（1973））. この形態素習得研究（morpheme studies）とよばれる一
連の研究では，どの家庭で育った子どもも，さまざまな形態素をおおよそ決
まった順番で獲得していくことが示された．興味深いのは子どもの第二言語習
得（例：アメリカに移住した日本人の子どもの英語習得）においても同様の結

論が得られていることで，子どもの母語（日本語やスペイン語など）が違って
も第二言語としての英語では似た習得順序が現れる（Dulay et al.（1982））．つ
まり，学習者の内的要因が言語発達過程をそれほど強く決定しているというこ
とである．80 年代になって，原理とパラメータ理論が登場すると，子どもの母
語獲得過程はパラメータ値の設定とみなされるようになる（第 4.1 節参照）．

3.2　母語獲得の臨界期

　レネバーグは母語の獲得だけでなく，失語症による母語の喪失についても詳
細な研究を行い，言語習得の生物学的基盤には臨界期があることを主張してい
る（Lenneberg（1967））．高齢者に多い脳卒中と違って，外からの物理的な衝
撃による脳損傷は子どもを含むさまざまな年齢層で起こりうる．脳損傷により
失語症が起こった場合，損傷時の患者の年齢により，後の言語機能の回復に違
いが出る．おおむね若ければ若いほど回復が見込めるので，生まれてからある
一定の期間が，母語獲得が可能な臨界期ということになる．

　レネバーグは多数の失語症患者の回復を調べ，臨界期は思春期の初め頃で終
わるとした．この時期を過ぎて脳損傷を受けたり言語機能の回復が完全でない
と，その後，完全な回復は難しい．また，右利きのほとんどの人が言語処理を
左半球優位で行うが，臨界期の間ならば，治療のために手術で左半球を切除し
ても右半球で言語機能が回復すると報告している．

　臨界期の存在を検証するもう 1 つの可能性は，レネバーグが野生児（feral
children）とよんでいる人々の言語学習を調べることである．野生児とは親に
捨てられるなどして人里離れて育った子どものことである．オオカミに育てら
れた子ども（wolf children）がいたという逸話もある．そのような子どもは言
語と接触せずに育つので，通常の社会に連れてこられた時にはじめて（つまり
生まれてから何年か経ってから）母語獲得が開始する．もし臨界期が存在し，
母語獲得の開始時点で臨界期が過ぎていれば，母語獲得は不可能なはずであ
る．

　レネバーグは実際に野生児から信頼できるデータを得るのは難しいとした
が，その後，ジニーという，13 歳半まで幽閉されて育った少女が研究者の目に
留まり，思春期に開始した母語習得が詳しく研究された（Curtiss（1977））．ジ
ニーは周囲の努力にもかかわらず，単語をぎこちなく使えるようになっただけ
で，文法に従って流暢に話すことはできるようにならなかった．

　一方，6 歳半のときに幽閉から解放されたイザベルという女の子は，複雑な

文を話せるようになった (Brown (1958))．もちろん，13 歳半で解放されたジニーのほうが幽閉による精神的な悪影響が強かったという可能性もある．先天的な聴覚障害に気付かれないまま家族に愛されながら育ったチェルシーという女性は，30 歳を過ぎて補聴器により正常に近い聴力を獲得したが，単語を覚えられただけで正常な統語能力を発揮することはなかった (Curtiss (1994))．こうした研究から，人間に備わっている母語獲得の生物学的基盤は，生まれてからある一定の期間に利用可能で，それ以降，脳の他の機能で母語獲得を補完することは難しいとされている．

3.3　動物に言語が学べるか

　人間以外の動物に言語を学ばせる試みはいくつか行われたが，人間言語の本質的な特徴を備えた言語能力を動物が獲得できたという報告はない．初期の試みは人間以外の霊長類 (non-human primate: NHP) を対象に行われた．研究者がグアという名前の赤ちゃんチンパンジーを人間の赤ちゃんと一緒に育てた実験では，グアはさまざまな動作で研究者と意思疎通を図ることができるようになったが，音声言語を学習することはなかった (Kellogg & Kellogg (1933))．
　実は人間の赤ちゃんもこの研究期間の中で大きな言語発達があったわけではないが，赤ちゃんが唇や舌などを使い音声を変化させる練習（発声遊び）を独りでしていた一方で，グアがそうしたことを行うことはなかった．ビキという名前のチンパンジーは人間と一緒に育てられて音声言語の入力を得ただけでなく，育ての親の研究者によって強引な発音訓練を受けたが，やはり音声言語を獲得することはできなかった (Hayes & Hayes (1951))．
　NHP に音声言語を学ばせることができないのには十分な理由がある．音声言語の獲得には，聴いた音声と同じような音声を自分の発声器官を使って出すという「発声学習 (vocal learning)」の能力が不可欠である．NHP も声は出せるし歌を歌う種も少数だが存在する．しかし，発声学習ができる NHP は見つかってない (Hauser (1996))．したがって，発声学習が必要条件である音声言語の獲得は NHP にはできないといえる．
　次の可能性は，NHP に手話 (sign language) を学ばせることである．アメリカ手話 (American Sign Language: ASL) などの自然手話は，モダリティーが視覚なだけで，本質的には音声言語と同じく自然言語である．結論からいうと，自然手話を獲得できた NHP はいない．最初に ASL 獲得に取り組んだのはワシューという名前のチンパンジー (Gardner & Gardner (1969)) とココと

いう名前のゴリラ (Patterson (1978)) である．研究者はこの両方のケースで
ASL が獲得されたと報告し，ワシューとココが文法的規則に基づき手話を産
出・理解したと主張した．しかし，これらの研究にはさまざまな問題点があり，
他の研究者の賛同を得るには至らなかった．

　この問題に決着をつけたのが，よりオープンに，より言語学に則った方法で
実施されたプロジェクト・ニムである (Terrace et al. (1979))．ニム・チンプス
キー (Nim Chimpsky) といういかにも言語の天才っぽく見える名前のチンパ
ンジーは，生後 2 週間の時から，ASL を話す人間の元で育てられた．ニムが
育った環境では，人間がニムに ASL で話しかけただけでなく，人間同士も
ASL しか用いなかった．

　ニムはそのうちサインらしきものを産出するようになり，また複数のサイン
がつながっているケースも出てきた．しかしニムの 3 語文で多いのは play me
Nim（この場合 me もニムを指す），4 語文で多いのは eat drink eat drink と
いった具合で，語数が増えても 2 語文の要素を繰り返しているだけで内容や複
雑さは増えない．ニムは 16 語を連ねて，give orange me give eat orange me
eat orange give me eat orange give me you という 1 つの「文」を産出したこと
もあるが，この文を 1 つみただけでいかにニムが人間言語から程遠いことを
やっていたのかよくわかる．ニムの産出する文には文法規則や意味の合成性は
まったくみられず，ほぼでたらめに単語を並べているだけなのである．

　NHP に手話を教える試みは，NHP が見た動作を自分の動作として真似るこ
とができるという前提があるが，そもそも NHP には動作を真似ることすら難
しい (Visalberghi & Fragaszy (1990))．手話を教えられた NHP が動作で何か
を指し示したようにみえても，教えられなくても自然に出てくる動作がたまに
食べ物などの報酬につながったので，その動作の表出が生理的欲求と結びつい
て強化されたと考えてよさそうである (Wallman (1992))．

3.4　動物に単語が学べるか

　そもそもニムは単語ぐらい学習できたのだろうか．この答えは，ニムが文法
を学習できなかったことよりも興味深いかもしれない．ニムはたとえばリンゴ
に相当するサインを，リンゴに関連する他の物体やリンゴがかかわる出来事な
どにも用いており，人間がもつリンゴの心的イメージを遥かに超えた，あまり
にも広い連合をつくっていた (Petitto (2005))．たとえば，リンゴのサインを
用いて，リンゴを食べるという動作，リンゴが置かれている場所，リンゴを切

るのに使われたナイフなど，リンゴと関連はあるがリンゴそのものではない物
や出来事を表現しようとしていた．さらに，リンゴやオレンジなど目の前にあ
る具体物とサインを関連付けることはできても，リンゴとオレンジを含む，一
段抽象度の高い「果物」といった概念とサインを結びつけることはできない
(Petitto (2005)).

　それではなぜチンパンジーにとって，単語の学習が困難なのだろうか．一般
的に人間以外の動物にもコミュニケーションはある．たとえば，捕食者が現れ
たという状況において，逃げなければならないという情動状態が生じる．動物
はこの場合に発声して，仲間とコミュニケーションをとるが，結局，この音声
は，物理世界のある側面とそれに対応する情動の強固な一対一関係に基づいて
いる．問題になる環境要因がない時にこの音声が出ない点で，この発声行動は
物理世界に依存しており，心から独立している (mind-independent) といわれ
る (Chomsky (2007)).

　人間の場合，言語は特定の環境刺激がなくても使用されるのが普通で，コ
ミュニケーションは発信者の心的表象に受信者が自分の心的表象を合わせる作
業とみなせる．この心的表象は，生理的欲求，恐怖などの情動，捕食者の出現
などの環境要因に直接駆動される必要はなく，たとえば「飲みたい」という生
理的欲求がなくても，私たちは「飲む」という行為を含む心的表象をつくれる
し，「飲む」という単語を用いて会話できる．人間言語は音素，単語，文などあ
らゆるレベルで心に依存している (mind-dependent) といえる (Chomsky
(2007))．進化言語学では，統語能力の系統発生に最も注目が集まるのが普通
であるが，単語の心依存性 (mind-dependence) においても人間言語と動物の
コミュニケーションシステムが異なる可能性を忘れてはならない．

　子どもの言語獲得，失語症からの回復，NHP に言語を教える試みなどを総合
的に考えると，言語の獲得には生物学的に種々の条件が満たされる必要がある
ことがわかる．まず言語獲得の生物学的基盤が備わっている必要がある．この
基盤は人間という種には一様に備わっており，他の生物には備わってないの
で，獲得の主体が人間である必要がある．後に述べるように，人間でも遺伝的
にこの基盤に障害がある場合があるので，言語を獲得するには健常である必要
がある．また，この基盤が使えるのは生まれてから限られた期間（臨界期）な
ので，この期間のうちに適切な言語入力を周囲の人から受けことばを獲得して
しまう必要がある．

第 4 章

言語起源論
——突然変異，原型言語，自然選択——

4.1　原理とパラメータ理論

　1974 年，Massimo Piattelli-Palmarini によって生成文法学者と生物学者らの間の会議が企画され，この時から生成文法との関連において biolinguistics という用語が使われはじめた（Jenkins (2000)）．チョムスキーは，言語理論に関する直接的なインスピレーションを分子遺伝学者らとの当時の交流の中から得たとしている（Berwick & Chomsky (2016)）．言語学に分野的に近い心理学や脊椎動物の研究ではなく，遺伝子を扱うミクロなレベルの研究から理論的な着想を得て提唱されたのが原理とパラメータ理論（Principles and Parameters Theory: P&P 理論）である（Chomsky (1981, 1986)）．

　P&P 理論によれば，人間の赤ちゃんが生得的に脳に備えている普遍文法は，すべての自然言語に共通する「原理」と，いくつかの値をとりうる「パラメータ」からなる．アメリカで英語を対象にはじまった生成文法研究は，この頃には英語と系統的に無関係な日本語など，幅広い言語を対象に収めていた．原理はそれらすべてに共通し，無数にあるように見える言語間の文法的相違は，少数のパラメータ値の設定で一気に説明できるとされた．

　人間が生得的にもつ普遍文法がこのような形の原理とパラメータであるとしたことで，子どもの母語獲得の研究も大きく前進した．普遍文法の原理の部分は誰もが生得的にもっており言語間で変異もないので，母語獲得の過程で環境から獲得しなければならない部分はない．パラメータも普遍文法の一部として生得的に与えられているが値が決まってないので，環境から与えられる言語入力をもとに値が決定される必要がある．いったん 1 つの値が決定されると文

法知識が一気に形成される．コンピュータに自然言語を解析させるには数千の文法規則を組み込む必要があるといわれるが，P&P 理論では子どもはせいぜい数十の原理とパラメータによって（少なくとも中核的な）文法知識が構築されるとされた．

　文法獲得をパラメータ値の設定として解釈する提案は，「刺激の貧困」状態の中で言語の獲得がなぜ可能なのかを説明するのに大きな威力を発揮した．この提案では，スイッチを切り替えることで英語や日本語の文法が生まれてくるほど豊かな知識体系が，生まれながらに人間に備わっていると考えられる．この考えは，生き物の脳の初期状態に関する仮説として，生物学的に大きな意味がある．

　後に述べる極小主義プログラムとの関連でいうと，80 年代の P&P 理論は言語の計算システムそのものがパラメータ化されていたことに留意する必要がある．主要部の前置・後置など語順に関するパラメータ（主要部パラメータ）も計算システムそのものにあった（第 II 部の第 2.2 節参照）．

4.2　言語起源論

　進化を語る際に，まず「生物進化」と「文化進化」を分けておく必要がある．生物進化とは，ある生物のもつ遺伝子が大きく変化し，交配が遺伝的に不可能なほどそれまでとは違った生物になる大進化のことである．言語に関する生物進化とは，現生人類につながる系統の中で，言語の獲得・使用を支える生物学的能力，普遍文法が創発したことを指す．つまり，生物学的な言語能力が遺伝的に人類に備わったことが，言語の生物進化である．この意味で言語の生物進化は人類の進化のどこかの時点で起こったことは確かであるが，その時に起こっただけでそれ以降も起こり続けているとはいえない．

　一方，言語がたとえば，古英語，中英語，現代英語というように変化していくことは，人間という種の遺伝的な変化をともなわない文化進化である．現生人類が世界のどこかで新しい言語を生み出しても，生物学的に新しい言語能力が発生してない限り文化進化である．生物言語学でいう言語進化とは，この 2 つのうち生物進化を指し，言語の文化進化的な側面は歴史言語学の範疇になる．言語進化ということばにはこのような二義性があることに留意しておく必要がある．

　言語能力の起源に関するチョムスキーの考えは終始一貫しており，ダーウィン流の自然選択によって言語能力が徐々に進化したという考えには否定的であ

る（チョムスキーの一連の発言は以下にまとめられている: Pinker & Bloom (1990)，池内（2010））．代わりにチョムスキーが強調しているのは，自然物に働く物理法則である．言語能力が格納されている脳も自然物である以上，物理法則から自由ではない．地球の環境の中で生物の体が実現しうる範囲には物理的な制約がかかっており，自然選択はその範囲内から 1 つの可能性を選ぶかもしれないが，その範囲そのものを決めるわけではない．しかもその範囲が十分に狭ければ自然選択が働く余地はない．

　したがって，この論では自然選択の影響を考える前に，物理的に可能な範囲を調べるのが先である．言語がある特徴をもっているとして，その特徴が脳にかかっている物理的制約の反映でしかない場合，自然選択を持ち出す必要はない．言語はそのようにしか存在しえないのである．

　研究の論理的な順番を考えた場合，チョムスキーのこの考えは正しいかもしれないが，P&P 理論における生得的な言語知識の中身はかなり豊富で，すべてがチョムスキーのいうようなシナリオに沿って系統発生したと考えるのは難しい面もあった（第 II 部参照）．むしろ，P&P 理論では，言語起源の問題は棚上げされており，そのことは言語起源に関するチョムスキーの発言が 20 世紀中は非常に少ないことからも窺える．

　チョムスキーが消極的だったこともあり生成文法の中で言語起源が論じられることは当時あまりなかったが，言語学全体で見ても，パリ言語学会による禁止の影響があったのか，言語起源論は大きな盛り上がりを見せなかった．パリ言語学会の呪縛で言語起源論を避ける傾向は日本でも顕著だったといわれる（渡部（1973））．生成文法では，言語起源の問題は 21 世紀に入ってから大きく前進することになるが（第 8 章参照），20 世紀の終わりにかけて言語起源論を活性化させたのはチョムスキー以外の言語学者だった．

4.3　原型言語から言語へ

　デレク・ビッカートン（Derek Bickerton）は，言語学習のトレーニングを受けた類人猿，正常な言語発達を示す 2 歳未満の人間の子ども，幽閉され幼年期の母語獲得の機会を奪われた大人（有名なジニーなど），植民地時代にさまざまな母語をもつ奴隷が共通語として用いたピジンの話者という 4 つのグループの発話には共通する言語様式があり，彼らの言語を原型言語（protolanguage）とよんだ（Bickerton（1990））．

　原型言語は，名詞や動詞などの意味の豊かな単語が線的に並べられただけの

ようにみえ，単語間の依存関係を示せるほど明確な語順規則や文法要素は乏しい．原型言語は，人間以外の霊長類や，臨界期の間に母語を獲得できなかった大人も獲得できるので，自然言語を完全に獲得する能力がなくても獲得できると考えられる．

　ビッカートンは，人類の進化の過程で現在のような完全な言語が発生する前に，まずは原型言語が発生し，現生人類より前のホモエレクトゥスなどは原型言語を話していたのではないかと提唱した．この説では，人間の言語獲得能力が他の動物と連続している部分（原型言語を獲得できる能力）と，人間の自然言語を完全に獲得できる高次の能力の2つに分けられている．このように分けることで，人間の言語獲得能力の系統発生については二番目（人間の自然言語を完全に獲得できる高次の能力）のみを説明すればいいことになり，あまりにも豊かな普遍文法を仮定するのに比べると，言語起源の説明がより容易になる可能性が出てくる．まったく言語のない状態から完全な自然言語の状態への途方もなく大きな飛躍を進化上に仮定する必要がなくなるのである．

　ビッカートンは，原型言語と言語の間にさらに中間的な言語を見つけることはできないとしたので，ゼロからではないにしろ，原型言語から言語への飛躍を説明する必要ある．この点に関しては，単独の個体に遺伝子の突然変異が生じ，それにともなう脳構造の変化が人間言語の獲得を可能にし，この個体の子孫が広まっていったという可能性が高いとしている．重要な点は，徐々にではなく，遺伝子の突然変異という，まさしく突然の激変によって，原型言語から言語への飛躍が起こったというところである．チョムスキーは原型言語の存在を否定しているが（Chomsky (2010)），後で述べるように，原型言語の考えを取り入れた言語起源論は現在でも多い（第7-8章参照）．

4.4　自然選択による言語進化

　スティーブン・ピンカーとポール・ブルームは，原理とパラメータ理論において言語起源の問題を棚上げしたチョムスキーや，遺伝子の突然変異によって原型言語から言語への劇的な飛躍が起こったとするビッカートンとは異なり，言語能力は自然選択によって漸進的に進化したとする説を唱えた（Pinker & Bloom (1990)）．19世紀にパリ言語学会が言語起源論の発表を禁止し，チョムスキーも言語起源に踏む込むことに後ろ向きだったなか，ピンカーらの論文は学界に大きなインパクトを与え言語起源論をかつてないほど活性化させた．

　ピンカーらもチョムスキーと同様，物理的な制約によって地球上の生き物の

体が実現しうる範囲が制限されていることと, その範囲の中で自然選択の力が働くことを前提としている. ピンカーがチョムスキーと異なるのは, 言語を複雑なシステムと認識している点である. 純粋に物理法則から生み出される形質は, 同じパターンが繰り返し出現しているだけだったり, 単一の構成素のみからなっていたりして単純である. ピンカーらは, 人間の言語能力はこのレベルで説明できる単純なものでなく, 多くの構成素が絶妙に組み合わさった複雑なシステムであり, 生命体においてこの複雑な組み合わせを生じさせる唯一の力は自然選択であるとした.

　ピンカーらが言語以外で複雑な生物学的システムとして例にあげているのが目である. 目は, レンズ, 網膜, 神経などを含む多数のパーツが絶妙に組み合わさって, 脳が光を通して外界を認識する機能の基盤となっている. 目の個々のパーツを見ていくと, それぞれが物理的な制約を受けているのは明らかだろう. しかし, それら多数のパーツが, 脳が見るという機能をはたせる絶妙な配置で集まっているのは, 物理法則や何かの副産物として説明するには無理がある. 目1つとっても, 地球には目がない生物から完全な目がある生物まで多くの可能性があり, 制約があるにせよ, 生き物の体がとりうる範囲は広大であるとピンカーらは仮定している. 彼らは言語能力に関してもこの範囲が十分に広く, その中で自然選択が働いた結果, 現生人類の言語能力が選択されたと考えている.

　逆にチョムスキーはこの範囲が狭く自然選択が働く余地はなかったと考えた. この場合, ピンカーらは言語には遠く及ばない単純なシステムしか生じないと考えるだろうが, チョムスキーはその後, 言語の中核的な部分をより単純にしていく方向で研究を進めていく. ただ, ピンカーらが言語進化の自然選択説を発表した当時は, チョムスキーの言語観もそれほど単純ではなく, 彼らの間に溝があったのは当然である.

　ピンカーはその後, *The Language Instinct*(『言語を生み出す本能』)というウィットに富んだ啓蒙書を著し(Pinker (1994)), 言語以外の研究者や一般の読者にも知られることになる. この本は言語学の優れた入門書との評価もあるが, テーマの幅広さからいって, 生物言語学的な研究を世に知らしめた功績も大きい. 扱われている生物言語学的な内容の多くはレネバーグの研究に起源があり, 新しい研究成果を盛り込みながら卓越した表現力でレネバーグの研究を復活させている. ピンカーの生物言語学的功績は大きい.

第5章

言語脳科学の誕生
―言語学を脳科学に応用する―

5.1　非侵襲的脳機能計測の幕開け：ERP

　言語と脳の関係は，伝統的に失語症の患者を対象に研究されてきた．失語症学では，脳卒中などの脳損傷が脳の一部で起こったとき，その部位と低下した言語機能の間に因果関係を仮定するのが普通である．失語症学で多くの重要な知見が得られてきたのは事実である．しかし万能ではない．

　まず，研究者が関心をもっている言語能力（たとえば文法）のみに問題がおこっている失語症患者を見つけるのが難しい．大抵の場合，病巣が大きく，複数の機能に低下が見られる．見つけたとしても人数が少なく，一般化が難しい．患者には高齢者が多い．さらに，患者が失語症を発症する前の脳機能に関するデータがなく，健常時に，当該の部位と言語機能の間に本当に関係があったのか確認ができない．治療の目的で開頭手術中の患者のむき出しの脳に電気刺激を与える研究では（Ojemann (1983)），言語と脳領域の関係を直接調べられるが，このような研究は広く行うことができない．これらの問題を解決するには，健常者の脳の働きを非侵襲的に（体を傷つけることなく）可視化する技術革新が必要である．

　1930 年頃，脳の自発的な神経活動，すなわち脳が生きている限り起こっている恒常的な神経活動が，頭皮に置いた電極を通して電気的変化として観察された（Berger (1929)）．これを脳電図（electroencephalogram: EEG），より一般的には脳波という．その後，自発的ではなく，外的な刺激に引き起こされた認知処理に関係する脳波も少しずつ研究されだした．これを事象関連脳電位（event-related potential: ERP）という．1970 年代に，外的に誘発された認知処

理のマーカーの一種として，P300 という ERP 成分が盛んに研究されはじめた（Kutas et al. (1977))．1 つの刺激（例：○）を何回も被験者に提示し，次も同じ刺激だろうという予測が脳内で生じたところで，別の刺激（例：×）を提示し，かつ，被験者にそこに注意を向けるよう指示しておくことで容易に P300 が惹起できる．

この P300 の有力な研究者（Marta Kutas）が，刺激を言語に置き換えることで，言語的な脳内処理の一部を反映すると考えられる N400 を発見した（Kutas & Hillyard (1980))．最も大きく N400 が生じる実験パラダイムは，「昨日」→「太郎が」→「寿司屋で」→「寿司を」などと提示して，つぎにきそうな単語（例：「食べた」）の予測が生じたところで，意味的に予測を裏切る単語（例：「読んだ」）を提示するというものである．この場合，意味的にはおかしいが文法的には正しい単語を用いる（上記の例では，「読んだ」も他動詞であり，「寿司を」の後に続いても文法的に不可ではない）．

N400 を惹起するパラダイムは P300 のものと非常によく似ているが，生じた電位変化の極性（プラスマイナス）がまったく逆だったことが研究者を驚かせた．すなわち，P300 は陽性電位（P は positive の p）なのに対して，N400 は陰性電位（N は negative の n）である．1980 年代には，N400 を利用して文や単語ペアの意味処理，単語の特性（使用頻度，文字列としての長さなど）などに関する研究が盛んに行われた．一方で，文法処理に関する研究は極めて限られていた．

5.2　fMRI による脳地図づくり

ERP は神経活動をリアルタイムに反映するので，神経活動の時間経過を調べるのに適しており，高い時間分解能をもつといわれる．一方，その神経活動が脳のどこの場所で起こっているのかを調べられるほどの空間分解能はもたない．ポール・ブローカにはじまる脳機能局在の研究を，健常者を対象にして推進するには，別の脳機能計測方法が必要である．脳機能局在を探る研究は，脳の地図づくりに似ているので，脳機能マッピングとよばれる．1990 年頃，健常者を対象にしたマッピング研究において，2 つの大きなブレイクスルーがあった．

1 つ目は認知的差分法（cognitive subtraction）の確立である．実験で調べたい認知プロセスを仮に A とすると，A を含む課題を 1 つやらせてマッピングを行っても，この課題の遂行に必要な他の認知プロセス（B，C など）と A を

分離できない．そこで，A を含まないが，B と C を含む対照課題を同じ被験者にやらせてマッピングを行い，最初の課題（A, B, C を含む）の脳賦活領域から 2 番目の課題（B と C のみ）の脳賦活領域を引き算する（差分を取る）と，A にのみ関連する脳賦活領域が得られるというものである．興味深いことに，この手法は最初，言語の実験において提唱された（Petersen et al.（1988））．ブローカが，言語の臨床データをもとに脳機能局在を提唱したのと同様に，認知神経科学（cognitive neuroscience）で一般に用いられる認知的差分法も最初は言語実験で提唱されたのである．

　2 つ目のブレイクスルーは機能的核磁気共鳴画像法（functional magnetic resonance imaging: fMRI）の発見である（Ogawa et al.（1990））．それまでのマッピング手法の中心だった陽電子放射断層画像法（positron emission tomography: PET）に比べると，fMRI は数倍から 10 倍程度高い空間分解能をもち，より詳細な脳機能マッピング研究が可能になった．また，PET の実施時には，放射能を出す薬剤を被験者に注射する必要があるが，fMRI でこの必要はない．日本人の小川誠二氏が原理を報告して以降（Ogawa et al.（1990）），fMRI は言語研究を含む認知神経科学において爆発的に利用されていくことになる．

5.3　理論言語学の脳科学への応用

　1990 年代には，ERP 研究，fMRI と PET によるマッピング研究，失語症の各領域の中で，理論言語学の知見が積極的に利用されるようになった．ERP 研究では，原理とパラメータ理論に基づいて，異なる種類の文法法則（句構造規則，wh 移動にかかる下接の条件（subjacency condition）および特定性条件（specificity condition））が違反された文を脳が処理する時，どのような脳波が出るのか調べられた（Neville et al.（1991））．この研究から，文法違反では，意味違反で出現する N400 とは明らかに異なる脳波成分 P600 が出現することが明確になった．また，P600 のほかにも，文法処理にかかわる脳波成分の候補として議論されることになる，ELAN や LAN に相当する ERP 成分も報告されている．P600 や（E)LAN は他の研究者によっても追試されて，ERP を用いた文法処理研究が定着していった（Friederici et al.（1993），Hagoort et al.（1993），Osterhout & Holcomb（1992））．

　文法的な違反や意味的な違反を含む文の脳内処理を，正しい文の脳内処理と比較するパラダイムを，違反パラダイム（violation paradigm）とよぶ．これを

用いて大人の母語話者だけでなく，第二言語学習者（Weber-Fox & Neville (1996)）や子どもの母語話者（Hahne et al. (2004)，Holcomb et al. (1992)）を調べた多くの研究が報告されていった．理論言語学同様，対象にした言語もヨーロッパ系の言語からアジア系の言語まで広がっていった（Nakagome et al. (2001)）．しかし ELAN は再現性が低く，どの言語でも同じ ERP のセットが出現することにはならなかった．また，これらの ERP 成分の中で，どれが文法処理の真の指標なのか，もしくは，文法処理のどの段階をどの成分が反映するのかなどに関しては，研究者の間で意見の一致は見られなかった（Osterhout (1997)）．

　fMRI は PET と併用されながら，多くの言語マッピング研究で利用されていく（Price (2000)）．ERP 研究同様に，言語知識は意味と文法などに分けて調べられて，文法処理にかかわる脳領域などが同定されていった（Just et al. (1996)，Stromswold et al. (1996)）．具体的には，文法や意味など，特定の種類の誤りを刺激文に入れて，言語処理のある部分をノックアウトし，正しい文を処理した時との違いが調べられた．また，英語の関係節に含まれるような統語的移動の有無による脳活動の変化なども報告された．

　そうした研究では，文法を司る脳領域として，ブローカ野（左半球の下前頭回にある三角部と弁蓋部）および左半球の側頭葉の一部が報告されていることが多い（Hagoort et al. (1999)）．その他，言語理解に含まれるさまざまな処理（たとえば音韻処理，文字の認識，単語の同定や意味処理など）は，左半球の側頭葉と頭頂葉に含まれる広い領域がかかわっており，ブローカ野を含めて左半球の主にシルビウス裂（外側溝）周辺が，言語処理を担うネットワークを形成していると考えられる（Price (2000)）．

　この頃の研究は，言語の産出・理解・反復など「行為」を対象にするのではなく，文法や意味などの「知識」もしくはその「心的処理」を対象にする姿勢が明確になっている．ブローカ野やウェルニッケ野の働きについても，それぞれ産出や理解に関与しているという考えから，産出と理解に共通して含まれる文法処理や意味処理に関与しているという考えへ変化していった．

　理論言語学の知見は，失語症研究にも積極的に応用されるようになり，脳の損傷場所と文法知識の関連を，かなり細かいレベルで見ていく研究が出現した．「失文法」とは，脳損傷により文法能力が特異的に阻害されるという珍しい失語症である．失文法患者を対象に行われた研究では，ブローカ野の損傷により，統語的移動の後に残るはずの痕跡（trace）が削除されているという仮説，痕跡削除仮説（Trace Deletion Hypothesis: TDH）が提唱された（Grodzinsky

(2000))．失文法患者は，'Mary chased John.' のような能動態の文においては
誰が誰を追いかけたのかを正しく理解しているが，名詞句の統語的移動を含む
'John was chased ＿ by Mary.' のような受動態の文では逆に理解していること
がある．彼らの中では，移動した名詞句の痕跡（例文では ＿ の位置）が削除さ
れており，この例では John が被動作主であることが理解できない．そのうえ，
「順番的に文の最初に出てきた名詞句が動作主である」というような，文法構造
に依存しない文理解ストラテジーを併用しているので，最初に出てくる John
が Mary を追いかけたと理解してしまうというのが TDH の主張である．仮説
の正しさは別にして，生成文法の研究成果を脳という具体物のレベルに落とし
込んだ点で，言語学的失語症学（linguistic aphasiology）の 1 つの到達点を象
徴していると考えられる．

第 6 章

言語の障害と言語の天才
─言語関連遺伝子はあるか─

6.1　言語能力と障害の継承

　言語能力が人間という種全体に備わっているなら，言語に関連する遺伝子があるのではないかと考えるのは当然である．この考えはレネバーグによって明確に表明されており，1910 年代からの関連する研究がまとめられている（Lenneberg (1967)）．興味深いのは，特定の家族の中で発話の障害が集中して起こる事象である．レネバーグは，正常な知能であるにもかかわらず，発話の発達が遅い，構音障害が続く，読字が困難であるといったいくつかの言語の障害をまとめて「先天的言語障害」とよび，これが家族内で継承されていくことを示す証拠を列挙している．

　この場合の障害とは，通常よりも明らかに低い能力のことであるが，高すぎる能力，たとえば病的なおしゃべりや異常な早口も，コミュニケーションに大きな問題が起こるとし，遺伝子の影響を示唆している．つまり，言語能力のスペクトラムの両端を研究することで，遺伝子の働きを調べようとする考えである（第 6.2-6.3 節参照）．

　また，レネバーグは双子の言語発達を調べることを提唱している．双子には同一の遺伝子をもつ一卵性双生児と，異なる遺伝子をもつ二卵性双生児がいる．レネバーグがまとめたデータによれば，一卵性の双子の言語発達は，二卵性の双子よりも同時に進行にしていく度合いが高く，たとえば，ことばをしゃべりだす月齢などは一卵性の場合ほぼ同じだという．普通よりも言語発達が遅れる場合，一卵性だと 2 人とも遅れるのに対し二卵性だと片方だけ遅れる場合がある．

6.2 特定言語障害と KE 家

一般的な知能・知覚・社会性の発達が正常なのにもかかわらず言語能力に障害が出る症状は，特定言語障害 (specific language impairment: SLI) とよばれる．欧米では子どもの数パーセントに SLI が見られるとする報告が多い (Tomblin et al. (1997))．子どもの生活環境が単独で SLI を引き起こすとは考えにくく，遺伝子の影響が強く示唆されている (Bishop & Snowling (2004))．上述のレネバーグによる双子の言語発達の研究 (Lenneberg (1967)) のように双子で SLI を調べると，一卵性双生児における SLI の共起確率は二卵性双生児より遥かに高い (Bishop et al. (1995))．しかし，すべての SLI ケースに共通する単一の遺伝子があるわけではない (Bishop (2006))．SLI には，とくに文法に障害が現れる文法 SLI (grammatical SLI: G-SLI) (van der Lely & Stollwerck (1996)) が存在すると現在でもいわれており，今後どのように研究が発展していくのか見守る必要がある．G-SLI は関連遺伝子の特定も進んでおり，*FOXP2*, *CNTNAP2*, *ATP2C2*, *CMIP* などが候補としてあげられている (van der Lely & Pinker (2014))．

イギリス人家族の KE 家は言語の遺伝学的研究の象徴的存在である (Hurst et al. (1990))．KE 家は三世代にわたり言語・発話障害を発症しており，約半分のメンバーに症状が見られる．とくに発話の問題が大きく，第三者には何をいっているのかわからないほどだといわれる．一般的な SLI は複数の原因遺伝子が推定されているが，KE 家の場合，障害の原因は単一の遺伝子だと考えられた (Hurst et al. (1990))．さらに，KE 家が研究されだした当初は，文法（とくに文法的形態素）に障害があるとされていた (Gopnik & Crago (1991))．仮に文法に特異的に関与する単一の遺伝子があるとすれば驚くべき発見である．しかし，発話障害をもつ KE 家のメンバーは，口や顔の動きの制御一般の問題が大きいことがわかり，単一の文法遺伝子の存在は仮定されなくなった (Vargha-Khadem et al. (1995))．

KE 家の原因遺伝子は第 7 染色体にあるだろうというところまではわかったが，候補となった領域には数十の遺伝子があり，その中のどれが原因なのかはわからなかった (Fisher et al. (1998))．その後，KE 家とは無関係だが言語障害をもつ CS とよばれるイギリス人の男の子が，第 7 染色体の同じ領域に明らかな異常をもつことがわかった．CS の遺伝子を詳しく分析した結果，数十の候補の中から 1 つの原因遺伝子を特定することに成功し，それが KE 家の障害の原因遺伝子であることもわかった．この遺伝子を *FOXP2* という (Lai et al.

(2001)）．発話障害をもつ KE 家のメンバーは，ことばの発話以外でも顔や口の筋肉を使ってさまざまな動きを連続してタイミングよく産出することに顕著な問題があり，*FOXP2* が単独で言語能力・文法能力の有無を決定しているとは考えられない（Vargha-Khadem et al.（2005））．

6.3　ウィリアムズ症候群と言語の天才

　ある遺伝子群の影響で一般的知能が保たれたまま言語能力が阻害されることがあるとすれば，別の遺伝子群の影響で言語能力が保たれたまま一般的知能が低下することがあるかもしれない．ウィリアムズ症候群（Williams syndrome）は，第 7 染色体上の 28 個の遺伝子が欠損することで起こる発達障害である（Bellugi et al.（1999））．知能指数は健常者よりかなり低く，視空間認知や中央実行系に問題がある一方で，言語能力と顔認知能力は健常者並みに保たれていると一般的にいわれる．過剰に社会的で会話に参加したがり，長く複雑な談話を産出するが，語彙の使い方が特徴的で正確に意味を理解してない可能性もある．ウィリアムズ症候群は言語のモジュール性に関する証拠として取り上げられることもあったが（Pinker（1994）），最近では言語モジュール全体が保たれているわけではないという説もある（Thomas et al.（2009），Thomas & Karmiloff-Smith（2005））．つまり，音韻処理，単語処理，形態統語処理などの各領域で，保たれている部分と保たれてない部分が報告されている．むしろ興味深いのはウィリアムズ症候群の患者における言語能力の保たれ方のパターンかもしれない．たとえば，形態統語論の領域では規則変化が保たれているのに対して，不規則変化には問題があるとの観察がある（Clahsen & Almazan（1998））．SLI 患者はむしろ規則変化に問題があり，ウィリアムズ症候群との対比は興味深い．

　ウィリアムズ症候群では一般的知能が低いにもかかわらず言語能力が比較的保たれているとされているが，さらに特殊なケースでは，一般的知能が低いのにもかかわらず，言語能力が通常よりも遥かに高い言語の天才（言語的サヴァン）がいることが報告されている．最も有名な例は，イギリス人のクリストファーという成人男性である（Smith & Tsimpli（1995））．クリストファーは自分の身の回りの世話にも困るほど知能が低く，自閉症があり，視空間認知に大きな問題がある．その一方で，15-20 個程度の言語を，それらが話されている地域に行くことなく獲得しているとされる．一般的な知能が平均より遥かに低くても，母語である英語で測った言語性 IQ は平均を遥かに超えている．一

般に思春期以降の第二言語獲得では，文法的形態素の獲得がとくに困難になる傾向が強いが（Johnson & Newport（1989）），クリストファーは第二言語における動詞の複雑な形態的変化を容易に獲得できるなど特殊な能力をもっている．

　クリストファーの研究（Smith & Tsimpli（1995））では，自然言語の獲得プロフィールが調べられただけでなく，人工言語の学習実験も用いられた．使われた人工言語には 2 種類あり，1 つは自然言語を模してあり，予想通りクリストファーにも学習できた．もう 1 つの人工言語には，自然言語にはありえない規則が備わっていた．すなわち，文の先頭から数えて何番目の単語というような順番のみが重要な意味をもっていた．こちらはクリストファーが学習することはできなかった．クリストファーの低い一般的知能，驚異的な自然言語学習能力，2 種類の人工言語の学習結果などの証拠は，言語のモジュール性仮説と一致している．しかし，非常に特殊な例なので，クリストファーの認知能力がどれだけ一般化できるのかは検討を要する．

　クリストファーはその後，イギリス手話（British Sign Language: BSL）の獲得に取り組んだ（Smith et al.（2010））．彼にはもともと，視空間認知の機能障害があるので，視覚モダリティーの手話にも天才的な言語獲得能力を適用できるのかが注目された．短期間の学習の結果，BSL の中でも強く視空間認知に依存する語彙や文法は獲得されなかったが，そうでない項目は，少なくともコントロール群（非常に第二言語学習能力が高い健常者グループ）と同程度か，もしくは上回る程度に獲得できた．また，非言語的なジェスチャーの学習も検証されたが，BSL 学習に比べると遥かに成績が悪かった．したがって，視覚認知障害の影響が強く出ない部分では，たとえモダリティーが視覚であっても，学習対象が自然言語ならば高い学習能力が発揮されるようである．

第 7 章

動物研究の貢献
─鳥の歌との類似性─

7.1　チョムスキー階層の応用

　2002 年，チョムスキーが動物研究者のハウザー（Marc Hauser）とフィッチ（Tecumseh Fitch）とともに，Science 誌に共著論文を発表するという象徴的な出来事が起こった（Hauser et al.（2002））．40 年ほど前，チョムスキーが動物研究から得られたスキナーの言語習得観を一方的に否定して以来（Chomsky（1959）），言語学者と動物学者の関係はほとんど断絶していた．2002 年の共著論文はこの歴史的な流れを転換させ，言語学者と動物学者の研究上の人的交流を促すきっかけになった．

　フィッチとハウザーは，2004 年には「チョムスキー階層」を応用して人間とサルを比較した研究を Science 誌に発表し，その後の研究を大きく活性化させた（Fitch & Hauser（2004））．チョムスキー階層とは種々の文法を生成能力に基づいて階層化したもので，ここで重要なのは有限状態文法と文脈自由文法（フィッチらは句構造文法とよんでいる）である．チョムスキーの初期の研究で，人間言語は階層をつくらずに線的に単語をつないでいく有限状態文法では記述できないことがわかっている（Chomsky（1956））．人間言語に見られる長距離依存関係や中央埋め込みの記述には，少なくとも文脈自由文法に相当する生成能力が必要で，文は単語の線的な連鎖ではなく句を階層的に組み上げたものである．

　フィッチらはサルでも学習しやすいように，単純で無意味な人工文法を考案し，有限状態文法に相当する $(AB)^n$ 文法と文脈自由文法に相当する $A^n B^n$ 文法を，大学生とワタボウシタマリンに学ばせた（Fitch & Hauser（2004））．

フィッチらの結論は，人間もサルも $(AB)^n$ 文法を学べたが A^nB^n 文法は人間
にしか学べなかったというものだった．この研究の反響は大きく，同様の人工
文法を鳥に学ばせたり（Gentner et al. (2006)），人間においてそれぞれの文法
が対応する脳領域を探る研究など（Friederici et al. (2006)），多くの研究が生
まれた（第 9.2 節参照）．後にオリジナルの A^nB^n 文法には致命的な欠陥があ
ることが明らかになったが（Perruchet & Rey (2005)），改良された第二世代の
A^nB^n 文法からも多くの研究が生まれた（たとえば fMRI を用いて人間の脳を
調べた Bahlmann et al. (2008)）．ジュウシマツにも学べたという報告がある
が（Abe & Watanabe (2011)），実験の不備を指摘する反論もあり（Beckers et
al. (2012)），動物に A^nB^n 文法が学べるのか決着はついてない．

　Hauser et al. (2002) と Fitch & Hauser (2004) の主張が正しかったかどうか
は別として，これらの研究の後，類似した研究が増えたのは事実である．最近
では言語学者，動物研究者，生物学者などの共著論文はいくつも出版され
（Berwick et al. (2013), Berwick et al. (2011), Bolhuis et al. (2010), Fitch &
Friederici (2012)），学会やシンポジウムにおける人的交流も普通になった．
Biolinguistics という本の出版（Jenkins (2000)）や Biolinguistics という雑誌
の創刊もあり，生物言語学研究はますます盛んになっている．

7.2　歌文法と言語の歌起源説

　20 世紀初頭から行われた人間以外の霊長類に言語を教える試みとはまった
く異なり，より最近の鳥の歌の研究は生物言語学的研究の推進に大きく貢献し
ている．鳥の歌と人間の言語には，発声器官の仕組み，関係する脳内中枢，臨
界期，幼年期の発達段階など，さまざまなレベルで共通点がある（Bolhuis et
al. (2010), Lipkind et al. (2013)）．鳥の歌の研究者は，鳥の歌の行動学的・神
経科学的研究が，人間言語の脳内メカニズムや進化の理解に役立つと長年考え
てきたが，最近では生成文法学者の著作にも鳥の研究成果への言及が多く見ら
れる（Berwick & Chomsky (2016), Berwick et al. (2013), Miyagawa et al.
(2013)）．

　日本でも，ジュウシマツの歌に文法があるという興味深い報告がなされてい
る（Honda & Okanoya (1999), Okanoya (2004)）．一羽のジュウシマツの歌
には数個から十数個の歌要素（ノート）が繰り返し出現する．同じ要素に a,
b, c などと標識をつけていくと，aaa や b や bcabd などの連続した要素列が確
認できる．これらの要素列もまとまりとして繰り返し出現し，さらに aaa の次

は b だったり bcabd だったりという分岐が可能である．人間言語も音節を使い回して単語をつくり上げて，ある単語に続く単語には複数の可能性があるのと同様である．岡ノ谷一夫らは要素列の間の遷移関係を調べ上げて，ジュウシマツの歌は有限状態文法（第 7.1 節参照）であるとした．人間言語の文法と同質ではないにしろ，チョムスキー階層に含まれる種々の文法の 1 つには合致するのである．

　ジュウシマツの歌はコシジロキンパラと比較するとさらに興味深い．ジュウシマツは，台湾に生息していたコシジロキンパラを約 250 年前，江戸時代の大名が家禽化してできた鳥である．分かれて 250 年（約 500 世代に相当）しか経ってないのだから，コシジロキンパラも同じような歌を歌いそうなものだが，彼らの歌は同じパターンが繰り返されることが多く，複雑な遷移をもつジュウシマツの歌よりもずっと単純である（Honda & Okanoya (1999)）．ジュウシマツの歌が複雑化した要因として，メスによる性選択が考えられる（Okanoya (2012)）．ジュウシマツで歌うのはオスだけであり，歌はオスからメスへの求愛の機能をもつ．ジュウシマツのメスは複雑な歌を聞いたほうが巣づくりといった生殖に関連する行動が促されるなど（Okanoya & Takashima (1997)），複雑な歌を歌うオスのほうがメスに選ばれて子孫を残しやすいようである（Okanoya (2012)）．メスによるこうした性選択を経て，複雑に歌えるオスが 250 年の間に徐々に広まっていったということである．ダーウィンは人間言語の進化に関する自説の中で，魅力的に歌える個体が異性によって選択される性選択が起こったとしているが（第 2.1 節参照），ジュウシマツの歌の複雑化はこれとそっくりではないだろうか．

　ダーウィンにはじまる人間言語の歌起源説は，今でも音楽原型言語仮説（musical protolanguage hypothesis）やカルーソー理論（カルーソーは伝説的なテノール歌手，エンリコ・カルーソー）などとよばれて生き残っており，著名な研究者が言語進化の中で歌がはたした役割を重視している（Berwick et al. (2011), Fitch (2010)）．その中から代表して「相互分節化仮説」を紹介したい（Okanoya & Merker (2007)）．相互分節化仮説によると，人類は今のような言語をもつ前にジュウシマツの歌のような歌詞のない歌を歌っていた．歌には異性を惹きつけるアピールがあり，性選択を通して歌を歌う能力が向上していき，有限状態文法に従って複雑な歌を歌えるようになった．やがて歌は求愛以外の状況でも歌われるようになり，さまざまな歌がさまざまな状況で歌われた．たとえば，狩りの状況では歌 A を歌い，食事の状況では歌 B を歌うといった具合である．この時，狩りの状況と食事の状況には「皆で一緒に何かを

する」という共通性がある．歌 A と歌 B も，ある部分が共通していたとする
と，その共通部分が「皆で一緒に何かをする」という状況と対応づけられる．
こうして，状況のある部分と歌のある部分が切り出されて，すなわち分節化さ
れていき，短く切り出された歌の部分に状況が対応されて音と意味をもつ単語
が生まれた，というのが相互分節化仮説である（Okanoya & Merker（2007））．
ビッカートンの原型言語仮説では（Bickerton（1990）），もともと単語があっ
て，後からそれらを組み合わせて長い音声系列をつくれるようになったとする
が，歌から現在の言語が生まれたとする相互分節化仮説では，反対に，もとも
と長い音声系列があって，そこから部分を切り出すことで単語ができたと考え
る．

7.3　鳥にことばがしゃべれるか

　人間以外の霊長類（non-human primate: NHP）に言語（音声言語・自然手話）
を教える試みは失敗したが（第 3 章参照），鳥ではどうだろうか．NHP には発
声学習ができないが，鳥はスズメ目（songbird），ハチドリ目（hummingbird），
オウム目（parrot）などのグループの中の数多くの種が発声学習を行う（Not-
tebohm（1972））．これらの鳥は周囲から歌を学習し，歌の発達や神経基盤に
は人間の言語学習との共通性も見られる．鳥のほうが NHP より人間言語の習
得に近づける可能性はありそうだ．象徴的なケースがアレックス（Alex）とい
う名前のヨウム（アフリカの大型インコの一種）である（Pepperberg（1999））．
アレックスは一見すると，人間と英語で会話しているように見える（YouTube
に数多くのビデオがある）．ヨウムは発声学習が得意で，ペットとして飼われ
ていると自然に人間の声真似をするようになるが，アレックスは飼い主のペッ
パーバーグ博士に M/R 訓練（model/rival（M/R）technique）とよばれる特別
な手法でトレーニングを受けた．その結果，アレックスはペッパーバーグが参
照的コミュニケーション（referential communication）とよぶものを身につけ
ることができた（Pepperberg（2010））．つまり，アレックスは単に人間の音声
を学んだだけでなく音声ラベルとそれが参照する（指し示す）概念との関係を
学んだとされる．
　音声ラベルとして用いられたのはいくつかの英単語で，それらが指す概念に
は色，形，数，ゼロの概念などが含まれていた．ペッパーバーグは参照的コ
ミュニケーションを教えることを目的としたのではなく，それを通してアレッ
クスの認知能力を調べることを目指した（Pepperberg（2002））．認知能力テス

トには How many X? と尋ねるような比較的単純なものから，以下のような複
雑なものもある．まずアレックスに，木でできた赤い物体，木でできた青い物
体，ウールの赤い物体，ウールの青い物体など，複数の物体のセットが示され
る（たとえばお盆の上などで）．この状態で How many blue wood? などの質問
を投げかけると，アレックスが Two などと答えるという感じである．このよ
うな集合（'confounded number set'）の中から，指定された属性の組み合わせ
をもつ物体の数を答える場合，80 パーセント以上の正答率だったという
（Pepperberg（2010））．

　アレックスの音声ラベルの習得過程にも興味深い特徴が見られた．アレック
スは M/R 訓練を受けてない時にも，訓練中に聞いた音の発音を独りで練習し
ていたのである（Pepperberg（2010））．独り言で練習しているうちに正しい発
音ができるようになったという．これは人間の赤ちゃんが「あわあわあわ」な
どと発声遊びをしながら，自分の発声器官の動きとそれにより出た音声との関
係を学んで発音を調整するのに似ている．赤ちゃんチンパンジーのグアはこれ
を行わなかったとされるが（Kellogg & Kellogg（1933）），この点でアレックス
との対比が興味深い．

　一方で，アレックスが言語に見られるような文法規則を学んだという主張は
なされてない．そもそも文法規則に基づく創造的な言語使用ができるほどに複
雑で長い発話は入力として与えられておらず，また，ペッパーバーグ自身が参
照的コミュニケーションを通して鳥の心の内面を覗くことに関心があったの
で，文法学習に関して主張をしないのは自然である．

　しかし，NHP に比べると，アレックスは言語習得により近い行動を見せたと
いってよさそうである．音声ラベルは英単語だったので，野生で行う発声レ
パートリーの何かが報酬と結びついて強化されたわけではない．アレックスは
ラベルを色，形，数，ゼロなどの概念と結びつけたとされるが，もし本当なら，
ラベルと心の中の抽象概念が結びついたのかもしれない．NHP にことばを教
える試みではこれすら失敗している（第 3.4 節参照）．これまでにアレックス
が言語学者に取り上げられることはほとんどなかったが，NHP が失敗してい
る単語の獲得にアレックスが成功したのかどうかは言語学者の目で検討する価
値があるのではないだろうか．残念なことに，アレックスはもうこの世にはい
ない．アレックスが亡くなる前の晩，別れ際にペッパーバーグと交わした会話
は下のようなものだったという（Pepperberg（2008: 207））．チンパンジーが
食べ物欲しさに闇雲に手を動かすと違う気がするのは，ひいき目だろうか．

Alex:　You be good. I love you.

Pepperberg:　I love you, too.

Alex:　You'll be in tomorrow?

Pepperberg:　Yes, I'll be in tomorrow.

第8章

極小主義的な言語起源論
—回帰のみ仮説—

8.1　回帰のみ仮説

　Hauser, Chomsky & Fitch (2002)（以下 HCF）は，広義の言語機構 (Faculty of Language in the Broad Sense: FLB) と狭義の言語機構 (Faculty of Language in the Narrow Sense: FLN) という区別を提唱している．FLN には，言語機構の中でも人間に特異的でかつ言語に特異的な部分のみが含まれると定義されている．FLN の中身は理論的に空であることもありうるが，HCF は回帰 (recursion) のみが含まれるという「回帰のみ仮説 (recursion-only hypothesis)」を提出した．回帰とは，併合 (Merge) によりつくられた集合に何度でも併合を適用できる性質のことである（第 II 部の第 4.1 節参照）.[1]

- (1) a.　Merge (the, ball) → {the, ball}
-   　b.　Merge (kick, {the, ball}) → {kick, {the, ball}}

(1a) では，the と ball を併合して {the, ball} という集合をつくっている（集合の「ラベル」は省略してある）．さらに (1b) では，その集合を再度，併合の対象として kick と併合して，{kick, {the, ball}} という集合をつくっている．このように，併合の結果に対して再度併合を適用することを回帰という．HCF によれば，人間言語に特異的なのはこの回帰のみである．

　回帰と違い言語機構の中で他の動物と連続している FLB に入るものとして

---

[1] HCF では回帰の定義が曖昧だったが，HCF 以降のチョムスキーの著作（たとえば Berwick & Chomsky (2016)）を踏まえると回帰をこのように捉えるのが妥当である.

感覚運動インターフェイス（sensorimotor interface）があげられる．原理とパラメータ理論の時代には，語順（英語では主要部先端，日本語では主要部末端など）は統語計算部門の範疇だったが，極小主義プログラムでは，回帰的併合（recursive Merge）を核とする統語計算部門は語順を直接指定するわけではなく，語順は感覚運動インターフェイスで（音韻部門において）扱われている．音の線的な順番を扱う認知的行動は他の動物でも観察されており，とくに鳥の歌と人間言語の感覚運動インターフェイスは，発達や神経基盤を含めてさまざまな類似性が指摘されている（第 7 章参照）．つまり，言語機能の中で FLN に属さない部分には，実際に動物との連続性が確認されるのである．言語音声知覚におけるカテゴリカル知覚（categorical perception）も以前は人間に特異的という見方があったが，他の動物も人間同様のカテゴリカル知覚を示すという実験データが報告され，動物との連続性が認められる（Kuhl & Miller (1975)）．

8.2 極小主義プログラム的な言語起源論

HCF の提案は言語起源論を大きく活性化させることになった．80 年代の原理とパラメータ理論における普遍文法の中身はあまりにも豊かだったために，それらが 1 つのパッケージとして人間の生物進化の過程でどのように生じたのかを説明しにくいという問題があった（第 II 部の第 2 章参照）．これに対して，HCF は 2 つの点で言語発生の説明を容易にしている．まず，人間の言語機構というパッケージを人間言語特異的な部分とそうでない部分に分け，それぞれの進化的説明を別々に行うことができる．とくに FLN の外側，つまり動物や言語以外の認知と連続している部分の進化的説明は，動物研究や言語以外の研究をそのまま利用することができる（説明が不要なわけではない）．これだけでも言語進化の説明は前より楽になるが，FLN の中身が多ければ必要な進化的説明は依然として多く残る．回帰のみ仮説の 2 つ目の意義は，FLN の中身を極限まで絞り込み，回帰だけだとしたことである．これにより，言語の系統発生に関して個別に説明しなければならないことは，回帰の発生のみになった．極小主義に基づいて回帰のみ仮説が提出されたおかげで，言語理論が進化的妥当性（evolutionary adequacy, Fujita (2009)）もしくは進化可能性（evolvability, Berwick & Chomsky (2016)）を満たすことに大きく近づいたのである．

それでは FLN に属する回帰は人間進化の過程でどのように出現したのだろ

うか．HCF は，言語以外の認知領域における特定の計算課題（例：空間ナビ
ゲーション，数の同定，社会関係の理解）を解くために用いられていた領域特
異的な回帰が，より一般化されて言語にも適用されるようになったと推測して
いる (Hauser et al. (2002))．この回帰の適用範囲の一般化は，脳の再構成・再
配線の副産物として生じた可能性があげられている．より最近では，人類の出
アフリカ以前，7-10 万年前に回帰（回帰的併合）が発生したなどの具体的な推
測がある (Bolhuis et al. (2014))．同じ極小主義の枠組みでも，13-15 万年前
という，さらに早い時期の発生を主張する研究もある (Ike-uchi (2016))．
HCF 論文以降，回帰的併合の脳内メカニズムの研究が進み，現在では言語の物
質的基盤の進化が論じられるようになっている（第 9 章参照）．

　一方，言語機構の中で FLN の外側がどのようなプロセスで人類に備わった
のかは，言語学以外に答えが求められる．まず，FLN の外にある感覚運動イン
ターフェイスと共通性をもつ動物を探す必要がある．そうした動物は NHP に
はいない．人間の感覚運動インターフェイスに近い能力をもち，かつ研究も進
んでいるのは鳥である．鳥の中には，聴覚入力と合致する運動を出力する発声
学習ができる種がいる．発声学習は人間言語の獲得でも必須の能力であり，感
覚運動インターフェイスに属する．遺伝子の種間比較を行った大規模な研究に
よると，人間の脳における発話中枢と発声学習を行う鳥の脳の歌中枢には，共
通の遺伝子発現パターンが見られるという．このパターンは，発声学習を行わ
ない鳥の脳には見られない (Pfenning et al. (2014))．系統的に鳥と人類は 300
万年以上前に分岐しており，鳥よりも人に近い NHP に発声学習ができないこ
とからも，鳥と人間の発声学習能力の共通性は同じ祖先からきた「相同
(homology)」ではなく，似た機能が独立に発生した「相似 (analogy)」である
と考えられる．発声学習はかなり複雑な機能であるが，その脳内基盤を生物が
つくれる方法は非常に限られているようである (Pfenning et al. (2014))．人
間と鳥ほど系統的に離れていても，発声学習は同様の遺伝的変化によって獲得
されたことが示唆される．

　ピンカーは動物のコミュニケーションシステムが人間言語に機能的に似てい
たとしても，それは相似（例：鳥の羽とハチの羽）であり，生物学的に同じで
あることを示す相同（例：コウモリの羽と馬の前足）ではないので，人間言語
と動物のコミュニケーションは別物であるとしている (Pinker (1994))．しか
し，FLB と FLN の区別が提唱され，言語を感覚運動インターフェイスなどの
複数の部分に分割して他の種と比較するようになってからは，相似の重要性
もかなり強調されている (Berwick et al. (2013), Bolhuis et al. (2010))．

Pfenning et al. (2014) もこの流れに沿うものである．また，生物学では，相似器官に遺伝子レベルで見られる「深層相同（deep homology）」の存在が指摘されている（Shubin et al. (2009)）．たとえば，虫の眼と人間の眼は以前の考えなら相似器官であるが，遺伝子のレベルでは相同であるといわれている．言語に関する人間と動物の連続性・断続性について，「相似だから別物，相同だから同じ」と単純にいえるのか注意深く考えていく必要がある．

8.3　回帰のみ仮説を越えて

　回帰のみ仮説を中心とする HCF の論考が言語起源論を大きく活性化させたのは事実としても，当時の仮説に対しては改善案や反論が提出されている．Fujita (2016) は，HCF が回帰とその他の部分に異なる基準を適用しながら人間言語特異性を判定しているとして，FLN と FLB の区別そのものが幻想であるとしている．Fujita (2016) によれば，併合のように 2 つのものを組み合わせる操作は，人間でも他の動物でも道具の作成・使用のように言語以外の能力で観察することができ，併合の前駆体は運動（action）にある可能性がある．物体を組み合わせる運動操作（Action Merge）から運動という領域を越えてより一般的に適用できる汎用併合（General Merge）が生まれ，さらにそこから言語で用いられる併合（を含むいくつかの認知能力）が生まれたというシナリオが提案されている．さらに Fujita は，心的レキシコン（語彙目録），感覚運動インターフェイス，概念意図インターフェイスのそれぞれに原型があり（proto-lexicon, proto-SM, proto-CI），併合の出現により一気にこの 3 つが現在の形（human lexicon, human SM, human CI）になったとしている．これを人間言語の「併合のみ進化（Merge-only evolution）」とよぶ．併合や統語能力の起源を運動に求める説は他の研究者にも表明・支持されているが（Pulvermüller (2014)），チョムスキーを含む他の言語学者には反対派もいる（Berwick & Chomsky (2016), Moro (2014)）．

　HCF 論文では，回帰のみが人間言語特異的だとされたが，この特異性を完全になくす提案もある．Balari & Lorenzo (2013) は，慣習的に人間言語特異性を含意する言語機構（Faculty of Language）に代わる概念として，中核部分に領域特異性も種特異性ももたない中央計算複合体（Central Computational Complex: CCC）という概念を導入している．言語機構同様，CCC も複数のインターフェイスと核となる計算システムからなる．計算システムは言語に非特異的であり，たとえば，絵を描くとか紐を結ぶなどの言語以外の機能をはたす

こともできる (Balari & Lorenzo (2013: 17)). 逆に, 生物進化の産物である計算システムは, 人間の文法能力として研究されることの多い格 (Case) や一致 (agreement) に関与しておらず, これらは文化進化の産物であるとしている. 他の動物と人間言語の計算システムの違いは, ワーキングメモリーの容量の違いとして説明される. 他の動物はチョムスキー階層における有限状態文法までしか学習できないが, 人間言語は文脈自由文法, その上位の文脈依存文法までを含む文生成能力をもつ. Balari & Lorenzo (2013) によると, この違いは人間でワーキングメモリーが拡張されていることから説明でき, 計算システムの質的な違いではない.

　宮川らは前から存在していた複数の生物学的形質が組み合わさることで新しい形質が生まれるという外適応 (exaptation) の考え方を用いて, 人間言語の系統発生を説明する「統合理論」を提唱している (Miyagawa et al. (2013), Miyagawa et al. (2014)). 人間言語では, 時制や疑問が含まれる TP や CP が, 動詞が含まれる VP の上に乗るような形で階層構造をつくっていると考えられている. 統合理論では, TP や CP などは鳥やテナガザル (gibbon) の歌に代表される Type E システム (E for Expressive) としての起源をもち, VP などはミツバチのダンスや霊長類の警戒コールに代表される Type L システム (L for Lexical) としての起源をもつとしている. つまり, 人間言語は総体としては他の動物に見られないシステムであるが, その起源は動物界に見られる 2 つのシステムを統合したところにあるというのである. 動詞や名詞などの「語彙範疇」と, 時制に関する助動詞などの「機能範疇」の区別は, 以前から生成文法で提唱されていた. 統合理論ではこうした言語事実の観察を動物界に見られるシステムに対応付けることを, 生成文法学者が提案している点も意義深い. さらに宮川らは, 一見すると統合理論に合わない言語データに対して新たな分析を提案し, これまで受け入れられてきた分析の修正を促し, 言語理論そのものに対する貢献も行っている (Miyagawa et al. (2014)). 今後も, 正確な言語理論の構築と進化の説明との間の緊張状態が, 双方向的に新しい研究を生み出していくと思われる.

第9章

言語脳科学の発展
──脳における人間言語らしさ──

9.1　脳機能計測研究の多様化

　非侵襲的脳機能計測を用いた言語研究は，1980-90 年代には，主に心理言語
学者や認知神経科学者によって行われていた．90 年代の終わりからは，理論
言語学者も本格的に非侵襲的脳機能計測を使うようになった．脳磁図（mag-
netoencephalogram: MEG）とは，脳波と同じ時間分解能をもちながら同時に
優れた空間分解能ももつ計測手法である．2000 年には脳磁図を用いた研究で，
音響とは必ずしも一致しない音素という心的な単位の処理が脳の第一次聴覚野
で行われているとする提案がなされた（Phillips et al.（2000））．日本の金沢工
業大学が脳磁計を提供する形で，生成文法の総本山である MIT（マサチュー
セッツ工科大学）でも言語の脳磁図研究がはじまった（Pylkkänen et al.
（2002））．MIT の言語学者は fMRI でも，東京大学との共同研究から重要な成
果を発表している（Embick et al.（2000））．

　2000 年代には脳磁図だけでなく，さまざまな新しい脳機能計測方法が利用
されだす．経頭蓋磁気刺激法（transcranial magnetic stimulation: TMS）は，頭
に当てたコイルから磁気を発生し，脳活動を変化（促進もしくは抑制）させる．
fMRI は，被験者が行う認知課題と相関関係がある脳領域を特定できるが，そ
の領域の活動がないとその認知課題が行えないという因果関係を調べることは
できない．TMS は，ある脳領域の活動を人為的に上げ下げすることで，本当
に認知課題の成績に影響が出るのかという因果関係を調べられるのである．言
語の研究では，TMS でブローカ野を磁気刺激することで文法性判断に要する
反応時間が選択的に減少した（一方で意味判断には影響がなかった）ことから，

ブローカ野と文法処理には相関関係だけでなく因果関係があるという主張がな
されている（Sakai et al.（2002））．TMS は脳機能を抑制させることもできる
ことから，健常者において一時的にバーチャルな脳損傷状態をつくり出すこと
ができるといわれる．リアルな脳損傷研究を補う手法として TMS は今後の活
用が期待される．

　2000 年代に入ると，さまざまなタイプの被験者に対する fMRI 研究が報告
されていく．とくに赤ちゃんの脳活動を fMRI で調べた研究が興味深い．大人
では，音声提示された母語の処理に脳全体が一様にかかわるのではなく，左半
球の側頭葉（上側頭回）を中心としたネットワークが主にかかわる．このよう
な脳の機能分化は，発達のどの段階で生じるものなのだろうか．生後 3 か月の
赤ちゃんを fMRI で調べた研究によると，自分の母語を音声提示されると，や
はり，左半球の側頭葉を中心とした活動が見られるという（Dehaene-
Lambertz et al.（2002））．単語の産出もできない生後 3 か月からすでに，大人
の母語話者と似たような，側頭葉における左半球への一側化（lateralization）
が見られるのである．こうした乳児の脳におけるマッピング研究は，脳の初期
状態がタブラ・ラサなのか否かという問いに物質的に迫る手法として今後も注
目される．

　上記のような赤ちゃん研究は fMRI の大きな可能性を感じさせるものである
が，研究倫理的に赤ちゃん対象の fMRI 研究が認められている国は少なく，そ
の点が大きなネックである．近赤外分光法（near-infrared spectroscopy:
NIRS）は，人体に無害で赤ちゃんにも適用可能な脳機能計測方法として，近
年，研究が増加してきている．脳波も赤ちゃんに適用できる点では同じだが，
脳波では脳の活動場所を特定できない．NIRS は fMRI には遥かに劣るが，脳
の浅い部分であれば PET に近い空間分解能をもつとされ，赤ちゃんや子ども
の脳のマッピングに力を発揮する（Minagawa-Kawai et al.（2008））．たとえ
ば，fMRI 研究が生後 3 か月の赤ちゃんで音声言語処理に対する側頭葉の左半
球優位性を確認したのは上述のとおりだが（Dehaene-Lambertz et al.
（2002）），NIRS 研究ではさらに進んで，生後 2-5 日の新生児でも同様の左半
球優位性が見られたとしている（Pena et al.（2003））．NIRS による脳機能計
測の原理は日本人によって発見され（Maki et al.（1995）），NIRS 計測機器も日
本のメーカーが供給している．このようなこともあり，NIRS 研究は日本でと
くに盛んで，乳幼児や子どもを対象にした NIRS 言語実験がいくつも報告され
ている（Homae et al.（2006），Minagawa-Kawai et al.（2011），Sugiura et al.
（2011））．

　脳機能計測データの蓄積は，比較的初期に発表された説の見直しにもつながっている．これが顕著なのが ERP である．統語処理に関連するとされてきた ELAN，LAN，P600 のすべてに対して解釈変更の可能性がある．ELAN は部分的に韻律（prosody）違反を反映している可能性が（Steinhauer & Drury (2012)），LAN は N400 を出した個人と P600 を出した個人の平均化で出ている可能性が（Osterhout (1997)，Tanner & Van Hell (2014)），P600 は統語処理そのものの指標ではない可能性（Kuperberg (2007)）が指摘されている．ERP の実験パラダイムでは，音声提示であれ視覚提示であれ，単語やフレーズを連続して次々提示していくのが普通である．その中で意味や統語に基づく予測を生じさせ，その予測を裏切ることで，N400 や P600 などの ERP 成分を惹起する．こうした時間軸上の線的順序を利用する ERP は，線的順序が存在しないとされる統語の計算システムの研究に対して最適な方法ではないのかもしれない．逆に時間分解能の低い fMRI は，以下に述べるように，統語計算システムを核とする人間言語らしさの探求に力を発揮している．

9.2　人間言語らしさを脳内に求める

　人間言語に見られる構造依存性や階層性は，他の動物のコミュニケーションシステムには見られない特徴だとされる．2000 年以降，こうした特徴をブローカ野と結びつける fMRI 研究が増えている．'Broca's area and the language instinct' というタイトルの論文では，言語の天才クリストファーの研究に倣い（Smith & Tsimpli (1995)），人間言語が普遍的にもつ構造依存性を備えた人工言語と，人間言語には見られない法則（文頭から何番目といった線的順序に基づく）に従う人工言語を用いた（Musso et al. (2003)）．これら 2 種類の人工言語を健常な成人に学ばせると，人間言語らしさを備えた人工言語の学習にのみ，ブローカ野の活動が相関していた．日本の研究チームは，この論文に見られた問題点を克服する fMRI 実験を新たに実施し，やはり構造依存性とブローカ野の関連を報告している（Yusa et al. (2011)）．

　チョムスキー階層に基づき人間言語らしさを定義する手法（Fitch & Hauser (2004)）も fMRI 研究に応用されている．人間言語は有限状態文法では記述できず，文脈自由文法以上の文生成能力をもつとされる．有限状態文法と文脈自由文法に相当する 2 種類の人工文法（$(AB)^n$ 文法と A^nB^n 文法）を成人に学ばせた fMRI 実験では，文脈自由文法の処理にのみブローカ野の活動が見られたとしている（Friederici et al. (2006)）．この実験はフィッチらのオリジナルの

研究同様，用いた人工文法に不備があったので，改良された人工文法による追試が行われている（Bahlmann et al. (2008))．それによると文脈自由文法に相当する $A^n B^n$ 文法を処理する際にはやはりブローカ野が活動していた．この改良された $A^n B^n$ 文法は，ある種の中央埋め込み構造（$[A_1 [A_2 B_2] B_1]$）を生み出すのは確かだが，自然言語に見られる中央埋め込みと共通性があるだけで同質の階層構造が含まれているわけではない．自然言語（ドイツ語）を用いて文の階層構造と単語間の線的距離の効果を比較した研究は，ブローカ野の後ろ半分を成す弁蓋部（BA44 野）が階層構造の処理を担っていると報告しており（Makuuchi et al. (2009))，人工言語の研究が支持された．しかし，ブローカ野の三角部（BA45 野）こそ自然言語の階層処理を担うとする説もある（Yusa (2016))．

　ブローカ野（とくに BA44 野）とともに人間言語の階層構造の処理を担っているとされているのが，BA44 野と側頭葉を連結する「背側経路（dorsal pathway)」である（Berwick et al. (2013), Friederici (2017))．ブローカ野を含む前頭葉と，ウェルニッケ野を含む側頭葉を連結する経路には複数あることが知られている．この中でとくに統語的階層の処理に必要だとされているのは，BA44 野から側頭葉後部を連結している背側経路である（背側は脳の上の方を指す）．これは弓状束（Arcuate Fasciculus)（第 2.2 節参照）と上縦束（Superior Longitudinal Fasciculus: SLF）からなる．子どもではこの背側経路が発達していくと統語的に複雑な文を処理する能力が上がり（Brauer et al. (2011))，大人ではこの経路に損傷を受けると統語的に複雑な文を処理する能力が低下する（Wilson et al. (2011))．前頭葉と側頭葉をつなぐ背側経路で言語に関連するものはもう 1 つあり，そちらは前頭葉の中でも運動前野（premotor cortex）と側頭葉をつないでいる．この背側経路は運動と聴覚をつなげると考えられており，統語的階層の処理には直接関与していない．また，こちらの背側経路は生まれたての新生児にもあるとされるが，BA44 野につながる背側経路は人が生まれた時には弱く，生後数年かけて発達していく（Perani et al. (2011))．こうした研究によれば，人間は乳児期に，まず，運動前野につながる背側経路を利用して自分の発音の調整を行い（発声遊び），母語の音声を獲得していく．その後，BA44 野につながる背側経路の発達にともなって，統語能力を獲得していく．

9.3 脳内基盤の進化

　統語的階層性を生み出す脳内基盤が同定されたと仮定すると，それは言語起源論にどのような示唆を与えるのだろうか．チョムスキーは長い間，言語能力の系統発生は突然起こったと主張してきた．さらに極小主義プログラムの発展の中で回帰のみ仮説を提出し，言語の系統発生のカギを握るのは回帰（回帰的併合）の出現であるとした．回帰のみ仮説を提唱した 2002 年の HCF 論文では，回帰の脳内基盤はとくに同定されてなかった．一方，チョムスキーらの最近の著作では，回帰的併合の脳内基盤を上述の BA44 野とそこにつながる背側経路だとしている（Berwick & Chomsky (2016)，Berwick et al. (2013)）．もし回帰的併合を実行する物理的基盤が BA44 野と背側経路だとすると，このメカニズムの系統発生によって人類が現在の言語能力を獲得したことになる．

　このメカニズムに関しては，人間と他の動物の比較からすでにわかっていることがいくつかある（Friederici (2017)）．まず，脳構造の左右差に種間の違いがある．人間の言語機能は右利きの人のほとんどで脳の左半球優位であることがわかっており，かつ，（左半球にある）ブローカ野と右半球の対応部位では，ブローカ野のほうが大きいという意味での左右差がある．NHP にもブローカ野の相同器官（たとえば人間の BA44 野とサルの F5 野が相同）があるといわれるが，NHP の場合，上記の左右差が観察されない．言語基盤の進化には，この構造的左右差が生まれることが 1 つの条件となる（Friederici (2017)）．さらに，前頭葉と側頭葉を連結する経路においても，人間と NHP で違いがある．人間でも NHP でも，この経路には上述の背側経路と「腹側」経路（腹側は脳の下の方を指す）があるが，人間は NHP に比べ，弓状束を含む背側経路のほうがよく発達しているという（Rilling et al. (2008)）．人間の大人の場合，上側を通る背側経路が太く長く発達しているため，下側を通る腹側経路と合わせると，前頭葉と側頭葉を上と下でリングのように連結している．背側経路は人間の赤ちゃんで未発達なだけでなく，（大人の）NHP でも未発達である．そこで，チョムスキーらは，人間の進化の過程で背側経路が発達してリングが完成することで，回帰的併合が獲得できたのではないかとしている（Berwick & Chomsky (2016)）．

第 10 章

おわりに

　初期の生物言語学は，ダーウィン，ブローカ，チョムスキーらが創始した個々の研究分野を，レネバーグという傑出した個人が統合した時に具現化した．レネバーグが示した生物言語学の道筋を，その後，他の多くの研究者が辿って，生物言語学的データが蓄積されていった．2000 年以降の生物言語学では，一個人の中での統合ではなく，言語学，動物行動学，神経科学，進化学，遺伝学などの分野の統合が進んでいる．もちろん，現代において 1 人の研究者がこれらすべての分野でオリジナルの研究を行うことは不可能である．その意味で，生物言語学を分野横断的に進めるには，異なる分野の研究者がお互いをリスペクトし，協力関係を築くことが不可欠である．主張が違っても，顔が見えない相手を論文を通して一方的に批判するのは，生物言語学の学際性からして得策ではない．チョムスキーのスキナー批判は言語学者にとっては痛快だっただろう．しかし，動物の研究者との人的交流が確立された現在のほうが，生物言語学は分野として発展する勢いがあるのではないだろうか．

　最後に，生物言語学に関連する多くの領域を統合するカギを握ると考えられるエボデボ（Evo-Devo）を紹介したい．エボデボとは，evolutionary developmental biology という生物学領域の愛称である（Carroll（2005））．なぜ，種の evolution（進化）と個体の development（発達）が結びついているのだろうか．エボデボの基本的な考え方は，異なる種の成体に見られる違いが，発達のタイミングの違い（heterochrony）に起因するというものである．たとえば，人間と NHP は成体では大きく違うが，赤ちゃんを比較すると思いのほか似ている．これは，人間の発達が非常にゆっくりで，NHP に比べると「子どものまま大人になる」からだといわれる（幼形成熟，ネオテニー）．人間の言語獲得に

266

は臨界期があり，子どもでいる期間が長いことは，人間の言語獲得に不可欠な要素なのだろう．臨界期の中では一般に脳の可塑性（plasticity）が高いといわれる．最近では，大人の脳にも可塑性があるといわれるが（Maguire et al. (2000)），これはすでにある脳機能を修正する局所的可塑性（local plasticity）であり，まったく新しいモジュールや大規模なネットワークを新たに構築する大域的可塑性（global plasticity）ではない．言語獲得に必要なのは，前頭葉・側頭葉・頭頂葉（文字も含めると後頭葉も）などの大脳皮質領域および大脳基底核などの皮質下の構造を含む大規模なネットワークの構築である．これを実現できるのは，臨界期の中の大域的可塑性である．言語以外でも人間の脳には，幼年期にしか発揮されない驚くべき大域的可塑性が備わっている（Sadato et al. (1996)）．発達のタイミングを制御する遺伝子の働きが，どのように人間の脳の大域的可塑性を引き起こし，それが他の動物との違いとして現れるのかが，これからの研究で注目される．進化・発達・遺伝・脳を結びつけるエボデボは生物言語学研究に頻繁に登場するようになっている（Balari & Lorenzo (2013), Fitch (2011)）．概念的なレベルでは，80 年代の P&P 理論がすでに初期のエボデボの影響を受けているとチョムスキーは回想している（Chomsky (2010)）．今後，人間の言語能力がエボデボの枠組みでさらに解明されていくことが期待される．

参 考 文 献

第 I 部

Chomsky, N. 1957. *Syntactic Structures*. Mouton, The Hague.

Chomsky, N. 1964. *Current Issues in Linguistic Theory*. Mouton, The Hague.

Chomsky, N. 1965. *Aspects of the Theory of Syntax*. MIT Press, Cambridge, MA.

Chomsky, N. 1970. Remarks on nominalization. R. Jacobs and P. Rosenbaum (eds.) *Readings in English Transformational Grammar*. pp. 184-221, Ginn, Waltham, MA.

Chomsky, N. 1973. Conditions on transformations. S. Anderson and P. Kiparsky (eds.) *A Festschrift for Morris Halle*. pp. 232-286, Holt, Rinehart & Winston, New York.

Chomsky, N. 1975. *Reflections on Language*. Pantheon Books, New York.

Chomsky, N. 1976. Conditions on rules of grammar. *Linguistic Analysis* 2: 303-351.

Chomsky, N. 1977. On wh-movement. P. Culicover et al. (eds.) *Formal Syntax*. pp. 71-132, Academic Press, New York.

Chomsky, N. 1980. On binding. *Linguistic Inquiry* 11: 1-46.

Chomsky, N. 1981. *Lectures on Government and Binding*. Foris, Dordrecht.

Chomsky, N. 1986. *Barriers*. MIT Press, Cambridge, MA.

Epée, R. 1976. On some rules that are not successive cyclic in Duala. *Linguistic Inquiry* 7: 193-198.

Fukui, N. 1986. *A Theory of Category Projection and Its Applications*, PhD dissertation, MIT.

Fukui, N. and M. Speas 1986. Specifiers and projection. *MIT Working Papers in Linguistics* 8: 128-172.

原口庄輔・鷲尾龍一. 1988.『変形』研究社, 東京.

長谷川欣佑. 1963. 変形分析: 言語研究の最近の成果『一橋論叢』49(5): 642-661.

長谷川欣佑. 1964. 日本語文法試論『言語文化』1: 3-46.

Hasegawa, K. 1968. The passive construction in English. *Language* 44: 230-243.

長谷川欣佑. 1983. 文法の枠組: 統語理論の諸問題 (1-6)『言語』5-10 月号.

長谷川欣佑. 2000. 第 I 部総論, 長谷川欣佑他 (編)『文 1』pp. 1-225. 研究社, 東京.

長谷川欣佑. 2014.『言語理論の経験的基盤』開拓社, 東京.

畠山雄二・本田謙介・田中江扶. 2015.『日英比較構文研究』開拓社, 東京.

Hatakeyama, Y., K. Honda and K. Tanaka (to appear) Japanese pronoun *hon-nin*. *Journal of Japanese Linguistics* 34.

Honda, K. 1999. *Universal Word Order and Language Variation: A Case Study in Com-*

parative Syntax, PhD dissertation, Dokkyo University.

本田謙介. 2002. 反対称性仮説から見た日本語統語論. 筑波大学現代言語学研究会（編）『次世代の言語研究 I』pp. 175-224.

Hoshi, H. 1999. Passives. N. Tsujimura (ed.) *The Handbook of Japanese Linguistics*. pp. 191-235, Blackwell Publishing, Malden.

井上和子. 1976.『変形文法と日本語』大修館書店，東京.

井上和子. 2009.『生成文法と日本語研究：「文文法」と「談話」の接点』大修館書店，東京.

Jackendoff, R. 1977. *X-Bar Syntax: A Study of Phrase Structure.* MIT Press, Cambridge, MA.

Kayne, R. 1981. Unambiguous paths, R. May and J. Koster (eds.) *Levels of Syntactic Representation.* pp. 143-183, Foris, Dordrecht.

Kayne, R. 1994. *The Antisymmetry of Syntax.* MIT Press, Cambridge, MA.

Kuno, S. 1976. Subject raising. M. Shibatani (ed.) *Syntax and Semantics* 5. pp. 17-49, Academic Press, New York.

Kuroda, S. 1988. Whether we agree or not: A comparative syntax of English and Japanese. *Lingvisticæ Investigationes* 12: 1-47.

Larson, R. 1988. On the double object construction. *Linguistic Inquiry* 19: 335-391.

McCawley, J. 1988. *The Syntactic Phenomena of English.* University of Chicago Press, Chicago.

McCloskey, J. 1979. *Transformational Syntax and Model Theoretic Semantics.* Reidel, Dordrecht.

Nakajima, H. 1982. The V^4 system and bounding category. *Linguistic Analysis* 9: 341-378.

Oehrle, R. 1976. *The Grammatical Status of the English Dative Alternation*, PhD dissertation, MIT.

Postal, P. 1974. *On Raising: One Rule of Grammar and Its Theoretical Implications.* MIT Press, Cambridge, MA.

Radford, A. 1988. *Transformational Grammar: A First Course.* Cambridge University Press, London.

van Riemsdijk, H. and E. Williams. 1981. NP-structure. *The Linguistic Review* 1: 171-217.

Ross, J. 1967. *Constraints on Variables in Syntax*, PhD dissertation, MIT.

Washio, R. 1989-1990. The Japanese passive. *The Linguistic Review* 6: 227-263.

第 II 部

Boeckx, C. 2015. *Elementary Syntactic Structures: Prospects of a Feature-free Syntax.* Cambridge University Press, Cambridge.

Borer, H. 1984. *Parametric Syntax.* Foris, Dordrecht.

Chomsky, N. 1981. *Lectures on Government and Binding.* Foris, Dordrecht.

Chomsky, N. 1986. *Barriers*. MIT Press, Cambridge, MA.

Chomsky, N. 1994. Bare phrase structure. *MIT Occasional Papers in Linguistics* 5.

Chomsky, N. 1995. *The Minimalist Program*. MIT Press, Cambridge, MA.

Chomsky, N. 2000. Minimalist inquiries. R. Martin, D. Michaels and J. Uriagereka (eds.) *Step by step: Essays on minimalist syntax in honor of Howard Lasnik*, pp. 89-155, MIT Press, Cambridge, MA.

Chomsky, N. 2001. Derivation by phase. M. Kenstowicz (ed.) *Ken Hale: A Life in Language*, pp. 1-52, MIT Press, Cambridge, MA.

Chomsky, N. 2004. Beyond explanatory adequacy. A. Belletti (ed.) *Structures and Beyond*, pp. 104-131, Oxford University Press, Oxford.

Chomsky, N. 2005. Three factors in language design. *Linguistic Inquiry* 36: 1-22.

Chomsky, N. 2008. On phases. R. Freidin, C. P. Otero and M. L. Zubizarreta (eds.) *Foundational Issues in Linguistic Theory: Essays in Honor of Jean-Roger Vergnaud*, pp. 133-166, MIT Press, Cambridge, MA.

Chomsky, N. 2013. Problems of Projection. *Lingua* 130: 33-49.

Chomsky, N. 2015. Problems of Projection: Extensions. E. Di Domenico, C. Hamann and S. Matteini (eds.) *Structures, Strategies and Beyond: Studies in Honour of Adriana Belletti*, pp. 3-16, John Benjamins, Amsterdam.

Collins, C. 1997. *Local Economy,* MIT Press, Cambridge, MA.

Embick, D. and R. Noyer. 2007. Distributed Morphology and the syntax-morphology interface. G. Ramchand and C. Reiss (eds.) *The Oxford Handbook of Linguistic Interfaces,* pp.289-324, Oxford University Press, Oxford.

Fukui, N. 1986. *A Theory of Category Projection and Its Applications*, PhD dissertation, MIT.

Harley, H. 2009. Compounding in Distributed Morphology. R. Lieber and P. Štekauer (eds.) *The Oxford Handbook of Compounding*, pp.129-144, Oxford University Press, Oxford.

Jackendoff, R. 2009. Compounding in the Parallel Architecture and Conceptual Semantics. R. Lieber and P. Štekauer (eds.) *The Oxford Handbook of Compounding*, pp. 105-128, Oxford University Press, Oxford.

Kayne, R. S. 1994. *The Antisymmetry of Syntax*, MIT Press, Cambridge, MA.

Legate, J. A. 2003. Some interface properties of the phase. *Linguistic Inquiry* 34: 506-516.

Marantz, A. 1997. No escape from syntax: Don't try morphological analysis in the privacy of your own lexicon. *UPenn Working Papers in Linguistics* 4(2): 201-225.

Moro, A. 2000. *Dynamic Antisymmetry*, MIT Press, Cambridge, MA.

Progovac, L. 2015. *Evolutionary Syntax,* Oxford University Press, Oxford.

Rizzi, L. 1990. *Relativized Minimality*, MIT Press, Cambridge, MA.

第 III 部

Austin, J. L. 1962. *How to Do Things with Words*. Harvard University Press, Cambridge, MA. ［坂本百大（訳）『言語と行為』, 大修館書店, 1978］

Beaney, M. 2006. Wittgenstein on Language: From Simples to Samples. E. Lepore and B. C. Smith. (eds) *The Oxford Handbook of Philosophy of Language*, pp. 40–59, Oxford University Press, Oxford.

Berlin, B. and P. Kay. 1969. *Basic Color Terms: Their Universality and Evolution*. University of California Press, Berkley. ［日高杏子（訳）『基本の色彩語──普遍性と進化について──』, 法政大学出版局, 2016］

Bolinger, D. 1965. The Atomization of Meaning. *Language* 41: 555–573.

Bolinger, D. 1977. *Meaning and Form*. Longman, Inc., New York. ［中右実（訳）『意味と形』, こびあん書房, 1981］

Bloomfield, L. 1933. *Language*. Holt, New York. ［服部四郎ほか（訳）『言語』, 大修館書店, 1987］

Brugman, C. 1981. *The Story of* Over*: Polysemy, Semantics and the Structure of the Lexicon*. Garland, New York.

Chomsky, N. 1957. *Syntactic Structures*. Mouton, The Hague. ［福井直樹・辻子美保子（訳）『統辞構造論 付『言語理論の論理構造』序論』, 岩波文庫, 2013］

Chomsky, N. 1959. Review of Skinner (1957). *Language* 35: 26–58.

Chomsky, N. 1965. *Aspects of the Theory of Syntax*. MIT Press, Cambridge, MA. ［安井稔（訳）『文法理論の諸相』, 研究社, 1970；第 1 章翻訳：福井直樹（編訳）『チョムスキー言語基礎論集』, 岩波書店, 2012；福井直樹・辻子美保子（訳）『統辞理論の諸相──方法論序説』, 岩波文庫, 2017］

Chomsky, N. 1966. *Cartesian Linguistics*. MIT Press, Cambridge, MA. ［川本茂雄（訳）『デカルト派言語学──合理主義思想の歴史の一章──』, みすず書房, 1976］

Chomsky, N. 1970. Remarks on Nominalization. R. A. Jacobs and P. S. Rosenbaum (eds.) *Readings in English Transformational Grammar*, pp. 184–221, Ginn, Waltham, MA.

Chomsky, N. 1973a. Conditions on Transformations. S. R. Anderson and P. Kiparsky (eds.) *A Festschrift for Morris Halle*, pp. 232–286, Holt, Rinehard and Winston, New York.

Chomsky, N. 1973b. Chomsky replies [letter to the editor]. *New York Review of Books* (19 July): 33.

Chomsky, N. 1975 [1955]. *The Logical Structure of Linguistic Theory*. Plenum Press, New York. ［序論翻訳：福井直樹（編訳）『チョムスキー言語基礎論集』, 岩波書店, 2012；福井直樹・辻子美保子（訳）『統辞構造論 付『言語理論の論理構造』序論』, 岩波文庫, 2013］

Chomsky, N. 1981. *Lectures on Government and Binding*. Foris, Dordrecht. ［安井稔・原口庄輔（訳）『統率・束縛理論』, 研究社, 1986］

Chomsky, N. 1982. *The Generative Enterprises: A Discussion with Riny Huybregts and Henk van Riemsdijk*. Foris, Dordrecht. ［福井直樹・辻子美保子（訳）『生成文法の企て』，岩波現代文庫，2011］

Chomsky, N. 1986. *Knowledge of Language*. Praeger, New York. ［第1章・第2章翻訳: 福井直樹（編訳）『チョムスキー言語基礎論集』，岩波書店，2012］

チョムスキー, ノーム. 2011.『生成文法の企て』(福井直樹・辻子美保子（訳)),岩波現代文庫, 東京.

Coleman, L. and P. Kay. 1981. Prototype Semantics: The English Word *Lie*. *Language* 57: 26-44.

Croft, W. 2001. *Radical Construction Grammar: Syntactic Theory in Typological Perspective*. Oxford University Press, Oxford.

Deutscher, G. 2010. *Through the Language Glass: Why the World Looks Different in Other Languages*, Picador, New York. ［椋田直子（訳）『言語が違えば世界も違って見えるわけ』，インターシフト，2012］

Fauconnier, G. 1985/1994. *Mental Spaces: Aspects of Meaning Construction in Natural Language*. MIT Press, Cambridge, MA, 1985, Cambridge University Press, Cambridge, 1994. ［坂原茂ほか（訳）『新版メンタル・スペース』，白水社，1996］

Fauconnier, G. 1997. *Mappings in Thought and Language*. Cambridge University Press, Cambridge. ［坂原茂ほか（訳）『思考と言語におけるマッピング』，岩波書店，2000］

Fillmore, C. J. 1982. Frame Semantics. Linguistic Society of Korea. (ed.) *Linguistics in the Morning Calm*, pp. 111-137, Hanshin, Seoul.

Fillmore, C. J., P. Kay and M. C. O'Conner. 1988. Regularity and Idiomaticity in Grammatical Constructions: The Case of *Let Alone*. *Language* 64: 501-538.

Frege, G. 1918-1919. Der Gedanke: Eine logische Untersuchung. *Beiträge zur Philosophie des deutschen Idealismus* 2: 58-77. ［野本和幸（訳）「思想—論理探求 [I]」黒田亘・野本和幸（編）『フレーゲ著作集 4: 哲学論集』，勁草書房: 203-235，1999］

藤田耕司. 2016. 生成文法と認知文法のインターフェイス—西村・長谷川論文が示唆するもの—, 藤田耕司・西村義樹（編）『文法と語彙への統合的アプローチ: 生成文法・認知言語学と日本語学』，pp. 308-317，開拓社，東京.

福井直樹・辻子美保子. 2011.「生成文法の企て」の現在, ノーム・チョムスキー『生成文法の企て』(福井直樹・辻子美保子（訳)),pp. 389-406, 岩波現代文庫, 東京.

福井直樹・辻子美保子. 2013.「生成文法の企て」の原点—『統辞構造論』とその周辺—, ノーム・チョムスキー『統辞構造論』(福井直樹・辻子美保子（訳)),訳者解説, pp. 325-409, 岩波文庫, 東京.

Gazdar, G. 1979. *Pragmatics: Implicature, Presupposition, and Logical Form*. Academic Press, New York.

Goldberg, A. E. 1995. *Constructions: A Construction Grammar Approach to Argument Structure*. University of Chicago Press, Chicago. ［河上誓作ほか（訳）『構文文法論—英語構文への認知的アプローチ—』，研究社，2001］

Gordon, D. and G. Lakoff. 1971. Conversational Postulates. *Papers from the Seventh*

Regional Meeting of the Chicago Linguistic Society: 63-84.

Grice, P. 1975. Logic and Conversation. *Syntax and Semantics* 3: 41-58.

Haiman, J. 1980. Dictionaries and Encyclopedias. *Lingua* 50: 329-357.

Harris, R. A. 1993. *The Linguistics Wars*. Oxford University Press, Oxford.

本多 啓. 2005.『アフォーダンスの認知意味論―生態心理学から見た文法現象―』，東京大学出版会，東京．

Huck, G. J. and J. A. Goldsmith. 1995. *Ideology and Linguistic Theory: Noam Chomsky and Deep Structure Debate*. Routledge, New York.

飯田 隆. 1987.『言語哲学大全 I: 論理と言語』，勁草書房，東京．

飯田 隆. 2005.『ウィトゲンシュタイン―言語の限界』，講談社，東京．

池上嘉彦. 1981.『「する」と「なる」の言語学』，大修館書店，東京．

池上嘉彦. 2006.『英語の感覚・日本語の感覚』，NHK 出版，東京．

Jackendoff, R. S. 1972. *Semantic Interpretation in Generative Grammar*. MIT Press, Cambridge, MA.

Joos, M. (ed.) 1957. *Readings in Linguistics*, American Council of Leaned Societies, Washington.

梶田 優. 1977-1981.「生成文法の思考法」(1)-(48)『英語青年』Vol. CXXIII, No. 5-Vol. CXXVII, No. 4, 研究社，東京．

Katz, J. J. and J. A. Fodor. 1963. The Structure of a Semantic Theory. *Language* 39: 170-210.

Katz, J. and P. M. Postal. 1964. *An Integrated Theory of Linguistic Descriptions*. MIT Press, Cambridge, MA.

Kuhn, T. S. 1962. *The Structure of Scientific Revolutions*. University of Chicago Press, Chicago.［中山茂（訳）『科学革命の構造』，みすず書房，1971］

Labov, W. 1973. The boundaries of words and their meanings. C-J. N. Bailey and R. W. Shuy. (eds.) *New Ways of Analyzing Variation in English*, pp. 340-373, Georgetown University Press, Washington, DC.

Lakoff, G. 1970 [1965]. *Irregularity in Syntax*, Holt, Rinehart and Winston, New York.

Lakoff, G. 1970. Global Rules, *Language* 46: 627-639.

Lakoff, G. 1973a. Hedges: A Study in Meaning Criteria and the Logic of Fuzzy Concepts. D. Hockney et al. (eds.) *Contemporary Research in Philosophical Logic and Linguistic Semantics*, pp. 221-272, Reidel, Dordrecht.

Lakoff, G. 1973b. Deep Language [letter to the editor]. *New York Review of Books* (8 February): 33.

Lakoff, G. 1976 [1963]. Toward a Generative Semantics. J. D. McCawley (ed.) *Syntax and Semantics 7: Notes from the Linguistic Underground*, pp. 43-61, Academic Press, New York.

Lakoff, G. 1977. Linguistic Gestalts. *Papers from the Thirteenth Regional Meeting of the Chicago Linguistic Society*: 236-287.

Lakoff, G. 1987. *Women, Fire and Dangerous Things: What Categories Reveal about the*

Mind. University of Chicago Press, Chicago.［池上嘉彦ほか（訳）『認知意味論——言語から見た人間の心——』, 紀伊国屋書店, 1993］

Lakoff, G. and M. Johnson. 1980. *Metaphors We Live By*. University of Chicago Press, Chicago.［渡部昇一ほか（訳）『レトリックと人生』, 大修館書店, 1986］

Lakoff, G. and M. Johnson. 1999. *Philosophy in the Flesh: The Embodied Mind and its Challenge to Western Thought*. Basic Books, New York.

Lakoff G. and H. Thompson. 1975. Introducing Cognitive Grammar. *Papers from the First Annual Meeting of the Berkely Linguistics Society*: 295-313.

Lakoff, R. 1973. Language and Women's Place. *Language in Society* 2: 45-80.

Langacker, R. W. 1969. Pronominalization and the Chain of Command. D. Reibel and S. Schane (eds.) *Modern Studies in English*, pp. 160-186, Prentice-Hall, Englewood Cliffs, New Jersey.

Langacker, R. W. 1976. Semantic Representations and the Linguistic Relativity Hypothesis. *Foundations of Language* 14: 307-357.

Langacker, R. W. 1987. *Foundations of Cognitive Grammar, vol. 1: Theoretical Prerequisites*. Stanford University Press, Stanford.

Langacker, R W. (1988). A Usage-Based Model, B. Rudzka-Ostyn (ed.), *Topics in Cognitive Linguistics*, pp. 127-161, John Benjamins, Amsterdam/Philadelphia, reprinted in R. W. Langacker. 1990. *Concept, Image, and Symbol: The Cognitive Basis of Grammar*. Mouton de Gruyter, Berlin.

Langacker, R. W. 1991. *Foundations of Cognitive Grammar, vol. 2: Descriptive Application*. Stanford University Press, Stanford.

Langacker, R. W. 2008. *Cognitive Grammar: A Basic Introduction*. Oxford University Press, New York.［山梨正明（監訳）『認知文法論序説』, 研究社, 2011］

Langacker, R. W. 2013. *Essentials of Cognitive Grammar*. Oxford University Press, New York.

Lees, R. B. 1960. *The Grammar of English Nominalizations*. Mouton, The Hague.

Levinson, S. C. 1983. *Pragmatics*. Cambridge University Press, Cambridge.［安井稔・奥田夏子（訳）『英語語用論』, 研究社, 1990］

Lyons, J. 1966. Reviewed Work: *An Integrated Theory of Linguistic Descriptions* by Jerrold J. Katz, Paul M. Postal. *Journal of Linguistics* 2-1: 119-126.

丸山圭三郎. 1981.『ソシュールの思想』, 岩波書店, 東京.

Matsumoto, Y. 1996a. Subjective Motion in English and Japanese Verbs. *Cognitive Linguistics* 7: 124-156.

Matsumoto, Y. 1996b. How Abstract is Subjective Motion?: A Comparison of Coverage Path Expressions and Access Path Expressions. A. E. Goldberg. (ed.) *Conceptual Structure, Language, and Discourse*, pp. 359-373, CSLI Publications, Stanford.

松尾 豊. 2015.『人工知能は人間を超えるか——ディープラーニングの先にあるもの——』, KADOKAWA.

McCawley, J. D. 1968. Lexical Insertion in a Transformational Grammar without Deep

Structure. *Papers from the Fourth Regional Meeting of the Chicago Linguistic Society*: 71-80, reprinted in J. D. McCawley. 1976. *Grammar and Meaning*, pp. 155-166, Academic Press, New York.

McCawley, J. D. 1979. *Adverbs, Vowels, and Other Objects of Wonder*. University of Chicago Press, Chicago.

McCawley, J. D. 1980. An Un-syntax. E. A. Moravscik and J. R. Wirth. (eds.) *Current Approaches to Syntax*, pp. 167-193, Academic Press, New York.

McCawley, J. D. 1982. *Thirty Million Theories of Grammar*. University of Chicago Press, Chicago.

Morgan, J. L. 1969. On Arguing about Semantics. *Papers in Linguistics* 1: 49-70.

Newmeyer, F. J. 1986a. *Linguistic Theory in America*. 2nd edition, Academic Press, New York. [松田徳一郎ほか（訳）『現代アメリカ言語学史』, 英潮社, 1997]

Newmeyer, F. J. 1986b. *The Politics of Linguistics*. University of Chicago Press, Chicago. [馬場彰・仁科弘之（訳）『抗争する言語学』, 岩波書店, 1994]

西村義樹. 1998. 行為者と使役構文. 中右実・西村義樹(編)『構文と事象構造』, pp. 107-203, 研究社出版, 東京.

西村義樹. 2000. 対照研究への認知言語学的アプローチ. 坂原茂（編）『認知言語学の発展』, pp. 145-166, ひつじ書房, 東京.

野家啓一. 2008.『パラダイムとは何か——クーンの科学史革命——』, 講談社学術文庫, 東京.

野矢茂樹. 2006.『『論理哲学論考』を読む』, ちくま学芸文庫, 東京.

Nunberg, G. 1978. *The Pragmatics of Reference*. Indiana University Linguistics Club, Bloomington, IN.

Postal, P. M. 1971. On the Surface Verb *Remind*. C. J. Fillmore and D. T. Langendoen. *Studies in Linguistic Semantics*, pp. 180-270, Holt, Rinehart and Winston, New York.

Postal, P. M. 1972. The Best Theory. S. Peters (ed.) *Goals of Linguistic Theory*, pp. 131-170, Prentice-Hall, Englewood Cliffs, New Jersey.

Reich, C. A. 1970. *The Greening of America: How the Young Culture Is Trying to Make America Livable*. Random House, New York. [邦高忠二（訳）『緑色革命』, 早川書房, 1971]

Rosch Heider, E. 1973 [1971]. On the Internal Structure of Perceptual and Semantic Categories. T. E. Moore. (ed.) *Cognitive Development and the Acquisition of Language*, pp. 111-141, Academic Press, New York.

Ross, J. R. 1970. On Declarative Sentences, R. A. Jacobs and P. S. Rosenbaum (eds.) *Readings in English Transformational Grammar*, pp. 222-272, Ginn, Waltham, MA.

Ross, J. R. 1973. Nouniness, O. Fujimura (ed.) *Three Dimensions of Linguistic Research*, pp. 137-257, TEC Company Ltd., Tokyo, reprinted in B. Aarts, D. Denison, and E. Keizer (eds.) 2004. *Fuzzy Grammar: A Reader*, pp. 351-422, Oxford University Press, Oxford.

Ruiz de Mendoza Ibañez, F. J. 1997. An Interview with George Lakoff. *Cuadernos de Filología Inglesa* 6(2): 33-52.

Russell, B. 1959. *My Philosophical Development*. Allen and Unwin, London. ［野田又夫（訳）『私の哲学の発展』，みすず書房，1997］

Ruwet, N. 1967. *Introduction à la grammaire générative*. Plon, Paris.

Ruwet, N. 1972. *Théorie syntaxique et syntaxe du français*. Seuil, Paris.

Ruwet, N. 1982. *Grammaire des insultes et autres études*. Seuil, Paris.

Ruwet, N. 1991a. *Syntax and Human Experience*. Edited and translated by J. Goldsmith, University of Chicago Press, Chicago.

Ruwet, N. 1991b. À propos de la grammaire générative. Quelques considérations intempestives. *Histoire Épistémologie Langage* 13-1: 109-132.

Sadock, J. M. 1969. Hypersentences. *Papers in Linguistics* 1: 283-370.

斉木美知世・鷲尾龍一. 2012.『日本文法の系譜学——国語学史と言語学史の視点——』，開拓社，東京.

Sapir, E. 1921. *Language: An Introduction to the Study of Speech*. Harcourt, Brace, and World, New York. ［安藤貞雄（訳）『言語——ことばの研究序説——』，岩波文庫，1998］

Sapir, E. 1929. The Status of Linguistics as a Science. *Language* 5: 207-214.

Saussure, F. 1916. *Cours de linguistique générale*. Payot, Paris. ［小林英夫（訳）『一般言語学講義』，岩波書店，1972］

Searle, J. R. 1972. Chomsky's Revolution. *New York Review of Books* (29 June): 16-24.

Seuren, Pieter. 1998. *Western Linguistics: An Historical Introduction*. Blackwell, Oxford.

Skinner, B. F. 1957. *Verbal Behavior*, Appleton-Century-Crofts, New York.

Sweetser, E. 1987. The Definition of *Lie*: An Examination of the Folk Models Underlying a Semantic Prototype. D. Holland and N. Quinn. (eds.) *Cultural Models in Language and Thought*, pp. 43-66, Cambridge University Press, Cambridge.

Sweetser, E. 1990. *From Etymology to Pragmatics: Metaphorical and Cultural Aspects of Semantic Structure*. Cambridge University Press, Cambridge. ［澤田治美（訳）『認知意味論の展開——語源学から語用論まで——』，研究社，2000］

Talmy, L. 2000. *Toward a Cognitive Semantics*. MIT Press, Cambridge, MA.

Taylor, J. R. 2003. *Linguistic Categorization*. 3rd edition, Oxford University Press, Oxford. ［辻幸夫ほか（訳）『認知言語学のための 14 章』，紀伊国屋書店，2008］

Taylor, J.R. 2012. *The Mental Corpus: How Language is Represented in the Mind*. Oxford University Press, Oxford. ［西村義樹ほか（訳）『メンタル・コーパス——母語話者の頭の中には何があるのか』，くろしお出版，2017］

寺澤盾. 2008.『英語の歴史』，中公新書，東京.

戸田山和久. 2009. 訳者解説，ラリー・ラウダン『科学と価値——相対主義と実在論を論駁する——』，pp. 225-287，勁草書房，東京.

戸田山和久. 2015.『科学的実在論を擁護する』，名古屋大学出版会，名古屋.

Tomasello, M. 2003. *Constructing a Language: A Usage-Based Theory of Language Acquisition.* Harvard University Press, Cambridge, MA. ［辻幸夫ほか（訳）『ことばをつくる――言語習得の認知言語学的アプローチ――』，慶應義塾大学出版会，2008］

Tuggy, D. 1993. Ambiguity, Polysemy, and Vagueness. *Cognitive Linguistics* 4: 273–290.

Vandeloise, C. (1986) *L'espace en français: sémantique des prépositions spatiales.* Seuil, Paris.

Wittgenstein, L. 1922. *Tractatus Logico-Philosophicus.* Routledge & Kegan Paul, London. ［野矢茂樹（訳）『論理哲学論考』，岩波文庫，2003］

Wittgenstein, L. 1953. *Philosophische Untersuchungen.* Basil Blackwell, Oxford. ［藤本隆志（訳）『ウィトゲンシュタイン全集 8：哲学探究』，大修館書店，1976］

山口裕之. 2005.『人間科学の哲学――自由と創造性はどこへいくのか――』，勁草書房，東京．

安井 稔. 2011.『20 世紀新言語学は何をもたらしたか』，開拓社，東京．

第 IV 部

Barwise, J. and R. Cooper. 1981. Generalized quantifiers and natural language, *Linguistics and Philosophy* 4: 159–219.

Beck, S. and H. Rullman. 1999. A flexible approach to exhaustivity in questions, *Natural Langauge Semantics* 7: 249–298.

Bittner, M. 1994. Cross-linguistic semantics, *Linguistics and Philosophy* 17: 53–108

Bittner, M. 1998. Cross-linguistic semantics for questions, *Linguistics and Philosophy* 21: 1–82.

Bittner, M. 1999. Concealed causatives, *Natural Language Semantics* 7: 1–78.

Berman, S. 1987. Situation-based semantics for adverbs of quantification, J. Blevins and A. Vainikka (eds.) *University of Massachusetts Occasional Papers* 12, pp. 45–68, University of Massachusetts, Amherst.

Carlson, G. 1977. *Reference to Kinds in English*, PhD dissertation, University of Massachusetts, Amherst.

Chierchia, G. 1984. *Topics in the Syntax and Semantics of Infinitives and Gerunds*, PhD dissertation, University of Massachusetts, Amherst.

Chierchia, G. 1995. *Dynamics of Meaning*, University of Chicago Press, Chicago, IL.

Chierchia, G. 1998a. Reference to kinds across languages, *Natural Language Semantics* 6: 339–405.

Chierchia, G. 1998b. Plurality of mass nouns and the notion of "semantic parameter," S. Rothstein (ed.), *Events in Grammar*, pp. 53–103, Kluwer Academic Publishers, Dordrecht.

Chierchia, G. 2013. *Logic in Grammar*, Oxford University Press, Oxford.

Chierchia, G. and S. McConnel-Ginet. 2000. *Meaning and Grammar*, MIT Press, Cambridge, MA.

Cooper, R. 1975. *Montague's Semantic Theory and Transformational Syntax*, PhD dissertation, University of Massachusetts, Amherst.

Cooper, R. 1979. The interpretation of pronouns, F. Heny and H. Schnelle (eds.) *Syntax and Semantics* 10, Academic Press, New York, NY.

Cooper, R. 1983. *Quantification and Syntactic Theory*, Reidel, Dordrecht.

Dayal, V. 1996. *Locality in Wh Quantification*, Kluwer Academic Publishers, Dordrecht.

Elbourne, P. 2001. E-type anaphora as NP-deletion, *Natural Language Semantics* 9: 241-288.

Evans, G. 1980. Pronouns, *Linguisitic Inquiry* 11: 337-362.

Frege, G. 1892. Über Sinn und Bedeutung, Zeitschrift für Philosophie und philosophische Kritik 22-50. Translated as G. Frege, (1892), On sense and reference, reprinted in R. Harnish (ed.) 1994, *Basic Topics in the Philosophy of Langauge*, pp. 142-160, Pretice-Hall, Inc., Englewood Cliffs, NJ.

Gallin, D. 1975. *Intensional and Higher-Order Modal Logic with Applications to Montague Grammar*, North Holland Publication Co., Amsterdam.

Geach, P. 1962. *Reference and Generality: An Examination of Some Medieval and Modern Theories*, Cornell University Press, Ithaca.

Groenendijk, J. and M. Stokhof. 1984. *Studies on the Semantics of Questions and the Pragmatics of Answers*, PhD dissertation, University of Amsterdam.

Groenendijk, J. and M. Stokhof. 1987. Type-shifting rules and the semantics of interrogatives, B. Partee, G. Chierchia, and R. Turner (eds.) *Properties, Types, and Meaning, vol. 2: Semantic Issues*, 21-68, Kluwer Academic Publishers, Dordrecht.

Halvorsen, P. and W. Ladusaw. 1979. Montague's 'universal grammar': an introduction to the linguist, *Linguistics and Philosophy* 3: 185- 223.

Hamblin, C. 1973. Questions in Montague English, *Foundations of Language* 10: 41-53.

Heim, I. 1982. *The Semantics of Definite and Indefinite Noun Phrases*, PhD dissertation, University of Massachusetts, Amherst.

Heim, I. 1983. File change semantics and the familiarity theory of definiteness, R. Bäuerle, C. Schwarze, and A. von Stechow (eds.) *Meaning, Use and Interpretation of Language*, pp. 164-190, Walter de Gruyter, Berlin.

Heim, I. 1990. E-type pronouns and donkey anaphora, *Linguistics and Philosophy* 13: 137-177.

Heim, I and A. Kratzer. 1998. *Semantics in Generative Grammar*, Blackwell, Oxford.

Hendriks, H. *Studied Flexibility: Categories and Types in Syntax and Semantics*, PhD dissertation, University of Amsterdam.

Jacobson, P. 2014. *Compositional Semantics*, Oxford Unversity Press, Oxford.

Kamp, H. 1981. A theory of truth and semantic representation, J. Groenendijk, T. Janssen, and M. Stokhof (eds.) *Formal Methods in the Studies of Language*, pp. 277-322, Mathematical Centre Tracts, Amsterdam.

Karttunen, L. 1977. Syntax and semantics of questions, *Linguistics and Philosophy* 1: 3 44.

Kratzer, A. 1989. An investigation of the lumps of thought, *Linguistics and Philosophy* 12: 607-653.

Krifka, M. 2011. Questions, K. von Heusinger, C. Maienborn and P. Portner (eds.), *Semantics: An International Handbook of Natural Language Meaning. Vol. 2.*, pp. 1742-1758, Mouton de Gruyter, Berlin.

Lahiri, U. 2002. *Questions and Answers in Embedded Contexts*, Oxford Unversity Press, Oxford.

McCready, E. 2015. *Reliability in Pragmatics*, Oxford University Press, Oxford.

Matthewson, L. 2001. Quantification and the nature of crosslinguistic variation, *Natural Language Semantics* 9: 145-189.

Montague, R. 1968. Pragmatics, R. Klibanski (ed.) *Contemporary Philosophy*, pp. 102-121, La Nuova Italia Editrice, Florence, reprinted in reprinted in Montague 1974, pp. 95-118.

Montague, R. 1970a. English as a formal language, B. Visentini et al. (eds.) *Linguaggi nella Società e nella Tecnica*, pp. 189-224, Edizioni ni Comunità, Milan, reprinted in Montague 1974, pp. 188-221.

Montague, R. 1970b. Universal grammar, *Theoria* 36: 373-398, reprinted in Montague 1974, pp. 188-221.

Montague, R. 1973. The proper treatment of quantification in ordinary English, K. J. J. Hintikka, J. M. E. Moravcsik and P. Suppes (eds.) *Approaches to Natural Language*, pp. 221-242, Reidel, Dordrecht, reprinted in Montague 1974, pp. 274-270.

Montague, R. 1974. *Formal Philosophy: Selected Papers of Richard Montague*, edited and with an introduction by R. Thomason, Yale University Press, New Heaven, CT.

Percus, O. 2000. Constrains on some other variables in syntax, *Natural Language Semantics* 8: 173-229.

Partee, B. 1973. Some transformational extensions of Montague grammar, *Journal of Philosophical Logic* 2: pp. 509-534, reprinted in B. Partee (ed.) 1976, *Montague Grammar*, pp. 51-76, Academic Press, New York, NY.

Partee, B. 1975. Montague grammar and transformational grammar, *Linguistic Inquiry* 6: 203-300.

Partee, B. 1986. Noun phrase interpretations and type-shifting principles. J. Groenendijk, D. de Jongh and M. Stokhoh (eds.) *Studies in Discourse Representation and the Theory of Generalized Quantifiers*, pp. 115-143, Foris, Dordrecht.

Partee, B. and M. Rooth. 1983. Generalized conjunction and type ambiguity, R. Bäuerle, C. Schwarze and A. von Stechow (eds.) *Meaning, Use and Interpretation of Language*, pp. 361-383, Walter de Gruyter, Berlin.

Postal, P. 1969. On so-called pronouns in English. D. Reibel and S. Schane (eds.) *Modern Studies in English*, pp. 201-223, Prentice-Hall, Englewood Cliffs, NJ.

Potts, C. 2005. *The Logic of Conventional Implicatures*, Oxford University Press, Oxford.

Rooth, M. and B. Partee. 1982. Conjunction, type ambiguity, and wide scope "or", *Proceedings of WCCFL* 1, pp. 353-362, CSLI Publishers, CA.

Russel, B. 1905. On denoting, *Mind* 14: 479-493, reprinted in R. Harnish (ed.) 1994, *Basic Topics in the Philosophy of Langauge*, pp. 161-173, Pretice-Hall, Inc., Englewood Cliffs, NJ.

Steedman, M. 2012. *Taking Scope*, MIT Press, Cambridge, MA.

Szabolci, A. 2010. *Quantification*, Cambridge University Press, Cambridge.

Uegaki, W. 2015. *Interpreting Questions under Attitudes*, PhD dissertation, MIT.

第 V 部

Abe, K. and D. Watanabe. 2011. Songbirds Possess the Spontaneous Ability to Discriminate Syntactic Rules. *Nature Neuroscience* 14: 1067-1074.

Bahlmann, J., R. I. Schubotz and A. D. Friederici. 2008. Hierarchical Artificial Grammar Processing Engages Broca's Area. *Neuroimage* 42: 525-534.

Balari, S. and G. Lorenzo. 2013. *Computational Phenotypes: Towards an Evolutionary Developmental Biolinguistics*. Oxford University Press, Oxford.

Beckers, G. J. L., J. J. Bolhuis, K. Okanoya and R. C. Berwick. 2012. Birdsong Neurolinguistics: Songbird Context-Free Grammar Claim Is Premature. *Neuroreport* 23: 139-145.

Bellugi, U., L. Lichtenberger, D. Mills, A. Galaburda and J. R. Korenberg. 1999. Bridging Cognition, the Brain and Molecular Genetics: Evidence from Williams Syndrome. *Trends in Neurosciences* 22: 197-207.

Berger, H. 1929. Über Das Elektroenkephalogramm Des Menschen. *Archiv für Psychiatrie und Nervenkrankheiten* 87: 527-557.

Berwick, R. C. and N. Chomsky. 2016. *Why Only Us: Language and Evolution*. MIT Press, Cambridge, MA.

Berwick, R. C., A. D. Friederici, N. Chomsky and J. J. Bolhuis. 2013. Evolution, Brain, and the Nature of Language. *Trends in Cognitive Sciences* 17: 89-98.

Berwick, R. C., K. Okanoya, G. J. L. Beckers and J. J. Bolhuis. 2011. Songs to Syntax: The Linguistics of Birdsong. *Trends in Cognitive Sciences* 15: 113-121.

Bickerton, D. 1990. *Language and Species*. University of Chicago Press, Chicago.

Bishop, D. V. 2006. What Causes Specific Language Impairment in Children? *Current Directions in Psychological Science* 15: 217-221.

Bishop, D. V., T. North and C. Donlan. 1995. Genetic-Basis of Specific Language Impairment - Evidence from a Twin Study. *Developmental Medicine and Child Neurology* 37: 56-71.

Bishop, D. V. and M. J. Snowling. 2004. Developmental Dyslexia and Specific Language

282

Impairment: Same or Different? *Psychological Bulletin* 130: 858-886.

Bolhuis, J. J., K. Okanoya and C. Scharff. 2010. Twitter Evolution: Converging Mechanisms in Birdsong and Human Speech. *Nature Reviews Neuroscience* 11: 747-759.

Bolhuis, J. J., I. Tattersall, N. Chomsky and R. C. Berwick. 2014. How Could Language Have Evolved? *PLoS Biology* 12: e1001934.

Brauer, J., A. Anwander and A. D. Friederici. 2011. Neuroanatomical Prerequisites for Language Functions in the Maturing Brain. *Cerebral Cortex* 21: 459-466.

Broca, P. 1861. Remarks on the Seat of the Faculty of Articulated Language, Following an Observation of Aphemia (Loss of Speech). *Bulletin de la Société Anatomique* 6: 330-357.

Brown, R. 1958. *Words and Things*. The Free Press, New York.

Brown, R. 1973. *A First Language: The Early Stages*. George Allen & Unwin, London.

Carroll, S. B. 2005. *Endless Forms Most Beautiful: The New Science of Evo Devo and the Making of the Animal Kingdom*. W. W. Norton & Company, New York.

Chomsky, N. 1956. Three Models for the Description of Language. *IRE Transactions on Information Theory* 2: 113-124.

Chomsky, N. 1957. *Syntactic Structures*. Mouton, The Hague.

Chomsky, N. 1959. A Review of B. F. Skinner's Verbal Behavior. *Language* 35: 26-58.

Chomsky, N. 1965. *Aspects of the Theory of Syntax*. MIT Press, Cambridge, MA.

Chomsky, N. 1981. *Lectures on Government and Binding*. Foris, Dordrecht.

Chomsky, N. 1986. *Knowledge of Language: Its Nature, Origin and Use*. Praeger, New York.

Chomsky, N. 2007. Of Minds and Language. *Biolinguistics* 1: 9-27.

Chomsky, N. 2010. Some Simple Evo Devo Theses: How True Might They Be for Language? R. K. Larson, V. Déprez and H. Yamakido (eds.) *The Evolution of Human Language: Biolinguistic Perspectives*, pp. 45-62, Cambridge University Press, Cambridge.

Clahsen, H. and M. Almazan. 1998. Syntax and Morphology in Williams Syndrome. *Cognition* 68: 167-198.

Curtiss, S. 1977. *Genie: A Psycholinguistic Study of a Modern-Day "Wild Child": Perspectives in Neurolinguistics and Psycholinguistics*. Academic Press, Boston, MA.

Curtiss, S. 1994. Language as a Cognitive System: Its Independence and Selective Vulnerability. C. Otero (ed.), *Noam Chomsky: Critical Assessments, Vol. 4*, pp. 211-255, Routledge, London.

Darwin, C. 1859. *On the Origin of Species by Means of Natural Selection, or the Preservation of Favoured Races in the Struggle for Life*. John Murray, London.［渡辺政隆（訳）『種の起源（上）（下）』，光文社，2009］

Darwin, C. 1871. *The Descent of Man, and Selection in Relation to Sex*. John Murray, London.［長谷川眞理子（訳）『人間の由来（上）（下）』，講談社，2016］

Dehaene-Lambertz, G., S. Dehaene and L. Hertz-Pannier. 2002. Functional Neuroimaging of Speech Perception in Infants. *Science* 298: 2013-2015.

Dulay, H., M. Burt and S. Krashen. 1982. *Language Two*. Oxford University Press, Oxford.

Elman, J., E. Bates, M. H. Johnson, A. Karmiloff-Smith, D. Parisi, *et al.* 1996. *Rethinking Innateness: A Connectionist Perspective on Development*. MIT Press, Cambridge, MA.

Embick, D., A. Marantz, Y. Miyashita, W. O'Neil and K. L. Sakai. 2000. A Syntactic Specialization for Broca's Area. *Proceedings of the National Academy of Sciences of the United States of America* 97: 6150-6154.

Fisher, S. E., F. Vargha-Khadem, K. E. Watkins, A. P. Monaco and M. E. Pembrey. 1998. Localisation of a Gene Implicated in a Severe Speech and Language Disorder. *Nature Genetics* 18: 168-170.

Fitch, W. T. 2010. *The Evolution of Language*. Cambridge University Press, Cambridge.

Fitch, W. T. 2011. "Deep Homology" in the Biology and Evolution of Language. A. M. D. Sciullo and C. Boeckx (eds.) *The Biolinguistic Enterprise: New Perspectives on the Evolution and Nature of the Human Language Faculty*, pp. 135-166, Oxford University Press, Oxford.

Fitch, W. T. and A. D. Friederici. 2012. Artificial Grammar Learning Meets Formal Language Theory: An Overview. *Philosophical Transactions of the Royal Society B-Biological Sciences* 367: 1933-1955.

Fitch, W. T. and M. D. Hauser. 2004. Computational Constraints on Syntactic Processing in a Nonhuman Primate. *Science* 303: 377-380.

Fodor, J. A., T. G. Bever and M. F. Garrett. 1974. *The Psychology of Language: An Introduction to Psycholinguistics and Generative Grammar*. McGraw-Hill, New York.

Friederici, A. D. 2017. Evolution of the Neural Language Network. *Psychonomic Bulletin and Review* 24: 41-47.

Friederici, A. D., J. Bahlmann, S. Heim, R. I. Schubotz and A. Anwander. 2006. The Brain Differentiates Human and Non-Human Grammars: Functional Localization and Structural Connectivity. *Proceedings of the National Academy of Sciences of the United States of America* 103: 2458-2463.

Friederici, A. D., E. Pfeifer and A. Hahne. 1993. Event-Related Brain Potentials During Natural Speech Processing—Effects of Semantic, Morphological and Syntactic Violations. *Cognitive Brain Research* 1: 183-192.

Fujita, K. 2009. A Prospect for Evolutionary Adequacy: Merge and the Evolution and Development of Human Language. *Biolinguistics* 3: 128-153.

Fujita, K. 2016. On Certain Fallacies in Evolutionary Linguistics and How One Can Eliminate Them. K. Fujita and C. Boeckx (eds.) *Advances in Biolinguistics: The Human Language Faculty and Its Biological Basis*, pp. 141-152, Routledge, New York.

Gardner, R. A. and B. T. Gardner. 1969. Teaching Sign Language to a Chimpanzee. *Science* 165: 664-672.

Gentner, T. Q., K. M. Fenn, D. Margoliash and H. C. Nusbaum. 2006. Recursive Syntactic Pattern Learning by Songbirds. *Nature* 440: 1204-1207.

Geschwind, N. 1965. Disconnexion Syndromes in Animals and Man. Part II. *Brain* 88: 585-644.

Gopnik, M. and M. B. Crago. 1991. Familial Aggregation of a Developmental Language Disorder. *Cognition* 39: 1-50.

Grodzinsky, Y. 2000. The Neurology of Syntax: Language Use without Broca's Area. *Behavioral and Brain Sciences* 23: 1-21.

Hagoort, P., C. Brown and J. Groothusen. 1993. The Syntactic Positive Shift (SPS) as an ERP Measure of Syntactic Processing. *Language and Cognitive Processes* 8: 439-483.

Hagoort, P., C. M. Brown and L. Osterhout. 1999. The Neurocognition of Syntactic Processing. C. M. Brown and P. Hagoort (eds.) *The Neurocognition of Language*, pp. 273-317, Oxford University Press, Oxford.

Hahne, A., K. Eckstein and A. D. Friederici. 2004. Brain Signatures of Syntactic and Semantic Processes During Children's Language Development. *Journal of Cognitive Neuroscience* 16: 1302-1318.

Hauser, M. D. 1996. *The Evolution of Communication*. MIT Press, Cambridge, MA.

Hauser, M. D., N. Chomsky and W. T. Fitch. 2002. The Faculty of Language: What Is It, Who Has It, and How Did It Evolve? *Science* 298: 1569-1579.

Hayes, K. J. and C. Hayes. 1951. The Intellectual Development of a Home-Raised Chimpanzee. *Proceedings of the American Philosophical Society* 95: 105-109.

Holcomb, P. J., S. A. Coffey and H. J. Neville. 1992. Visual and Auditory Sentence Processing: A Developmental Analysis Using Event-Related Brain Potentials. *Developmental Neuropsychology* 8: 203-241.

Homae, F., H. Watanabe, T. Nakano, K. Asakawa and G. Taga. 2006. The Right Hemisphere of Sleeping Infant Perceives Sentential Prosody. *Neuroscience Research* 54: 276-280.

Honda, E. and K. Okanoya. 1999. Acoustical and Syntactical Comparisons between Songs of the White-Backed Munia (Lonchura Striata) and Its Domesticated Strain, the Bengalese Finch (Lonchura Striata Var. Domestica). *Zoological Science* 16: 319-326.

Hurst, J. A., M. Baraitser, E. Auger, F. Graham and S. Norell. 1990. An Extended Family with a Dominantly Inherited Speech Disorder. *Developmental Medicine and Child Neurology* 32: 352-355.

池内正幸. 2010. 『ひとのことばの起源と進化』, 開拓社, 東京.

Ike-uchi, M. 2016. Proposing the Hypothesis of an Earlier Emergence of the Human Language Faculty. K. Fujita and C. Boeckx (eds.) *Advances in Biolinguistics: The*

Human Language Faculty and Its Biological Basis, pp. 189-197, Routledge, New York.

Jenkins, L. 2000. *Biolinguistics: Exploring the Biology of Language*. Cambridge University Press, Cambridge.

Johnson, J. S. and E. L. Newport. 1989. Critical Period Effects in Second Language Learning: The Influence of Maturational State on the Acquisition of English as a Second Language. *Cognitive Psychology* 21: 60-99.

Just, M. A., P. A. Carpenter, T. A. Keller, W. F. Eddy and K. R. Thulborn. 1996. Brain Activation Modulated by Sentence Comprehension. *Science* 274: 114-116.

Kellogg, W. N. and L. A. Kellogg. 1933. *The Ape and the Child: A Comparative Study of the Environmental Influence Upon Early Behavior*. Hafner Publishing Company, New York.

Kuhl, P. K. and J. D. Miller. 1975. Speech Perception by the Chinchilla: Voiced-Voiceless Distinction in Alveolar Plosive Consonants. *Science* 190: 69-72.

Kuperberg, G. R. 2007. Neural Mechanisms of Language Comprehension: Challenges to Syntax. *Brain Research* 1146: 23-49.

Kutas, M. and S. A. Hillyard. 1980. Reading Senseless Sentences: Brain Potentials Reflect Semantic Incongruity. *Science* 207: 203-205.

Kutas, M., G. McCarthy and E. Donchin. 1977. Augmenting Mental Chronometry: The P300 as a Measure of Stimulus Evaluation Time. *Science* 197: 792-795.

Lai, C. S. L., S. E. Fisher, J. A. Hurst, F. Vargha-Khadem and A. P. Monaco. 2001. A Forkhead-Domain Gene Is Mutated in a Severe Speech and Language Disorder. *Nature* 413: 519-523.

Lenneberg, E. 1967. *Biological Foundations of Language*. John Wiley & Sons, New York.

Lipkind, D., G. F. Marcus, D. K. Bemis, K. Sasahara, N. Jacoby, *et al.* 2013. Stepwise Acquisition of Vocal Combinatorial Capacity in Songbirds and Human Infants. *Nature* 498: 104-108.

Maguire, E. A., D. G. Gadian, I. S. Johnsrude, C. D. Good, J. Ashburner, *et al.* 2000. Navigation-Related Structural Change in the Hippocampi of Taxi Drivers. *Proceedings of the National Academy of Sciences of the United States of America* 97: 4398-4403.

Maki, A., Y. Yamashita, Y. Ito, E. Watanabe, Y. Mayanagi, *et al.* 1995. Spatial and Temporal Analysis of Human Motor Activity Using Noninvasive NIR Topography. *Medical Physics* 22: 1997-2005.

Makuuchi, M., J. Bahlmann, A. Anwander and A. D. Friederici. 2009. Segregating the Core Computational Faculty of Human Language from Working Memory. *Proceedings of the National Academy of Sciences of the United States of America* 106: 8362-8367.

Meader, C. L. and J. H. Muysken. 1950. *Handbook of Biolinguistics*. Herbert Weller,

Toledo.

Minagawa-Kawai, Y., K. Mori, J. C. Hebden and E. Dupoux. 2008. Optical Imaging of Infants' Neurocognitive Development: Recent Advances and Perspectives. *Developmental Neurobiology* 68: 712–728.

Minagawa-Kawai, Y., H. van der Lely, F. Ramus, Y. Sato, R. Mazuka, *et al.* 2011. Optical Brain Imaging Reveals General Auditory and Language-Specific Processing in Early Infant Development. *Cerebral Cortex* 21: 254–261.

Miyagawa, S., R. C. Berwick and K. Okanoya. 2013. The Emergence of Hierarchical Structure in Human Language. *Frontiers in Psychology* 4: Article 71.

Miyagawa, S., S. Ojima, R. C. Berwick and K. Okanoya. 2014. The Integration Hypothesis of Human Language Evolution and the Nature of Contemporary Languages. *Frontiers in Psychology* 5: Article 564.

Moro, A. 2014. On the Similarity between Syntax and Actions. *Trends in Cognitive Sciences* 18: 109–110.

Musso, M., A. Moro, V. Glauche, M. Rijntjes, J. Reichenbach, *et al.* 2003. Broca's Area and the Language Instinct. *Nature Neuroscience* 6: 774–781.

Nakagome, K., S. Takazawa, O. Kanno, H. Hagiwara, H. Nakajima, *et al.* 2001. A Topographical Study of ERP Correlates of Semantic and Syntactic Violations in the Japanese Language Using the Multichannel EEG System. *Psychophysiology* 38: 304–315.

Neville, H., J. L. Nicol, A. Barss, K. I. Forster and M. F. Garrett. 1991. Syntactically Based Sentence Processing Classes—Evidence from Event-Related Brain Potentials. *Journal of Cognitive Neuroscience* 3: 151–165.

Nottebohm, F. 1972. The Origins of Vocal Learning. *The American Naturalist* 106: 116–140.

Ogawa, S., T. M. Lee, A. R. Kay and D. W. Tank. 1990. Brain Magnetic-Resonance-Imaging with Contrast Dependent on Blood Oxygenation. *Proceedings of the National Academy of Sciences of the United States of America* 87: 9868–9872.

Ojemann, G. A. 1983. Brain Organization for Language from the Perspective of Electrical-Stimulation Mapping. *Behavioral and Brain Sciences* 6: 189–206.

Okanoya, K. 2004. The Bengalese Finch: A Window on the Behavioral Neurobiology of Birdsong Syntax. *Annals of the New York Academy of Sciences* 1016: 724–735.

Okanoya, K. 2012. Behavioural Factors Governing Song Complexity in Bengalese Finches. *International Journal of Comparative Psychology* 25: 44–59.

Okanoya, K. and B. Merker. 2007. Neural Substrates for String-Context Mutual Segmentation: A Path to Human Language. C. Lyon, C. L. Nehaniv and A. Cangelosi (eds.) *Emergence of Communication and Language*, pp. 421–434, Springer, London.

Okanoya, K. and A. Takashima. 1997. Auditory Preference of the Female as a Factor Directing the Evolution of Bengalese Finch Songs. *Transactions of Technical Com-*

mittee in Psychological and Physiological Acoustics 27: 1–6.

Osterhout, L. 1997. On the Brain Response to Syntactic Anomalies: Manipulations of Word Position and Word Class Reveal Individual Differences. *Brain and Language* 59: 494–522.

Osterhout, L. and P. J. Holcomb. 1992. Event-Related Brain Potentials Elicited by Syntactic Anomaly. *Journal of Memory and Language* 31: 785–806.

Patterson, F. G. 1978. The Gestures of a Gorilla: Language Acquisition in Another Pongid. *Brain and Language* 5: 72–97.

Pena, M., A. Maki, D. Kovacic, G. Dehaene-Lambertz, H. Koizumi, *et al.* 2003. Sounds and Silence: An Optical Topography Study of Language Recognition at Birth. *Proceedings of the National Academy of Sciences of the United States of America* 100: 11702–11705.

Pepperberg, I. M. 1999. *The Alex Studies: Cognitive and Communicative Abilities of Grey Parrots.* Harvard University Press, Cambridge, MA.

Pepperberg, I. M. 2002. In Search of King Solomon's Ring: Cognitive and Communicative Studies of Grey Parrots (Psittacus Erithacus). *Brain Behavior and Evolution* 59: 54–67.

Pepperberg, I. M. 2008. *Alex & Me: How a Scientist and a Parrot Discovered a Hidden World of Animal Intelligence - and Formed a Deep Bond in the Process.* HarperCollins, New York.

Pepperberg, I. M. 2010. Vocal Learning in Grey Parrots: A Brief Review of Perception, Production, and Cross-Species Comparisons. *Brain and Language* 115: 81–91.

Perani, D., M. C. Saccuman, P. Scifo, A. Anwander, D. Spada, *et al.* 2011. Neural Language Networks at Birth. *Proceedings of the National Academy of Sciences of the United States of America* 108: 18566–18566.

Perruchet, P. and A. Rey. 2005. Does the Mastery of Center-Embedded Linguistic Structures Distinguish Humans from Nonhuman Primates? *Psychonomic Bulletin and Review* 12: 307–313.

Petersen, S. E., P. T. Fox, M. I. Posner, M. Mintun and M. E. Raichle. 1988. Positron Emission Tomographic Studies of the Cortical Anatomy of Single-Word Processing. *Nature* 331: 585–589.

Petitto, L.-A. 2005. How the Brain Begets Language. J. McGilvray (ed.), *The Cambridge Companion to Chomsky*, pp. 84–101, Cambridge University Press, Cambridge.

Pfenning, A. R., E. Hara, O. Whitney, M. V. Rivas, R. Wang, *et al.* 2014. Convergent Transcriptional Specializations in the Brains of Humans and Song-Learning Birds. *Science* 346: 1256846.

Phillips, C., T. Pellathy, A. Marantz, E. Yellin, K. Wexler, *et al.* 2000. Auditory Cortex Accesses Phonological Categories: An MEG Mismatch Study. *Journal of Cognitive Neuroscience* 12: 1038–1055.

Pinker, S. 1994. *The Language Instinct: How the Mind Creates Language.* W. Morrow and Co, New York.［椋田直子（訳）『言語を生みだす本能（上）（下）』，日本放送出版協会，1995］

Pinker, S. and P. Bloom. 1990. Natural Language and Natural Selection. *Behavioral and Brain Sciences* 13: 707–784.

Price, C. J. 2000. The Anatomy of Language: Contributions from Functional Neuroimaging. *Journal of Anatomy* 197: 335–359.

Pulvermüller, F. 2014. The Syntax of Action. *Trends in Cognitive Sciences* 18: 219–220.

Pylkkänen, L., A. Stringfellow and A. Marantz. 2002. Neuromagnetic Evidence for the Timing of Lexical Activation: An MEG Component Sensitive to Phonotactic Probability but Not to Neighborhood Density. *Brain and Language* 81: 666–678.

Rilling, J. K., M. F. Glasser, T. M. Preuss, X. Ma, T. Zhao, *et al.* 2008. The Evolution of the Arcuate Fasciculus Revealed with Comparative DTI. *Nature Neuroscience* 11: 426–428.

Sadato, N., A. Pascual-Leone, J. Grafman, V. Ibanez, M. P. Deiber, *et al.* 1996. Activation of the Primary Visual Cortex by Braille Reading in Blind Subjects. *Nature* 380: 526–528.

Sakai, K. L., Y. Noguchi, T. Takeuchi and E. Watanabe. 2002. Selective Priming of Syntactic Processing by Event-Related Transcranial Magnetic Stimulation of Broca's Area. *Neuron* 35: 1177–1182.

柴谷方良, 津田葵, 大津由紀雄. 1989. 『英語学大系 第 6 巻 英語学の関連分野』，大修館書店，東京.

Shubin, N., C. Tabin and S. Carroll. 2009. Deep Homology and the Origins of Evolutionary Novelty. *Nature* 457: 818–823.

Skinner, B. F. 1957. *Verbal Behavior*. Copley Publishing Group, Acton, MA.

Smith, N. and I.-M. Tsimpli. 1995. *The Mind of a Savant: Language Learning and Modularity*. Blackwell Publishing, Oxford.

Smith, N., I. Tsimpli, G. Morgan and B. Woll. 2010. *The Signs of a Savant: Language against the Odds*. Cambridge University Press, Cambridge.

Steinhauer, K. and J. E. Drury. 2012. On the Early Left-Anterior Negativity (ELAN) in Syntax Studies. *Brain and Language* 120: 135–162.

Stromswold, K., D. Caplan, N. Alpert and S. Rauch. 1996. Localization of Syntactic Comprehension by Positron Emission Tomography. *Brain and Language* 52: 452–473.

Sugiura, L., S. Ojima, H. Matsuba-Kurita, I. Dan, D. Tsuzuki, *et al.* 2011. Sound to Language: Different Cortical Processing for First and Second Languages in Elementary School Children as Revealed by a Large-Scale Study Using fNIRS. *Cerebral Cortex* 21: 2374–2393.

Tanner, D. and J. G. Van Hell. 2014. ERPs Reveal Individual Differences in Morphosyntactic Processing. *Neuropsychologia* 56: 289–301.

Terrace, H. S., L. A. Petitto, R. J. Sanders and T. G. Bever. 1979. Can an Ape Create a

Sentence? *Science* 206: 891–902.

Thomas, M., D. Annaz, D. Ansari, G. Scerif, C. Jarrold, *et al.* 2009. Using Developmental Trajectories to Understand Developmental Disorders. *Journal of Speech Language and Hearing Research* 52: 336–358.

Thomas, M. and A. Karmiloff-Smith. 2005. Can Developmental Disorders Reveal the Component Parts of the Human Language Faculty? *Language Learning and Development* 1: 65–92.

Tomblin, J. B., N. L. Records, P. Buckwalter, X. Zhang, E. Smith, *et al.* 1997. Prevalence of Specific Language Impairment in Kindergarten Children. *Journal of Speech, Language, and Hearing Research* 40: 1245–1260.

van der Lely, H. K. and S. Pinker. 2014. The Biological Basis of Language: Insight from Developmental Grammatical Impairments. *Trends in Cognitive Sciences* 18: 586–595.

van der Lely, H. K. and L. Stollwerck. 1996. A Grammatical Specific Language Impairment in Children: An Autosomal Dominant Inheritance? *Brain and Language* 52: 484–504.

Vargha-Khadem, F., D. G. Gadian, A. Copp and M. Mishkin. 2005. FOXP2 and the Neuroanatomy of Speech and Language. *Nature Reviews Neuroscience* 6: 131–138.

Vargha-Khadem, F., K. Watkins, K. Alcock, P. Fletcher and R. Passingham. 1995. Praxic and Nonverbal Cognitive Deficits in a Large Family with a Genetically Transmitted Speech and Language Disorder. *Proceedings of the National Academy of Sciences of the United States of America* 92: 930–933.

Visalberghi, E. and D. M. Fragaszy. 1990. Do Monkeys Ape? S. T. Parker and K. R. Gibson (eds.) *"Language" and Intelligence in Monkeys and Apes*, pp. 247–273, Cambridge University Press, Cambridge.

Wallman, J. 1992. *Aping Language*. Cambridge University Press, Cambridge.

渡部昇一. 1973.『言語と民族の起源について』, 大修館書店, 東京.

Weber-Fox, C. M. and H. J. Neville. 1996. Maturational Constraints on Functional Specializations for Language Processing: ERP and Behavioral Evidence in Bilingual Speakers. *Journal of Cognitive Neuroscience* 8: 231–256.

Wernicke, C. 1874. *Der Aphasische Symptomencomplex. Eine Psychologische Studie Auf Anatomischer Basis.* M. Crohn und Weigert, Breslau.

Wilson, S. M., S. Galantucci, M. C. Tartaglia, K. Rising, D. K. Patterson, *et al.* 2011. Syntactic Processing Depends on Dorsal Language Tracts. *Neuron* 72: 397–403.

Yusa, N. 2016. Syntax in the Brain. K. Fujita and C. A. Boeckx (eds.) *Advances in Biolinguistics: The Human Language Faculty and Its Biological Basis*, pp. 217–229, Routledge, New York.

Yusa, N., M. Koizumi, J. Kim, N. Kimura, S. Uchida, *et al.* 2011. Second-Language Instinct and Instruction Effects: Nature and Nurture in Second-Language Acquisition. *Journal of Cognitive Neuroscience* 23: 2716–2730.

索　引

1. 日本語は五十音順に並べてある．英語（などで始まるもの）は
   アルファベット順で，最後に一括してある．
2. 〜は直前の見出し語を代用する．
3. 数字はページ数を示す．

294

【執筆者紹介】（掲載順）

本田　謙介（ほんだ・けんすけ）
1969 年，埼玉県生まれ．獨協大学大学院外国語学研究科博士後期課程満期退学．博士（英語学）．現在，茨城高専准教授．著書（共著）に，『日本語の教科書』（ベレ出版），『数理言語学事典』（産業図書），『日英語の構文研究から探る理論言語学の可能性』（開拓社），『ことばの本質に迫る理論言語学』（くろしお出版），『ことばの仕組みから学ぶ和文英訳のコツ』（開拓社）など．

田中　江扶（たなか・こうすけ）
1971 年，愛媛県生まれ．東京都立大学大学院人文科学研究科博士課程満期退学．修士（英語学）．現在，信州大学教育学部准教授．著書（共著）に，『大学で教える英文法』（くろしお出版），『くらべてわかる英文法』（くろしお出版），『書評から学ぶ理論言語学の最先端』（開拓社），『日英比較構文研究』（開拓社），『徹底比較 日本語文法と英文法』（くろしお出版）など．

藤田　耕司（ふじた・こうじ）
1958 年，大阪府生まれ．大阪外国語大学大学院外国語学研究科修了．文学修士．現在，京都大学大学院人間・環境学研究科教授．著書（共著・共編著）に，*Advances in Biolinguistics: The Human Language Faculty and Its Biological Basis*（Routledge），*Recursion: Complexity in Cognition*（Springer），『日英対照 文法と語彙への統合的アプローチ——生成文法・認知言語学と日本語学』（開拓社），『言語の設計・発達・進化——生物言語学探究』（開拓社），『進化言語学の構築——新しい人間科学を目指して』（ひつじ書房）など．

酒井　智宏（さかい・ともひろ）
1974 年，山口県生まれ．東京大学大学院総合文化研究科博士課程修了．博士（学術）．パリ第 8 大学大学院言語学専攻博士課程修了．博士（言語学）．現在，早稲田大学准教授．著書に，『トートロジーの意味を構築する——「意味」のない日常言語の意味論』（単著，くろしお出版），『フランス語学小事典』（共著，駿河台出版社）がある．

藏藤　健雄（くらふじ・たけお）
1965 年，山口県生まれ．ラトガーズ大学大学院言語学科修了．博士（言語学）．現在，立命館大学教授．著書（共著）に，『生成文法の軌跡と展開』（金星堂），"Japanese Comparatives are Semantically Conjuncts: A Dynamic View"（*SALT* 21），"Clausal Pied-Piping and Cyclicity of Ellipsis: Evidence from Truncated Wh-Questions in Okinawan"（*NELS* 38），"The Effect of Quantification in Japanese Sentence Processing: An Incremental DRT Approach"（*LENLS* 2007）など．

尾島　司郎（おじま・しろう）
1976年，岡山県生まれ．エセックス大学大学院言語学部博士課程修了．博士（言語学）．
現在，横浜国立大学准教授．*Journal of Cognitive Neuroscience, Neuropsychologia,*
Neuroscience Research, Biolinguistics, Cerebral Cortex, Human Brain Mapping などの
学術誌に，言語習得（第二言語・母語）や言語脳科学に関する論文を発表．

【編著者紹介】

畠山　雄二（はたけやま・ゆうじ）
1966 年，浜松生まれ．東北大学大学院情報科学研究科博士課程修了．博士（情報科学）．現在，東京農工大学准教授．専門は理論言語学．著書（単著）に『情報科学のための自然言語学入門：ことばで探る脳のしくみ』（丸善出版），『ことばを科学する：理論言語学の基礎講義』（鳳書房），『情報科学のための理論言語学入門：脳内文法のしくみを探る』（丸善出版）『理工系のための英文記事の読み方』（東京図書），『英語の構造と移動現象：生成理論とその科学性』（鳳書房），『科学英語読本：例文で学ぶ読解のコツ』（丸善出版），『言語学の専門家が教える新しい英文法：あなたの知らない英文法の世界』（ベレ出版），『科学英語の読み方：実際の科学記事で学ぶ読解のコツ』（丸善出版），『科学英語を読みこなす：思考力も身につく英文記事読解テクニック』（丸善出版），『理系の人はなぜ英語の上達が早いのか』（草思社），『ことばの分析から学ぶ科学的思考法：理論言語学の考え方』（大修館書店），『科学英語を読みとくテクニック：実際の英文記事でトレーニングする読解・分析・意訳』（丸善出版），『大人のためのビジネス英文法』（くろしお出版），『英文徹底解読　スティーブ・ジョブズのスタンフォード大学卒業式講演』（ベレ出版），『英語で学ぶ近現代史　外国人は歴代総理の談話をどう読んだのか』（開拓社）がある．共著に『日英比較構文研究』（開拓社），『英語版で読む 日本人の知らない日本国憲法』（KADOKAWA）がある．訳書に『うまい！と言われる科学論文の書き方：ジャーナルに受理される論文作成のコツ』（丸善出版），『研究者のための上手なサイエンス・コミュニケーション』（東京図書），『完璧！と言われる科学論文の書き方：筋道の通った読みやすい文章作成のコツ』（丸善出版），『まずはココから! 科学論文の基礎知識』（丸善出版），『大学生のための成功する勉強法：タイムマネジメントから論文作成まで』（丸善出版），『成功する科学論文：構成・プレゼン編』（丸善出版），『成功する科学論文：ライティング・投稿編』（丸善出版），『おもしろいように伝わる！科学英語表現 19 のツボ』（丸善出版），『テクニカル・ライティング必須ポイント 50』（丸善出版），『実験レポート作成法』（丸善出版）がある．編著書に『言語科学の百科事典』（丸善出版），『日本語の教科書』（ベレ出版），『理科実験で科学アタマをつくる』（ベレ出版），『大学で教える英文法』（くろしお出版），『くらべてわかる英文法』（くろしお出版），『日英語の構文研究から探る理論言語学の可能性』（開拓社），『書評から学ぶ理論言語学の最先端（上）（下）』（開拓社），『数理言語学事典』（産業図書），『ことばの本質に迫る理論言語学』（くろしお出版），『ことばの仕組みから学ぶ 和文英訳のコツ』（開拓社），『徹底比較　日本語文法と英文法』（くろしお出版），『最新理論言語学用語事典』（朝倉書店），『理論言語学史』（開拓社），『ネイティブ英文法　全 5 巻』（朝倉書店），『英文法大事典　全 11 巻』（開拓社）がある．

・ホームページ：
http://www.shimonoseki-soft.com/~hatayu/

理論言語学史

ISBN978-4-7589-2247-0　C3080

編　者	畠山雄二
発行者	武村哲司
印刷所	日之出印刷株式会社／日本フィニッシュ株式会社

2017 年 9 月 23 日　第 1 版第 1 刷発行

発行所　　株式会社　開 拓 社

〒113-0023 東京都文京区向丘 1-5-2
電話　（03）5842-8900（代表）
振替　00160-8-39587
http://www.kaitakusha.co.jp